U0693013

高亮之◎作品

人有灵魂吗？

灵魂哲学与科学的理性信仰

ZHEJIANG UNIVERSITY PRESS
浙江大学出版社

谨以此书献给我的

爱妻　张立中(1937—2009)

父亲　高峙青(1906—1956)

母亲　吴锦华(1904—1935)

岳母　张美林(1904—1991)

大哥　高沛之(1926—2010)

二哥　高望之(1927—2007)

和我的离世的亲友们的

在天之灵！

高亮之敬叩

2014 年 11 月 28 日

高亮之简介

　　高亮之(1929年5月—)，福建长乐人。1946年上海沪江大学附中毕业。同年考入浙江大学农学院植物病虫害系，并投身于进步学生运动，1947年加入中共地下党，1948年赴皖西解放区，参加人民解放战争。历任南京农业学校教导副主任，华东农林干部学校三部副主任，江苏省农科院副研究员、研究员、院长、党委书记，中共江苏省七届省委委员，中国农业气象研究会理事长，江苏省科学技术协会副主席，江苏省老科协副理事长，墨西哥国际玉米小麦改良中心(CIM-MYT)理事，并任中国农业大学、南京农业大学、南京气象学院兼职教授、博士生导师，美国俄勒岗州立大学客座教授。先后共发表研究论文80余篇。曾获国家、省、部科技进步一等奖各一项，省科技进步二等奖一项，省科学大会奖一项。省、部科技进步奖三项。1991年获得国务院特殊津贴。

　　他的科学专著有：《江苏农业气候》、《水稻与气象》、《水稻气象生态》、《农业系统学基础》、《水稻栽培计算机模拟优化决策系统》、《农业模型学基础》、《高亮之文选》等。

　　他在从事农业科学之外，又是哲学爱好者。他离休后，阅读了大量的古今中外哲学原著，形成自己的哲学思想。2005年后，先后出版《综合哲学随笔》、《漫游西方哲学》、《浅谈中国哲学》、《爱的哲学》、《善哲学与共同价值》、《美哲学》六本哲学著作，得到各地读者的好评。《综合哲学随笔》一书，李锐先生向作者索要10本，分送给中央领导人。

目　录

第四篇 科学的理性信仰

前　言

人有灵魂吗？这是一个人人都会思考，而难以解答的问题。

说人有灵魂吧，但是，从来没有人见过灵魂；灵魂不知道在哪里。

说人没有灵魂吧，但是，难道人一死就变为虚无，一了百了？

本书的书名是《人有灵魂吗》，副书名是《灵魂哲学与科学的理性信仰》。表明这是一本专门论述人的灵魂问题的哲学性著作。它介绍西方与中国自古至今关于心灵和灵魂问题的哲学论述，以及各宗教关于灵魂问题的论述，并阐述我自己的观点。

本书书名中有"科学的理性信仰"这一表述，这是本书所要阐述的一种思想，就是要避开神学，而用理性思维和科学依据来考察人的信仰问题，包括上帝、灵魂和天堂，而以灵魂问题为主。

我对于各种宗教都非常尊重。世界主要宗教都有一两千年的历史。它们都有系统的教义；它们都给予信徒心灵的慰藉和寄托；它们都对于人类文明有重要的贡献。宗教信仰是人类的基本自由。本书所讲的"科学的理性信仰"，完全没有对宗教信仰进行批评的意思。相反，本书吸取并采纳了各宗教教义中很有启发性的思想。

但是，随着时代的进步和教育的普及，全世界，特别在中国，毕竟还有许多人是非宗教信仰者。我希望本书所讲的"科学的理性信仰"的观点，能为众多的受过一定科学教育的非宗教信仰者所理解。当然，也希望本书的观点能为各种宗教的信仰者所包容。

以下简要介绍我写作这本书的背景与原因。

1999 年我离休之后，在原来的专业方面（农业气象与数字农业），主要是为中青年科研教育工作者做一些辅导工作，自己则潜心于哲学探索。我先后写出《综合哲学随笔》、《漫游西方哲学》、《浅谈中国哲学》、《爱的哲学》四本哲学书籍。《综合哲学随笔》，连续重版三次，在国内有较大影响，得到大家的好评。有的读者来信说这是今天的《大众哲学》。

2007年到2010年，我以四年多的时间，写出《爱的哲学》。著名政治学家应克复先生在书的序言中写道："爱，这个与人类生活戚戚相关的话题，在哲学殿堂里至今没有应有的席位。《爱的哲学》开一代新风，填补一个空白，消除了传统哲学的缺陷。"德高望重的李锐先生在他写的《介绍〈爱的哲学〉》一文中说："高亮之的《爱的哲学》洋洋30余万字，论及爱与个人、家庭、社会、人类、自然等方方面面的关系，我感到这些问题，虽然偏于理论，却对我们认识世界与中国的问题具有非常重要的现实意义。"他们的评语给予我很大的鼓励。

在这几年中，我的几位最亲的人离我而去了。

令我陷入最大悲伤的是我的爱妻——立中，于2009年9月5日的凌晨，因肺癌在家中去世。

我有兄弟姐妹八个，相互间感情很深。2007年5月，二哥望之在美国旧金山因心肺衰竭而去世。大哥沛之2006年10月因慢性阻塞性肺病 住院，后于2010年2月2日在上海病逝。

这几位亲人的离去，使我不由得不对人的生死问题深有感触。在与我爱妻离别的时刻，我轻吻她的面颊，我对她诉说的话是："立中，你等着我，我一定会来与你相会。"

是的。我至今仍然认为，她只是去了另一个世界（就像出差去了另一个地方一样），我一定会与她在那个世界再相会。与我爱妻长久地相聚与相爱，是我人生的最大幸福。

但是，我对于这个想法的真实性，还不是完全肯定的。自那时起，我就开始思考人的灵魂问题。在《爱的哲学》完成后，我将自己的注意力集中于灵魂问题。由于自己的身体、大脑和眼睛都还可以，在阅读了较多的有关书籍后，决心再写一本关于灵魂的书。

当我着手要写的时候，我才发现，写"灵魂"问题，比写"爱"的问题要困难得多。"爱"是全世界各国、各族人民普遍承认的概念；而"灵魂"，则是众说纷纭，不同的人的理解会有非常大的不同。特别在中国——这个以无神论为主的国家，相信有灵魂的人可能只是少数。受过现代教育的人，一般都认为，灵魂是不存在的。

但是在世界范围内，情况不是这样。据《理性信仰之道》（安伦著）的介绍，全世界的信教者占世界人口83%；在科学与教育高度发达的美国，信教者占全国人口的95%；而信教者都是相信人是有灵魂的。也就是说，世界上大多数人是相信有灵魂的，并没有受到科学与教育发达的影响。

去年，我读到杨绛著的《走在人生边上》。其中有专门一节叫《人有灵魂》。她在这一节中说："可以肯定地说，人有两部分，一是看得见的身体，一是看不见的灵魂。这不是迷信，是不可否认的事实。"

杨绛是我国一位有很高文化修养与文化造诣的著名学者与作家。她对灵魂问题持这样的肯定态度，给予我信心，也促使我对灵魂问题的研究。

灵魂问题研究的难度，还在于这是一个涉及多种学科、多种文化、多种宗教的问题。为了完成这本书，我不得不在原来阅读的基础上重新阅读自古至今的中外哲学著作，阅读各种宗教的经典与著作，阅读有关的科学著作。好在离休之后，时间是有的，阅读与写作成为我生活的主要爱好。

"科学的理性信仰"是我在写作本书的过程中逐步形成的思想。

人的宗教信仰的主要内容是：上帝、灵魂和天堂。这些信仰都和生死有关，与来世有关。人们信仰宗教的重要原因，是希望自己死后的灵魂有一个好的归宿，能进天堂（基督教）或进极乐世界（佛教）。

各种宗教信仰中都有一些比较离奇的内容（例如基督教的死后复活、佛教的六道轮回等）。当代有些宗教学者提出"理性信仰"的概念

（如上述《理性信仰之道》），他们主张在宗教中只保留理性的部分，而排除非理性的离奇的内容。他们的观点可以称为："宗教的理性信仰"。

本书所讲的观点，并不是"宗教的理性信仰"，而是"科学的理性信仰"，就是试图用科学知识和理性的观点来理解人的信仰问题，包括上帝、灵魂和天堂。

事实上，近代以来，早已有一些著名的哲学家，曾经有过类似的观点。

17世纪时，荷兰哲学家斯宾诺莎提出"自然神学"，认为自然就是上帝。这就是一种接近科学的理性信仰。

18世纪时，德国哲学家康德提出"科学的未来形而上学"的设想，就是希望在科学的基础上建立形而上学，回答上帝、灵魂等问题。

20世纪时，法国哲学家雅斯贝尔斯提出"哲学信仰"，要求在哲学基础上，而不是在宗教基础上，建立理性信仰。

本书吸取了他们的观点，提出对于上帝、灵魂和天堂的"科学的理性信仰"。

由于问题涉及面非常广，限于我的水平，对于这个问题，本书只能算是抛砖引玉。还希望有更多的比我年轻的朋友，能继续探索这个与人类和每个人都有关的重要问题

科学的理性信仰的阐明，在当代世界有重要的意义。它关系到人类前进的方向，关系到世界的和谐，关系到共同价值的实现，关系到社会道德的提升，同时也关系到每个家庭和每个人的幸福。

现在这本书与大家见面了。我相信，读者们读完本书后，赞同本书观点的读者，会有所收益，会对世界和中国的进步有一些新的看法，也会帮助你得到你的家庭和个人应有的幸福。对于不赞同本书观点的读者来说，至少也可以引起你的一些思考。

如果你没有时间阅读全书，可以只阅读本书的第四篇。我本人的

观点浓缩在这一篇。

希望能得到读者们对于本书不当之处的指正，以便在本书再版时修正。

谢谢阅读。

高亮之

2011 年 9 月 20 日

全书大纲

一、中国与西方自古至今的灵魂观

1.在古代与中世纪,西方与东方文明都认为,人在死后有灵魂的存在,但是东西方对灵魂的理解与对待方法不完全相同。

中国儒家的灵魂观主要体现于祖先崇拜。祖先的灵魂犹在,必须"事死如事生",像他们活着一样地崇敬他们。

儒家一个重要思想是"三立":立德、立功、立言。要求人们在今世做出贡献,以传布于后世,在人的贡献中实现着人的灵魂不朽。

西方哲学家(柏拉图、亚里士多德)明确地提出:人由肉体和灵魂两部分组成,肉体会消亡而灵魂是不朽的。

2.世界各主要宗教,除印度的小乘佛教外,都承认灵魂的存在,并且都将今世的行为与灵魂的去向联系起来。行善者,灵魂会进入天堂或西天,或得道成仙;行恶者灵魂会进入地狱或火狱。

这样的宗教信仰在维持社会的道德上有重要的价值,即使在当代社会,宗教的这个功能都没有改变。

3.近代以来,随着科学的发展与普及,在不信宗教而有一定科学知识的人群中,灵魂的存在受到怀疑或否认。在中国,这个人群的人数相当多。但是由于没有宗教信仰或其他信仰,也就没有道德约束,产生了道德的空白和道德的沦丧,由此带来严重的社会问题。

当然,在现代社会,对于人们的行为约束不完全是依靠宗教和道德。完善的法治、良好的教育都是规范人们行为的必要的保证。但是,即使有良好的民主、法治、教育体制,依然难以杜绝社会上的道德失衡与犯罪行为。从世界各国的经验来看,宗教或其他信仰仍然是非常重要的社会道德的维护机制。民主和法治都是外在的约束,教育偏重于知识的传授,而信仰是人的心灵的自觉和约束,是一种深入人的内心的力量。

　　本书的目的,是在全面介绍东西方哲学与宗教的灵魂观的基础上,试图用科学的观点建立理性信仰和理性灵魂观,希望能在一定程度上弥补社会上的道德空白,挽救社会上的道德沦丧。笔者相信,科学的理性信仰,对于建设一个既有良好的民主、法治和教育体制,又有理性信仰所支撑的现代化中国是有帮助的。

　　二、"科学的理性信仰"的要旨

　　1."科学的理性信仰"由以下三者组成:科学的理性上帝观、科学的理性灵魂观、科学的理性天堂观。

　　2.科学的理性上帝观是:"自然—人类—大爱"的三位一体。

　　自然与人类与它们的大爱,共同创造、养育了人类,为人类提供了真、善、美与爱。

　　当你有困难时,你唯一能依靠的,只能是人类所创建的合理社会、家人和朋友的帮助和你自己的努力。当你有疾病时,你唯一能依靠的,只能是人类所创建的医学、家人的关怀和你自己的调养。

　　自然与你同在。你天天生活在自然之中,天天能见到自然的美景,呼吸着自然的空气。

　　人类与你同在,你天天或经常与你的亲人、朋友、同胞在一起,感受着温馨浓郁的亲情、友情与同胞之情。

　　因此,科学的理性上帝(自然—人类—大爱)创造了你,养育了你,它时刻在你身边,关怀着你,帮助着你。

　　3.科学的理性灵魂观认为,人的灵魂是不随人的肉体死亡而消失的人的精神实体,是人的道德、爱心、功绩、贡献、思想、创作、形象、气质的总体。灵魂世界就是人的精神世界。

　　人的肉体会死亡,但人的灵魂是不朽的,会在精神世界中长久地存在。

每个人的灵魂都可分为两个阶段:生前心灵和身后灵魂。

人首先要关注和提升自己的生前心灵,生前心灵的高尚和德行决定身后灵魂的高尚和幸福。这就是康德所说的:德与福的统一。

人的生命结束时,并不是一切的结束,并不是进入虚无,而是进入永恒的灵魂世界与精神世界。

精神世界是客观存在的。在今天,孔子、耶稣、佛陀、康德、牛顿、爱因斯坦、曹雪芹、贝多芬等人类的大思想家、大科学家、大艺术家全都生活在人类的精神世界中,对当代的人类生活产生着深刻的影响。这是任何一个科学家、哲学家、历史学家都不能否认的客观事实。

对于普通人来说,你的精神、人品、爱、形象,也会在你的子辈、孙辈和朋友中留下长久的影响;因此,你的灵魂也将长久地活在精神世界中。这也是谁也不能否认的客观事实。

4.科学的理性天堂观认为,人类的天堂只能是在地球上。

根据至今为止的天文发现,地球是宇宙间唯一的适合人类生存与生活的星球,是人类最理想的天堂。

更美好天堂是人类的理想世界。近现代的历史表明,人类的合理社会的共同原则是:自由、仁爱、理性、平等、民主、法治、正义、和谐、富裕、文明。人类合理社会的不断进步,就是向着人类的理想世界前进。

人类没有终极目标,人类理想世界的构想,还会随着时代的发展而不断地修正与充实。当前世界离人类理想世界还很远。

你不必指望在死后进入天上的虚妄的天堂。在你生命期间,你已经生活在天堂(地球)之中。你能为建立人类的理想世界而做出你的一份贡献。

5.科学的理性信仰,对个人来说,可帮助人们提升道德修养,可激励人们积极地生活,鼓励人们充分地掌握自己的一生,在生前为他人、为社会、为人类的理想世界做出尽可能多的贡献。

科学的理性信仰,对于全社会来说,可以提高全社会的道德水准,使人类合理社会的共同原则得到普及,使人类的爱成为联系全人类的精神,使全人类向理想世界方向不断前进。

科学的理性信仰,从世界范围来说,有利于科学、哲学与宗教的融通,有利于广大信教者与广大的非信教者的融通,有利于克服宗教对立和国家间的政治对立,有利于全世界的和谐。

2011 年 4 月 19 日初稿

2011 年 9 月 17 日修改

2013 年 11 月 30 日修改

第一篇 西方哲学中的永恒观与灵魂观

　　任何人,当他的亲人(父母、伴侣或子女)去世时,他都会感到非常悲痛。任何人都会珍惜自己的生命,当他病危时,或到临终时,他会舍不得离开自己的亲人,他会无奈或痛苦地感到生命的短暂。也就是说,每个人都有一种天生的对永恒的追求。

　　古希腊哲学家提出的"灵魂不朽",北京天安门人民英雄纪念碑上毛泽东的题词是"人民英雄永垂不朽",说明古今中外都有"不朽"的思想。不朽就是永恒;永恒是人类共同的追求;永恒也是古今中外哲学与宗教的共同命题。人的灵魂正是和人类对于永恒的追求不可分的命题。

　　本书将分别论述西方哲学家与中国哲学家对于永恒和灵魂问题的思考。

1.1 古希腊哲学家的灵魂观

西方哲学中,"灵魂"或"心灵"(soul)的概念与"精神"(spirit)的概念是相通的,但不是完全相同。它们都是表达人的思想、理智、情感、意志、信仰与业绩等,是与肉体活动相区别的精神能力。许多哲学家认为,肉体死亡后,人的灵魂或精神并不随之而死亡。这就是"灵魂不朽"的观点。

大致地说,古希腊与欧洲中世纪时期,由于宗教信仰较普遍,哲学家(包括苏格拉底、柏拉图、奥古斯丁等)一般都采用"灵魂"的概念。文艺复兴后,神学的影响有所消退,"灵魂"的概念较为少用。17 世纪时,洛克提出"精神实体"的概念。此后,"精神"的概念在哲学上更多地被使用。黑格尔的哲学全面地论述了精神问题,著有《精神现象学》。但是,"灵魂"的概念仍然在被一些著名哲学家使用,例如康德,在他的"纯粹理性"中就包括灵魂。

在本篇以下各章中,将会较详细地论述西方哲学中这几个概念(灵魂、心灵、精神)的发展,以及它们的关系。

一、苏格拉底之前的灵魂观

荷马史诗中,"灵魂"的希腊文的拉丁文形式是"psyche"。此字原来的意思是呼吸。《希英大辞典》对此字有多个解释,如呼吸、灵魂、精神、心灵、性格、人格等。

荷马史诗中,人的灵魂似同梦幻的影子,到处飘浮。灵魂并不是不朽的,只有神才是不朽的。灵魂有意志、感觉、思想等功能,但当人死亡时,这些功能都不存在了。因此,人必须是肉体与灵魂的结合。

人死时,两者同时死亡。

荷马之后的自然主义哲学家,如泰勒斯,认为灵魂是一种生命力,是某种能移动或能致动(使他物运动)的东西。

赫拉克利特认为,万物的本质是活火,灵魂是活火的一部分。当肉体死亡时,灵魂回到活火中。这里已经有灵魂不灭的因素。

自然主义哲学家的基本观点是:生命来源于自然,也复归于自然,因此它是不会消灭的。

古希腊哲学家除接受荷马传统外,还接受另外三种宗教现象的影响,它们都有灵魂不朽的因素。

(一)伊流欣努(Eleusinian)崇拜。这是一种宗教仪式,崇拜大地和地下的神;它启示人们,具有对神的信仰后,死后在地下也能享受幸福。

(二)奥菲斯教(Orpheus)。该教崇拜酒神(狄俄尼索斯),酒神有会死的肉体和不朽的灵魂。奥菲斯教告诫人们,灵魂离开肉体后,会进入冥界接受审判,根据生前的行为决定惩罚,然后再转世。转世会多次轮回,直至灵魂纯洁无瑕后,就可进入欢乐岛。

(三)毕达哥拉斯学派。该派盛行于意大利南部。它的信念是:(1)灵魂是万物的本原;(2)灵魂具有数的性质;(3)灵魂有轮回的性质。他们还认为,只要肉体存在,灵魂就不能不朽。只当肉体死亡,灵魂才可能不朽。因此,火葬是必需的。

以上这些传统宗教信仰,对古希腊哲学家的灵魂不朽的思想都有影响。

二、苏格拉底的灵魂观

公元前5—前4世纪,是希腊哲学的黄金时期,出现了三位伟大的哲学家:苏格拉底、柏拉图和亚里士多德。

苏格拉底(公元前469－前399)本人没有著作存世,柏拉图的中后期对话集中苏格拉底的讲话,许多是柏拉图的思想。苏格拉底本人的思想,现在主要根据色诺芬的著作和柏拉图较早期的对话集。

苏格拉底关于灵魂,主要的论述有以下一些方面:

(一)他认为灵魂决定一个人的聪明或愚笨,它使人认识、理解事物的本来面目,认识善与恶,指导人的行动,使人趋善避恶。

苏格拉底说:"那不可见的灵魂进入跟它本身一样的高贵、纯粹、不可见的地方——那里住着善良、智慧的神。"(柏拉图,《裴洞篇》)

因此,苏格拉底所说的"灵魂",指的是人的向善与智慧的本性。

(二)苏格拉底要求人们关心灵魂,提升灵魂。

苏格拉底要求人们"关心灵魂的提升"(色诺芬,《回忆》)。所谓关心和提升自己的灵魂,就是使自己的灵魂摆脱恶的欲念,摆脱无知,而达到向善与智慧。

(三)苏格拉底认为,人的灵魂和肉体两者,灵魂是处在主宰的地位。他将灵魂提升到人中之神的位置。

苏格拉底说:"灵魂和身体并立在一处的时候,(身体)处于服从、隶属的地位;(灵魂)处于统治、主宰的地位。"(《裴洞篇》)

哲学史家们认为,苏格拉底还没有明确提出"灵魂不朽"的观念。(《人性的曙光——希腊人道主义探讨》)

但是,苏格拉底是西方第一个从理性的观点来思考灵魂问题的哲学家,他将灵魂与道德(向善)和智慧相联系,将灵魂提高到人的主宰地位。这是他的贡献。

三、柏拉图的灵魂观

柏拉图(公元前427－前347)是古希腊时期,对灵魂的阐述最全面、最深刻的哲学家。他关于灵魂的论述主要是在他的《裴洞篇》中;

在《蒂迈欧篇》、《裴德罗篇》和《理想国》中，也有论述。他许多关于灵魂的论述是通过苏格拉底的口说的，这种情况，以下称为"柏拉图的苏格拉底"。

柏拉图的灵魂观主要有以下内容：

（一）人是灵魂与肉体的集合体，肉体会死亡，灵魂是不朽的

在《裴洞篇》中，柏拉图详细地介绍了苏格拉底临死的情况，特别是苏格拉底对死亡的看法。

苏格拉底用快乐的心情来迎接死亡。当朋友们为苏格拉底的将死而感到悲伤时，苏格拉底说："一个在哲学中度过一生的人会在临终时自自然然地具有充分的勇气，并且强烈地希望自己死后会在另一个世界获得最大的福祉。"（《裴洞篇》）

他说："死就是灵魂和肉体的分离，死亡就是灵魂离开肉体而独立存在。"（《裴洞篇》）

由于肉体会干扰人去认识真理，一个人要真正认识真理，必须排除肉体的干扰。他说："灵魂最能思考的时候，是他摆脱一切干扰，不听，不看，不受痛苦或快乐影响的时候。"因此，"真正的追求哲学，无非是学习死"。（《裴洞篇》）

按照这种认识，随着死亡而消失的肉体，是值得消失的，而留存的是真正的自我——灵魂。

柏拉图通过苏格拉底之口，说明了他关于灵魂的几个基本观点：

1.人是肉体与灵魂的结合体。人活着时，两者是结合的；人死亡后，两者是分离的。死亡的只是肉体，而灵魂能独立存在，而且是不朽的。这就是柏拉图著名的"魂身二元论"。

2.灵魂会到另一个世界，在那里得到最大的福祉。因此，人应该勇敢而快乐地面对死亡。

3.由于肉体的干扰，活着的人不能真正地认识真理；当灵魂脱离了肉体，人才可以真正认识真理。柏拉图所说的"追求哲学"，就是指的追求善(德行)与真(知识)。柏拉图认为,只有灵魂才能真正地达到真、善、美,达到人的最高追求。

以上就是柏拉图的"灵魂不朽"学说的主要观点。

(二)灵魂不朽的证明

柏拉图不仅肯定灵魂是不朽的,并且对于"灵魂不朽"的观念反复地进行论证,提出多方面的证明。

柏拉图依靠他的理性的思考,从以下几方面论证灵魂的不朽:

1.万物相反相成

万物都是相反相成的,因此有自生到死的过程,必然会有自死到生的过程。柏拉图的苏格拉底说:"我们可以得出结论说,活从死产生,正如死从活产生一样。我觉得就可以充分证明,死者的灵魂存在于某处,再从那里回到生。"(《裴洞篇》)

读者可能认为,自生到死,容易理解,而自死到生,很难理解。笔者认为,从生命的长流来说,自死到生是可以理解的。没有旧生命的死亡(地球资源必将因耗尽而毁灭),就没有新生命的产生。人类的一代一代的延续,就是自生到死、自死到生的不断更替的过程。

柏拉图的看法是:既然有自生到死,又有自死到生,那么必然有不死的东西存在。否则一切都死了,就不可能由死而又生。这不死的东西不可能是肉体,只能是灵魂。

2.认识是灵魂的回忆

这是柏拉图的一个独特的思想。他认为:人的各种认识都是在生前的灵魂所认识的,今世的人的认识只是一种回忆。

柏拉图的苏格拉底说:"我们在出世以前和出世的时候就不仅知道相等、大于、小于,而且知道这类的一切事情。所以我们必定在出世以前就已经获得了一切的知识。"(《裴洞篇》)

既然在出世之前就获得了知识,那么就证明在出世之前,灵魂就已经存在;同时证明灵魂是不死的。

"人在出生之前就有知识",对柏拉图这个观点,持怀疑态度的人比较多。笔者认为,这个观点实际上与康德的先验论是相通的。回忆说和先验论都认为,人有许多基本知识(如时间、空间以及柏拉图所说的相等、大小等)、认识方法(如分析、归纳)和道德观念(如仁爱),都是先天就有的。从科学的角度看,回忆说与先验论是有进化论根据的,在长达几亿年的高等动物进化过程中,人类获得这些基本认识和基本道德是符合客观事实的。

3.可见的事物与不可见的事物

世界上的事物有两种,一种是可见的,一种是不可见的。有人认为,不可见的事物就是不存在的。灵魂不可见,因此,灵魂不存在。

柏拉图的观点却相反,他说:

灵魂单独由自身察知的时候,就进入那种纯粹、永恒、不朽、不变的领域,以自身的不易灵性为本,于独立不受阻碍之时,就永远与那些不变性质同在,永远如一、常住不变,因为它与永恒是相通的。(《斐洞篇》)

我们平时见到的一朵花,它会开放,会凋落,并不是永恒的。但是各种花的集合——花,以及花的色、香、形兼有的美是永恒的。我们的祖先和后代,和我们自己一样,都会知道:花是美的。虽然这个抽象的花,人们并没有见到(见到的都是会凋谢的具体的花),但是却是永恒的。

柏拉图认为,灵魂也是属于这种不可见,但却是不变的、永恒的事物。

笔者认为,灵魂是属于既不可见又可见的一个类型。关于灵魂的可见性问题,本书在本书第四篇关于理性灵魂观的章节中还要讨论。

4.自动与受动

柏拉图说:"凡是永远处在运动之中的事物都是不朽的,那些自身运动的事物,只要不放弃自身的性质就绝不会停止运动。"(《斐德罗篇》)

他认为,灵魂就是自身运动的,是永远在运动的,因此是不朽的。

一个人的肉体和灵魂,根据苏格拉底的观点,灵魂处在主宰的地位,因此,灵魂的运动是自动的,肉体是他动的。柏拉图用这个观点证明灵魂是不会停止运动的,因此是不朽的。

(三)神创造灵魂

柏拉图是有宗教信仰的。柏拉图在《蒂迈欧篇》中全面地阐述他的创世观,叙述神(造物主)创造世界的全过程。

他说:"他(造物主)创造宇宙时注视着永恒。"因此,柏拉图认为,存在着一个自在自为的永恒世界。造物主在创造宇宙时,以这个永恒世界为蓝本。

柏拉图认为,造物主创造有形世界是用四种元素:水、气、火、土;而造物主创造灵魂,是用另外三种要素:存在性、同一性、相异性。同一性是不可分,不变化的;相异性是可分、可变的。灵魂是这三种要素的结合,因此,有不可变不可分,即永恒的部分,也有既可变又可分的部分,灵魂的不可变部分就是灵魂的相(或理念)。

因此,灵魂既有永恒性,又有可变性。这是对灵魂的颇为深刻的认识。

柏拉图说,造物主创造各种生物时,神圣的部分,由造物主亲自创造;其他部分,由诸神分别创造。而神圣的部分就是灵魂。所有的灵魂在创造时是都是一样的,都会拥有爱,也会有一些与爱相对立的感情(如愤怒、恐惧等)。不同的灵魂对爱或对感情的占有程度是不同的。

柏拉图说:"灵魂的最高级部分(即上述永恒的部分——笔者注)乃是神给予人作为指导者,它居住在我们身体的顶部,把我们的视野从地上提升到天体的无限性。"(《蒂迈欧篇》)

因此,柏拉图与苏格拉底一样,认为:灵魂对人来说,是处在主宰的位置。

（四）灵魂的结构

柏拉图在他写的《理想国》中，提出"灵魂三分"的学说。

他说：灵魂分为三部分，"一个是人们用以思考推理的，可以称之为灵魂的理性部分；另一个是人们用以感觉爱、饿、渴等物欲之骚动的，可以称之为心灵的无理性部分或欲望部分；再说激情，也即我们借以发怒的那个东西。它是上述两者之外的第三种东西"。（《理想国》）

他将灵魂分为三部分：理性、欲望与情感。

他在《裴德罗篇》中对"灵魂三分"有这样的比喻：一个驭手驾驭着一辆由两匹马牵拉的马车，一匹是好马，比较听话，另一匹是劣马，很不听话。驭手就代表灵魂的理性部分；好马代表灵魂的感情部分；劣马代表灵魂的欲望部分。由于人的感情中，主要是爱，是向善的，因此感情能与理性配合（好马能与驭手合作）；而人的欲望往往不受理性控制（劣马不听话），但在理性（驭手）与感情（好马）的努力下，仍使马车较顺利地行驶。

《理想国》是柏拉图的晚期著作，其"灵魂三分"观点，说明柏拉图对于"灵魂"的认识有所加深。灵魂不只是抽象的概念，并不是只有理性，而是有感情、有欲望的。这个观点对于本书所阐述的"理性灵魂观"是很重要的。

柏拉图的"灵魂三分"学说，对于后来的心理学发展有很大影响。

（五）"灵魂不朽"学说的功效

在《裴洞篇》的最后部分，柏拉图的苏格拉底说："如果灵魂是不死的，我们就必须关怀它，不但关怀它的这一段称为今世的时间，而且关怀它的全部时间。如果死是摆脱一切，那对于坏人是一大鼓励，因为他们死时就既能摆脱了身体，也把邪恶连同灵魂抛到九霄云外了。可是现在既然把灵魂看成不死的，他要想远离罪恶而得救，就没有别的办法，只有变得尽可能善良明智才行。"（《裴洞篇》）

这一段话将柏拉图所以要建立"灵魂不朽"的学说的目的，说得非常清楚。

可以认为,"灵魂不朽"学说,并不纯粹是理论性的,而是有很强的实践性的,就是要使人必须向善。如果灵魂不是不朽,坏人将要多得多。

这个观点与各种宗教关于灵魂的教义也是一致的,所谓"善有善报,恶有恶报",只有在"灵魂不朽"的前提下,才是真实的。

这个观点与18世纪康德的观点也相当一致。康德也是将"灵魂不朽"放在他的"实践理性"之中的。康德认为,只有"灵魂不朽",才能将德与福结合起来,有德的人终究会有福。

灵魂问题是柏拉图在哲学中关注的主要问题,是他的全部政治思想、教育思想和哲学思想的核心。从柏拉图对于灵魂问题的重视,我们也可以理解灵魂问题在西方古代哲学中的重要性。

柏拉图的灵魂学说是他对西方哲学做出的重大贡献,对于后世的宗教、哲学、心理学的发展都有深刻的影响。

四、亚里士多德的灵魂观

亚里士多德(公元前384－前322)是柏拉图的学生。他是一位学识非常广博的哲学家、科学家。

亚里士多德在哲学上的主要贡献是他的实体学说。实体学说开辟了后来自然科学与社会科学的研究道路。

亚里士多德对于灵魂问题,是充分重视的,有专门的著作《论灵魂》。《论灵魂》的要点是:

(一)对灵魂问题的重视

亚里士多德继承柏拉图的精神,对于灵魂问题给予高度重视。他说:"就知识的精确性而言,或就知识对象的崇高和精美而言,我们有

理由把研究灵魂的学问放在第一重要的位置。"(《论灵魂》)

(二)肉体是质料,灵魂是形式

亚里士多德应用他自己的实体学说来解释灵魂问题。

他说:"在多种存在的事物中,我们把某一种叫作实体;实体首先作为质料;二是作为形式或形状,由于它,事物才被称为'这个';其三是两者的结合。质料是潜能,形式是现实。"(《论灵魂》)

亚里士多德将"实体"分为两个层次:一是第一实体;二是第二实体。第一实体是指具体的一个人、一只狗或一把椅子等,即世界上具体的一件件事物。第二实体是指事物的归属,如中国人、黄狗、木椅子等。亚里士多德认为,一切研究要从实体出发。

后来的自然科学、社会科学,事实上都是从实体出发,而不是从抽象的概念出发。因此,亚里士多德的实体学说对于科学发展是有重要贡献的。

对于实体,亚里士多德将它分为三类:质料、形式、质料与形式的结合。这三者都是实体。

例如一把木椅子,木材就是质料,椅子就是形式,木椅子是质料与形式的结合。

他说:"质料是潜能,形式是现实。"意思是对于木椅子来说,木材只是潜在的能力,木匠将木材制成椅子,才使木材的潜在能力得到实现,实现为一把现实的椅子。

亚里士多德的关于质料与形式的学说,是人类对于物体认识的一个跃进,对于后来的科学研究有重要的引导作用。例如在建筑科学中,建筑材料学所研究的就是质料,而建筑设计学所研究的就是形式。

在灵魂问题上,亚里士多德明确提出:"灵魂,在最首要的意义上乃是我们赖以生存、赖以感觉和思维的东西,所以灵魂是定义或形式,而非质料或载体。"(《论灵魂》)

因此,亚里士多德的观点就是:肉体是质料,灵魂是形式,而人就是质料与形式的结合。三者都是实体。

亚里士多德的所谓"形式",与一般人理解的"形式"并不一致。一般人将"形式"理解为"形状"或"样式";而亚里士多德的"形式",指的是"它"(某事物)所以是"它"的原因和目的,因此是事物的本质属性。因此,他说灵魂是人的形式,意思是人的灵魂才是人的本质属性。这个观点有深刻含义,也是符合事实的。

中国人重视孔子,并不是重视他的躯体(身高、体重等),而是重视他的思想、他的人品、他对于创建儒学的贡献,而这一切,就是孔子的本质属性,就是孔子的精神或灵魂。

关于灵魂是实体的观点,亚里士多德明确地说:"灵魂,作为潜在的具有生命的自然躯体的形式,必然是实体,灵魂就是这一类躯体的现实性。"(《论灵魂》)

柏拉图指出,人是肉体与灵魂的结合体。但是肉体与灵魂究竟是什么关系,他并没有明确指出。亚里士多德的贡献就在于:指出了两者是质料与形式的关系。

同时,亚里士多德关于灵魂是实体的观点,对于人们认识灵魂是有重要启示的。许多人或者完全不承认灵魂,或者将灵魂看成是抽象的概念,是虚无缥缈的东西,而亚里士多德的观点却是:灵魂是实体。他的观点使人们不得不认真地对待灵魂问题。

亚里士多德从他的"肉体是质料,灵魂是形式"的观点出发,提出:"灵魂和躯体不能分离"(《论灵魂》)的观点。但这是一个与柏拉图的思想有所不同的、有争议的观点。

(三)灵魂的层次与功能

亚里士多德的灵魂观念与柏拉图的灵魂观念有所不同,他是将灵魂看作是生命的本质或本原。他说:"灵魂就是生命的本原。"(《论灵魂》)

由于他将灵魂看作是生命的本原,因此他认为,所有有生命的物体(生物)都有灵魂。

他认为,灵魂有三类:营养能力、感觉能力、思维能力。

植物只有营养能力,没有感觉与思维能力。

动物有营养能力,也有感觉能力,而没有思维能力。

只有人,既有营养能力、感觉能力,也有思维能力。

(四)灵魂中的两种心灵

人的灵魂是有思维能力的,这种灵魂,可以称为"心灵"(soul,mind)。他将心灵分为两类:主动心灵和被动心灵;也可以分为思辨心灵和实践心灵。

他认为主动心灵或思辨心灵是纯净的,是不受干扰的,也不与肉体相混的,而被动心灵或实践心灵是与肉体或欲望相混的。

因此,亚里士多德所说的灵魂与肉体不可分,主要指的是被动心灵或实践心灵。

(五)思维能力是人的灵魂的特有属性

亚里士多德认为,思维能力是人所特有的,是代表着理性的灵魂。

关于思维能力,他又进一步地分析说,思维"由想象和判断构成"。关于想象,他说:"是这样一种能力或状态,凭借着它,我们进行判断。""想象既不可能是与感觉相关的意见,不是以感觉为基础的意见,也不是感觉和意见的混合物。想象是相对于直接感觉所形成的意见。"(《论灵魂》)

近代西方哲学是很重视经验的。17世纪英国著名哲学家洛克说,"我们的一切知识都是建立在经验上的",而"一切观念都由感觉或反省而来"。(《人类理解论》)

而亚里士多德在人的思维中,却提出想象的重要性。而想象是在一定程度上脱离感觉、脱离经验的,至少是不与感觉或经验直接联系的。

事实上,在后来的科学发展中,许多重要的科学成就,是依靠想象而建立的。例如爱因斯坦的广义相对论,就是他在瑞士专利局时通过想象发现的。有一天,他在椅子上突然想到:如果他自由下落,他不会感觉自己的重量。这是为什么?他想出的理由是:自由下落的加速度,会和地球的引力相抵消。

因此,想象是一种重要的思维方法,当然想象不能完全离开感觉,但它并不与感觉直接联系。

在本书后面的章节中谈到理性灵魂观和灵性天堂观时,还要谈到想象的重要性。因此,亚里士多德关于人的思维能力(包括想象与判断)是人的灵魂的特有属性的阐述,是很有意义的。

总之,亚里士多德在灵魂问题上是有重要贡献的。他的主要贡献是阐明肉体与灵魂的关系。他指出灵魂是人的形式,意思就是灵魂是人的本质属性。人的思想、人的精神、人的业绩等,这些都是人的本质属性。这个认识,对于人们认识灵魂有重要的意义。

他的"灵魂是实体"的观点,他对于想象在人的思维中的重视,都是他的灵魂学说中很有价值的内容。

但是,亚里士多德认为,灵魂不能(至少不能完全)与肉体分离的观点,使灵魂不朽的观点受到削弱。因为灵魂不能与肉体分离,那么,灵魂就不可能是不朽的,灵魂只能附着于肉体而存在,也会随着肉体的死亡而消亡。这样就使灵魂学说的意义、灵魂学说的功效、灵魂学说对人类的重要性,都有所减弱。

柏拉图与亚里士多德关于灵魂与肉体可分或不可分的分歧,成为后来的哲学家一个争论的要点。

五、普罗提诺的灵魂观

古希腊黄金时期后,到欧洲中世纪(公元 5—15 世纪)前,西方历史经历了两个时期:一是希腊化时期或罗马共和时期(公元前 323—前

30）；二是罗马帝国时期（公元前 30－公元 476）。

在这七百多年间，哲学上出现许多派别，著名的有：斯多亚学派、伊壁鸠鲁学派、怀疑学派、新柏拉图主义等。这些学派对于灵魂问题都有所论述，而论述灵魂问题最全面而深刻的是罗马帝国后期的普罗提诺（也译为柏罗丁）。

普罗提诺（Plotinus，204－270）生活在罗马帝国由盛到衰、日趋瓦解的混乱时期。在这种时代背景下，人们会把目光投向"彼岸世界"，寻求灵魂的解脱。普罗提诺是当时著名的学者，是一位深受人们爱戴的公众人物，并得到皇帝的信任。他的主要著作是《九章集》，他的灵魂学说就在该书之中。

普罗提诺的灵魂观有如下要点：

（一）灵魂在本体中位置

普罗提诺灵魂观的重要特点是：他将灵魂观与他的本体论、宇宙观与人生观密切地结合起来，因此将灵魂问题提到一个更高的高度。

普罗提诺有自己的独特的本体论与宇宙观。他提出"三本体"学说。所谓"三本体"，就是太一、理智、灵魂。

本体有原则、原理、本原、开端、本质等意思，本体论是哲学中最根本的问题。中外哲学的各个学派都有自己的本体论。唯物论者以物质为本体，唯心论者以精神为本体，中国宋代理学家以理为本，心学家以心为本。普罗提诺却提出"三本体"，即太一、理智和灵魂，三者都是本体。当然，它们的层次不同，太一高于理智，理智高于灵魂。

"太一"是世界的最高本体，是纯粹的一。其含义有些类似老子说的"道"或"一"，老子说道是"天下母"，老子也说过："一生二，二生三，三生万物。"

"理智"（nous，也译为"心智"），是古希腊哲学家阿那克萨戈拉提出的概念，其含义是"多中之一"。对世界来说，有宇宙或世界的规律或秩序的意思，与中国理学家讲的"理"有点相似。对于人来说，理智是最高、最纯的精神能力（因此称为"心智"）。

"灵魂"则是"一和多"，因为灵魂是每个人都具有的，各人因欲念的不同，灵魂各不相同，因此是"多"。但所有人的灵魂也有共同的特性（例如都有爱），因此又是"一"。

灵魂向上可以通向理智与太一，向下可以通向万物。这是灵魂的独特的性质与功能。

（二）灵魂的性质与力量

普罗提诺将世界分为两类：可知世界和可感世界。可知世界也可以理解为理性世界或精神世界；可感世界可以理解为感性世界或物质世界。我们见到的房子、树木、动物、植物都是可感的。但有些事物，如本体、思维、精神等，是见不到的，不在可感世界内，而在可知世界内。

他又将事物分为可分的和不可分的两类。可感世界的有些东西是可分的（例如房子可以分为几间）；而可知世界的有些东西，往往是不可分的，如"本体"，就不可分。

普罗提诺认为，灵魂的性质是：既可知，又可感；既可分，又不可分。

关于灵魂的力量，普罗提诺认为，灵魂有三种力量：终极力量、理性力量和感知力量。

上述灵魂的性质和力量的分析，与前文所述的灵魂上通太一和理智、下通万物的特性是一致的。

普罗提诺关于灵魂性质与力量的分析，对于我们理解灵魂，以及在本书介绍理性灵魂观时，是有帮助的。

（三）灵魂的层次

普罗提诺将"三本体"之一的灵魂，又细分为三个层次：本体灵魂、宇宙灵魂、个别灵魂。本体灵魂就是"一"，宇宙灵魂接近于"理智"，个别灵魂就是"多"。个别灵魂既可居于可知世界而免除痛苦，又可居于可感世界,受到欲念的控制而感受痛苦。

(四)灵魂与世界

普罗提诺认为,灵魂是世界的创造者。创造世界的不是高级的宇宙灵魂,而是低级的个别灵魂。

"三本体"都有创生的功能,普罗提诺提出,太一和理智创生世界的方式是"流溢"。流溢有水流的意思,表明创生是一个自然的过程。太一和理智创生出新产物后,自身并不改变。

普罗提诺认为,真正创造世界万物的是灵魂。灵魂创造万物的方式是"凝思"和"表达"。灵魂的凝思是向上指向太一和理智的,而表达是向下通向万物的。

普罗提诺的"灵魂创造世界"的观点,指明人的精神在创造世界中的决定性作用,是本书所说的理性灵魂观的重要依据。

(五)灵魂与自我、自由和幸福

普罗提诺在上述"三本体"与灵魂观的基础上,建立他的自我学说。

他将"自我"分为"二重"与"三重"。所谓"二重",就是高级自我和低级自我。前者是脱离身体的,是向上凝思的;而后者是与身体相混的,是向下坠落的。高级自我与理智一起居住于可知世界;低级自我则居住于可感世界。人的自由意志只有在高级自我中,才能实现。

普罗提诺在灵魂的内部结构上分出三部分:理智部分、推理部分、感知部分。因此,他也将自我分为三部分(即"三重自我")。在高级自我(理性)和低级自我(感性)之间,有一个推理自我。推理自我的作用是沟通高级自我与低级自我。

高级自我与低级自我可以和谐相处。在和谐中,高级自我应处在主宰的位置。这样,人就能得到幸福。

普罗提诺提出"灵魂的上升之旅",就是要求人们上升到高级自我,上升到理智与太一。他认为,灵魂上升之旅是人获得真正自由的过程。

他明确地反对命运的决定论或天命论。他说："当灵魂脱离身体时，它就处于自身最大限度的控制之下，并且是自由的。"（《九章集》）

普罗提诺所谓"脱离身体"，是摆脱身体、欲念对灵魂的干扰。他并不完全排斥身体。他是不主张禁欲的，他说："良善的人必须尽可能满足身体生活的需要。"（《九章集》）

普罗提诺关于自我、自由和幸福的学说，也就是他的人生观。在身体与灵魂两方面，他要求人们更多地重视灵魂，这样才能得到自由与幸福。

总之，普罗提诺的灵魂学说，主要是继承柏拉图的思想，而有他自己独特的发展，达到较高的深度，为人们认识灵魂问题，提供了帮助。普罗提诺的灵魂观很少与宗教联系，基本上是理性的探讨。但是他的灵魂观形而上学的色彩很浓，特别重视内心的神秘体验，被认为是神秘主义。

本章精义：

1. 古希腊哲学家受早期自然哲学、酒神崇拜与毕达哥拉斯学派的影响，从苏格拉底开始就重视灵魂问题。柏拉图、亚里士多德、普罗提诺等古希腊重要哲学家，都对灵魂问题有高度的重视。

2. 由于荷马神话的传统，古希腊哲学家的灵魂学说有一定的宗教色彩，例如柏拉图认为，是神创造了人和灵魂。但是，总体来看，古希腊哲学家的灵魂观还是比较理性的。特别是亚里士多德和普罗提诺的灵魂观，宗教色彩很淡，基本上是理性的探索。

可以认为，古希腊哲学是理性灵魂观的最早源头。普罗提诺的灵魂观达到古代理性灵魂观的较高水平。

3. 古希腊哲学中关于灵魂的最主要争议，就是柏拉图的"魂身二元论"与亚里士多德的"质料与形式"的"魂身一元论"。这个争议直接引导了中世纪奥古斯丁与阿奎那的灵魂观的分歧。

1.2　西方中世纪哲学家的灵魂观

欧洲中世纪开始于公元 476 年西罗马帝国灭亡时,结束于 15 世纪。

在这个长达一千年的时期中,基督教在政治与思想上占有统治性的地位。

关于基督教的诞生、历史和教义,在本书的第三篇中将有较详细的介绍。

基督教的经典是《圣经》,分《旧约》与《新约》两部分,但《圣经》中介绍上帝和基督的神秘故事与言论较多,哲理性并不强。为了推动基督教的传播,教会中一些有哲学造诣的主教,试图借用希腊哲学来解释基督教的教义,这样就产生了基督教哲学。

基督教哲学中,接受柏拉图的思想,对后世影响最大的主教兼哲学家是奥勒留·奥古斯丁,他的哲学被称为"教父哲学"。

接受亚里士多德思想的神学家兼哲学家,对后世影响最大的是托马斯·阿奎那,其次是波纳文图拉。他们的哲学被称为"经院哲学"。现将他们三人的灵魂观分述如下。

一、奥古斯丁的灵魂观

奥古斯丁(Aurelius Augustinus,354－430)的时代是中世纪的开始时期,他是中世纪基督教哲学的开创性人物。

他出生于北非,母亲是虔诚的基督徒,母亲的爱与信仰影响他的一生。他受过完好的学校教育,才智出众。但他年轻时生活放荡,曾信仰摩尼教。经过长期的思想斗争，奥古斯丁决定改信基督教，并于387年受洗。从396年起，他担任北非希波城的主教，长达34年之久。

他一生写了232部著作，著名的有：《忏悔录》、《上帝之城》、《论三位一体》、《论灵魂及其起源》等。他的灵魂观点散布在这些著作中。他的灵魂学说的主要论点如下：

（一）人与灵魂都由上帝创造

《论灵魂及其起源》写于419—421年，是奥古斯丁较晚期的著作。书的内容是奥古斯丁与一位年轻人维克多关于灵魂起源问题的争论。维克多的观点是：灵魂是物质的，是上帝吹进每个人的呼气，而不是从父母遗传得到的。奥古斯丁驳斥他的意见：灵魂是上帝赋予亚当（人的祖先），而遗传给后代的。灵魂是灵（spirit），而不是物质。

从这个争论中，有一点是争论双方都肯定的，就是：灵魂是上帝赋予人类的。奥古斯丁说："灵魂其实是神所造，这是完全正确的陈述。"（《论灵魂及其起源》）这是奥古斯丁坚持不变的观点，事实上也是基督教教义中明确承认的观点。

灵魂是否是上帝赋予的，这是宗教灵魂观与理性灵魂观的基本分歧。本书在第四篇的理性灵魂观的有关章节中还要论述这个问题。

（二）灵魂占用、使用、统治肉体

奥古斯丁基本继承柏拉图的"魂身二元论"的思想，认为人是肉体与灵魂的结合体。在此基础上，他又有新的发展，他提出："灵魂是某种具有理性的实体，它的存在就是为了统治肉体。"（《论灵魂之大》）

从上面这句话来看，奥古斯丁首先承认灵魂是独立的实体，并且是理性的实体；而在灵魂与肉体的结合中，灵魂是占着统治地位的，是灵魂占有着肉体，使用着肉体。这个思想是在继承柏拉图与普罗提诺的思想基础上有所发展的。

笔者认为，从理性灵魂观来看，灵魂高于肉体的思想是有合理性的。谁都会承认，我们推崇孔子，主要是推崇他的思想（思想是属于灵魂的），而不是推崇他的肉体。

（三）灵魂与心灵、理性的关系

奥古斯丁说："理性、心灵或精神控制着灵魂的非理性的冲动，人就正是由着那应该掌管的东西，依据我们已发现为永恒的法律掌管着。"（《论自由意志》）

这句话表明，奥古斯丁并不把灵魂等同于心灵或精神。他认为，灵魂有理性与非理性的两部分。心灵与精神是灵魂的理性部分；欲念、感情等是灵魂的非理性部分。灵魂应该由理性部分（心灵、精神）所掌管。这样，人才能按照永恒的法律（自然法则，道德法则）而行动。

这是奥古斯丁对于灵魂问题的一个有重要意义的观点，也对我们认识灵魂与精神的关系有重要启示。

（四）灵魂的本质是意志

奥古斯丁的《论自由意志》一书专门论述意志问题。奥古斯丁说："石头的运动是自然的，但灵魂的运动是志愿的。"（《论自由意志》）。他的观点是：灵魂的本质是意志。

人是有意志自由的，这是人与动物的基本区别。

笔者在《爱的哲学》一书中论述过：意志是理智与感情的综合产物。因此，意志并不等于理性，它也有感情的参与。意志可以为善，意志也可以为恶。奥古斯丁说："我们灵魂中有这叫善良意志的东西。""热爱自己善良意志的人们才是幸福的。""那些执迷于邪恶意志的人也渴望幸福吗？"（《论自由意志》）他的意思是：各人的灵魂不同，有的人灵魂中有善良意志，有的人灵魂中有邪恶意志，只有具有善良意志的人才能得到幸福。

奥古斯丁论述"自由意志"的目的是要说明：人的灵魂是上帝创造的，而灵魂中有自由意志。因此，人的为善或为恶，只能由他的意志或灵魂负责，而不能由上帝负责。

奥古斯丁进一步说，意志的自由与上帝的预知是不矛盾的，其意思是：上帝能预知你的意志的选择。

（五）属天之城与属地之城

奥古斯丁在他著名的《上帝之城》一书中论述了他的"两个城"的思想。"两个城"就是"上帝之城"与"世俗之城"，或"属天之城"与"属地之城"。

"上帝之城"的说法来自《圣经》。《圣经》上说："在我们的上帝之城中，在他的圣山上，该受大赞美，增加全地的喜悦。"(《诗篇》48:1)

奥古斯丁说："我们知道有一座上帝之城，由于她的创建者用爱激励我们，所以我们希望成为她的公民。"(《上帝之城》)

因此，上帝之城的最大特征就是：在此城中，上帝用爱给予他的居民，使人人都想成为此城的公民。

上帝之城并不是一种空想，也不是脱离现实世界（属地之城）的，而是与现实世界结合在一起的。

奥古斯丁说："这两座城——也即属地之城和属天之城——在当今世界上是混合在一起的，在某种意义上，二者纠缠在一起。"(《上帝之城》)

奥古斯丁的上帝之城与世俗之城相结合的思想，是很深刻的。本书谈的理性天堂观，将会引用这一思想。

（六）灵魂是不朽的，又是可以死亡的

关于灵魂不朽问题，奥古斯丁在柏拉图"灵魂不朽"学说的基础上又有新的发展。

奥古斯丁对于人的死亡的解释是："上帝没有把人造得和天使一样，天使即使犯了罪也不会死。上帝把人造成这个样子，他们若是履行了服从的义务，就能得到天使般的不朽和幸福的永生。若他们不服从，死亡就会带着公义的审判降临到他们身上。"(《上帝之城》)

他提出，死亡有两种："能降临于不朽灵魂的死亡和降临于肉身的死亡。""灵魂的死亡发生在它被上帝抛弃的时候，而肉体的死亡发生

在被灵魂抛弃的时候。"（《上帝之城》）

他的观点是：一个有善良意志的人，由于他的灵魂不会被上帝抛弃，因此，他在肉体死亡后，灵魂是不朽的。而一个只有邪恶意志的人，他的灵魂会被上帝抛弃，因此，在他的肉体死亡时，他的灵魂也随之而死亡。

上述可知，奥古斯丁关于灵魂的观点，是符合基督教的教义的，或者说，是为基督教的教义服务的。但是，他并不是采用讲故事，或神谕的形式，而是哲理的分析，有较强说服力。他的有些理论，如关于自由意志和上帝之城的学说，即使在今天，对于广大非信教者来说，也是有教益的。

二、阿奎那的灵魂观

中世纪的基督教哲学在长时期内由柏拉图主义和奥古斯丁思想为主导。到 13 世纪时，亚里士多德的著作从阿拉伯世界传到西欧。亚里士多德的哲学在理性思维方面明显地强于柏拉图哲学，对欧洲思想家有很大冲击力。

最早向欧洲介绍亚里士多德哲学的是阿尔伯特（Albertus Magnus，1193－1280），他是阿奎那的老师。托马斯·阿奎那（Thomas Aquinus，1224－1274）生于意大利的那不勒斯，父亲是贵族。他自幼在修道院接受教育，14 岁进入那不勒斯大学，后来到巴黎大学深造，拜阿尔伯特为师。他在教廷供职，而主要时间在大学任教。他的主要著作是《神学大全》、《反异教大全》、《论真理》等。

阿奎那和灵魂有关的主要观点是：

（一）灵魂与肉体

亚里士多德在哲学上的最重要贡献是提出了实体学说，他提出实体是质料与形式的结合。形式是事物的本质和原因。亚里士多德认为：灵魂是人的形式，是生命的第一原因。

阿奎那首先提出：灵魂是一种不依赖于肉体而存在的、非物质性的精神实体。

这个观点很重要，因为按亚里士多德的实体学说，质料与形式一般是结合的，形式一般不能与质料分离。例如一张木椅子，离开了木材，椅子就无法存在。如果灵魂是人的形式，灵魂就不能离开肉体。这样一来，灵魂就不可能不朽，与基督教的教义就有矛盾。

阿奎那对于灵魂的定义是：灵魂是不依赖于肉体而存在的精神实体，因此，灵魂就可以是不朽的。

按亚里士多德的观点，质料、形式和两者的结合，这三者都是实体。

那么，灵魂既然是实体，它是不是质料与形式的结合呢？这是中世纪哲学家争论的一个重要问题

阿奎那的一个重要观点是：灵魂是一种没有质料的纯形式。亚里士多德提到过纯形式，称它为"隐得来希"（entelechy）。

阿奎那认为，只有物质实体，才是质料与形式的结合；灵魂既然是精神实体，只能是纯形式。

他认为，精神实体没有质料与形式的区分，只有存在与本质的区分。

由上述可知，阿奎那的学说是在亚里士多德学说的基础上有所发展的。亚里士多德的学说原来难以解释灵魂不朽的教义（因为质料与形式是结合的，灵魂就不能不朽），而阿奎那的学说既维护了亚里士多德的学说（这个学说很好地解释了肉体与灵魂是怎样结合的），又维护了灵魂不朽的教义。

(二)对"统一理智论"的批判

13世纪时，向欧洲介绍亚里士多德学说的主要是阿拉伯学者，其中阿威罗伊特别强调亚里士多德学说与基督教教义的分歧，形成阿威罗伊

主义。

阿威罗伊主义者认为,灵魂(或人类理性)对世界的认识是来自人类的"统一理智",而不是来自个人灵魂。

他们的论据是:同一个事物可以被不同的人所理解。

阿奎那不同意这种观点,他认为,这种观点实际上否定了灵魂的个体性与差异性,不仅与基督教的教义相违背,也不完全符合客观事实,因为每个人显然是有智力差别的。

关于"同一事物可以被不同的人所认识",阿奎那的观点是:人们认识的不是事物的本身,而是事物的"肖像"。不同的人所能认识的"肖像"既相同,也不完全相同。

阿奎那对于"统一理智论"的批判,实际上维护了灵魂的个体性,而灵魂的个体性又是灵魂的不朽性的必然要求。如果大家都有统一的理智,那么,就不存在个人的灵魂,就谈不上个人灵魂的不朽。

笔者认为,每个人的理智(或灵魂)是有差异,但是也存在一些人类共有的理智与情感能力(如概念、判断、选择、仁爱、善良等)。人类的灵魂有差异性,也有共同性,例如人人都有仁爱之心(孟子的学说),但不说明,人与人之间没有差别。承认灵魂的共同性,并不一定否定灵魂的不朽性。有仁爱之心的某个人的灵魂,仍然可以是不朽的。

(三)意向存在于灵魂

有人对阿奎那的"肖像说"加以驳斥,他们提出,有没有办法来比较"肖像"与事物的一致性呢?

阿奎那说:"它们是以两种不同的方式存在于两个不同主体的同一个形式。"(《现代西方心灵哲学》)同一主体,作为"原型",存在于上帝的思想中;作为观念,"意向地"存在于人的灵魂中;作为本质,"自然地"存在于客观事物中。

这里,阿奎那提出了"意向"的概念。"意向"一词,拉丁语是"similitudo",即英语的"similarity",中文意为"相似性"。

按阿奎那的意思,存在于灵魂中的都是事物的"意向",而不是事物本身。这个理解是符合科学的。

笔者认为,阿奎那的"意向说"对于我们认识灵魂是有帮助的。也就是说,人们心灵中对某人灵魂的认识,并不是指活生生的某人本身,而是某人的"意向",或"相似"。这样的理解有助于建立理性灵魂观。

三、波纳文图拉的灵魂观

波纳文图拉(Bonaventure,1221-1274),是阿奎那的同时代人。他们属于不同的教派,波纳文图拉是方济各会的领袖人物,而阿奎那是多明我会的主要代表。教派的不同表明他们的思想分歧。而他们的共同点是都信服亚里士多德的哲学观点,并且都努力使自己的神学思想与亚里士多德的哲学思想相融合,虽然在融合的方式上是有深刻差异的。

与阿奎那相比,波纳文图拉更多地采纳柏拉图和奥古斯丁的思想,将他们的思想与神学结合起来。例如,他接受柏拉图的"相"或"理念"的观念,认为各种"相"都是上帝的思想,是上帝创造了万物的范例,万物都是模仿这些范例而形成的。

在人是灵魂与肉体的结合的问题上,他的思想与阿奎那很不相同。

作为 13 世纪的经院哲学家,他同意亚里士多德的观点,即承认人是灵魂与肉体的结合体,灵魂是形式,肉体是质料。但他不同意阿奎那所说的灵魂是没有质料的纯形式。

他的观点是:任何实体都应该有质料与形式。灵魂也不能例外。灵魂是精神实体,它有精神性的质料与精神性的形式。肉体是物质实体,他有物质性的质料与物质性的形式。

精神性的质料与物质性的质料不同,它不具有广延性(即没有大小、重量)和可朽性(即不可朽)。

所谓肉体的"物质性的形式"就是指肉体的低级形式,即它的营养和感觉等形式。

波纳文图拉提出"灵魂中具有质料"的观点,有以下理由:

(一)只有上帝才是纯形式,任何个体化的实体,都必须是质料与形式的结合。

(二)他对质料的理解是:质料是潜能,它在向形式转化(即现实化)的过程中,一定会有变化;它会受影响,也会影响他物。而灵魂并不是不变的,它会受影响,也会影响他物。

笔者认为,同样是哲学与神学的融合,在灵魂与肉体关系的问题上,波纳文图拉的观点比阿奎那更为合理。

人的灵魂,有死前与死后之分。死前的灵魂就是活人的灵魂,实际就是人的心灵或思想,它确实是有变化的,会受影响,也会影响他人的。例如一个老师的思想必然会受到时代的影响,也必然会影响他的学生。死后的灵魂,会影响他人,也会受他人的影响。例如孔子的灵魂(他的思想、著作等)影响了二千年来的中国人;同时也会受到他人的影响,例如人们对孔子学说的认识,在中国的古代到当代就经历多次变化。古代时,他被人捧为至圣;20世纪,他多次被批判;到了当代,他又被人推崇为中华文化的代表。可见,灵魂很难说是纯形式,它是有质料的可变性质的。

此外,阿奎那认为,如果灵魂是纯形式,那么,灵魂就变成一种非常抽象的东西,这就大大削弱灵魂观念对于人的意义。人希望灵魂不死,并不是希望其都变成一种抽象的形式,或一种原则,而是希望是一种人的相似物,是有形象的、有感情的、可以交流的对象。这样的灵魂不可能只是形式,而应该也是质料与形式的结合。

因此,波纳文图拉的灵魂观,与阿奎那的灵魂观相比,应该说是更符合人的需要的,或更合理的。

本章精义:

奥古斯丁、阿奎那和波纳文图拉都是中世纪重要的哲学家。他们在沟通神学与哲学两方面,或者说在沟通信仰与理性两方面,都有突出的贡献。当然,由于他们是以神职的身份阐述哲学,他们的哲学中有较多顺从神学的倾向。从 17—18 世纪启蒙哲学发展以来,他们的哲学的光彩已经有所消退。但是,在灵魂问题上,他们的深刻论述所提供的贡献是不可磨灭的。

1.3 西方近代哲学中的灵魂观

欧洲的近代哲学的历史是从文艺复兴开始的,大体上到 19 世纪中叶以后,逐步过渡到现代哲学而终止。近代西方哲学发生了重要转向。

文艺复兴从 14 世纪的意大利开始,于 15－16 世纪在西欧各国昌盛起来。14－16 世纪,是人类的大变革时期。这个时期中,有但丁(1265－1321)的《神曲》的创作,有哥白尼(1479－1543)的"日心说"的问世,有马丁·路德(1483－1546)的宗教改革,有麦哲伦(1480－1521)航行全球的成功,以及由文艺复兴引发的资本主义工商业的产生和发展。文艺复兴运动是从收集、发掘、研究古希腊的哲学、文学、科学著作开始的。古希腊的理性哲学和以人为本的人文主义,是欧洲文艺复兴时与宗教思想对抗的主导性思想。这一切都冲击着宗教在政治上和思想上的统治与垄断,终于导致中世纪的解体。

17－18 世纪是欧洲的启蒙运动时期,康德在回答"什么是启蒙?"的问题时说:"永远有公开运用自己理性的自由,并且唯有它才能带来人类的启蒙。"(《什么是启蒙》)因此,思想自由和理性思维是启蒙运动的主要思想特点。

西方近代产生了一批有卓越成就的哲学家,对于世界的思想、文化、科学、文艺和宗教等都有着巨大影响。他们中许多人对于灵魂问题都有论述,其中影响最大的是以下几位:笛卡尔、斯宾诺莎、康德、黑格尔。现分述如下:

一、笛卡尔的哲学与灵魂观

笛卡尔(Rene Descartes,1596－1650)出生在法国西北部一个贵族家庭,父亲当过法官,母亲在他出生后几个月就去世。他在一座著名的皇家公学求学,是学校中的模范生,他对于数学和自然科学有浓厚兴趣。1616 年,他在瓦拉捷大学得到法学硕士学位。1618－1622 年,他在军队服务,担任文职工作。后来他去了很多国家。1628 年后,他卖掉祖产,定居荷兰。在那里住了二十年,写出他主要的哲学和科学著作。1649 年,他受瑞典女王的邀请去瑞典,因气候和生活的不适应而病倒,1650 年去世,享年仅 54 岁。

笛卡尔被后人称为"西方近代哲学之父"。他创建的理性主义哲学,对于后来的哲学和科学发展,有极为深远的影响。

他的哲学的主要论点与灵魂观是:

(一)怀疑论

笛卡尔的哲学是从建立在理性基础上的"怀疑"开始的。

他说:"理性告诉我说和我认为是错误的东西一样,对于那些不是完全确定无疑的东西也应该不要轻易相信,因此只要我在那些东西里找到哪管是一点点可疑的东西,就足以使我把它们全部都抛弃掉。"(《第一哲学沉思集》)

这种怀疑论的思想方法就是对于中世纪以来占统治性的神学的最有力冲击。因为按神学的教导,《圣经》中的话是不能怀疑的。

当然,笛卡尔并不是主张怀疑一切,他不同意古代的怀疑论者。他说:"我并不是模仿怀疑论者,学他们为怀疑而怀疑,我的整个打算只是使自己得到确信的根据,把沙子和浮土挖掉,为的是找到磐石和硬土。"(《谈谈方法》)

因此,笛卡尔的怀疑论的目的是为了寻求可以确信的知识,或真理。

(二)"我思故我在"

笛卡尔的最主要论点是"我思故我在"。在他的墓碑上,也写了这一句话。

"我思故我在"的意思是:别的事物都可以怀疑,唯有一个在思想的"我"确实存在着,这件事无法怀疑。

笛卡尔的"我思故我在"不是一句简单的话,它有非常深刻的哲学含义。

1.它提出了一种重要的认识方法,即"唯理论"的方法,就是笛卡尔说的:"凡是我没有明确地认识到的东西,我绝不把它当成真的接受。除了清楚明白地呈现在我心里,使我根本无法怀疑的东西以外,不要多放一点别的东西到我的判断里。"(《谈谈方法》)

"清楚明白地呈现在我心里,使我根本无法怀疑",这就是一种理性推理的方法。科学史证明,唯理论与经验论的方法,是科学发展的最主要方法。

2."我思故我在"这句话表明,笛卡尔没有从我的肉体来证明我的存在,而只从思想("我思")来证明我的存在。他认为:思想高于肉体,思想才是人的本质。这里就联系到他关于"心物关系"的学说。

(三)心灵与肉体的二元论

柏拉图曾经提出"魂身二元论",即人是灵魂与肉体的结合体。但是他没有充分论证,以致后来被亚里士多德否定。亚里士多德的"肉体是质料,灵魂是形式"的学说,是将灵魂与肉体结合在一起的。但是,亚里士多德的学说,又不能解释"灵魂不朽"的问题。

笛卡尔的书中,灵魂、心灵与精神是一个含义,他用得较多的是"心灵"。他提出有三种实体:心灵实体、物质实体和上帝实体。

他是近代哲学家明确提出"心灵与肉体二元论"的第一人。他说:"一方面我对于自己有一个清楚、分明的观念,即我只是一个在思维的东西而没有广延(指的就是心灵——笔者注),而另一方面,我对于肉体有一个分明的观念,即它只是一个有广延的东西而不能思维。"(《第一哲学沉思集》)"广延"就是大小、体积的意思,这是物质的基本属性。

他对"实体"的定义是:独立而不依赖于他物的东西。因此,他认为:心灵和肉体互相不依赖,两者都可以独立存在。但是,他并不认为,心灵是完全脱离肉体的。他说:"我(指我的心灵——笔者注)不仅住在我的肉体里……我和它非常紧密地连结在一起,融合、掺混得像一个整体一样地同它结合在一起。"(《第一哲学沉思集》)这当然是指人活着时的情况。

总之,他认为,心灵和肉体,二者既是独立而互不依赖的,又是结合在一起的。

笔者认为,这是心灵与肉体关系的比较全面的论述。从以上论述来看,笛卡尔的主张并不是彻底的二元论,只能说是"温和的二元论"。

(四)灵魂是不朽的

从上述理论出发,笛卡尔是肯定灵魂不朽的。

他说:"这个我,也就是说我的灵魂,也就是我之所以为我的那个东西,是完全、真正跟我的肉体有分别的,灵魂可以没有肉体而存在。"(《第一哲学沉思集》)

关于灵魂和肉体的区别,他说:"精神和肉体有很大差别,这个差别在于,就其性质来说,肉体永远是可分的,而精神是完全不可分的。因为事实上,当我考虑我的精神,也就是说,作为仅仅是一个在思维的东西的我自己的时候,我的精神里分不出什么部分来,我把我自己领会为一个单一的、完整的东西。"(《第一哲学沉思集》)

他又说:"肉体的死亡仅仅取决于形状的某种分解或改变,然而我们没有任何论据也没有任何例证使我们相信,像精神这样一个实体的死亡或毁灭,应该随着形状的改变这样一个如此轻微的原因。""这就足以得出结论说,人的精神或灵魂,按其能够被自然哲学所认识的程度来说,是不死的。"(《第一哲学沉思集》)

从以上论述来看,笛卡尔的观点是明确的:1.肉体死亡了,灵魂依然可以存在;2.肉体是可分的,精神(灵魂)是不可分的;3.可分的东西(肉体)会死亡,不可分的东西(灵魂)是不死的。

笛卡尔的时代(17世纪前期),启蒙运动还只是刚开始,笛卡尔必然还受到教会势力的控制,笛卡尔的哲学中不可能完全摆脱神学思想的影响。但是,上述关于肉体与灵魂关系的论述,是相当理性的。他是从理性推理,而不是从宗教教义推出他的灵魂不朽的结论,这是他与中世纪哲学家的基本区别。

二、斯宾诺莎的哲学与灵魂观

斯宾诺莎(Benedictus de Spinoza,1632－1677)出生在一个犹太商人家庭,先居住在西班牙,后来迁到荷兰。他幼年时学习过犹太经典和哲学,17岁时,去阿姆斯特丹从事贸易。但他的兴趣是在哲学和科学,他阅读了培根、笛卡尔、霍布斯等人的哲学著作,形成了自己的不符合宗教教义的哲学观点。1656年,他因此而受到严厉惩罚,被教会逐出教门。他被迫离开城市,以磨制镜片为业;同时他积极进行哲学写作,并与许多著名科学家、哲学家交往。1673年斯宾诺莎迁到海牙居住,1677年病逝。

他的主要哲学著作有《笛卡尔哲学原理》、《形而上学思想》、《伦理学》、《知性改进论》等,后两本书都在他身后才出版。他是继笛卡尔之后又一位重要的理性主义哲学家。

斯宾诺莎的哲学与灵魂观的主要内容是:

(一)神的属性

斯宾诺莎在他的《形而上学思想》一书中全面地论述神的属性。他将神的属性归结为以下几方面:

1.神的永恒性。斯宾诺莎首先指出"永恒"与"绵延"的区别,"永恒是神的无限存在",而"绵延是被创造事物保留在它自身现实性中的存在"。

他的意思是:只有神的存在是永恒的,世界万物都是神的创造物,它们可以连续不断地被创造,这种存在只能称为"绵延"。

2.神的唯一性。他认为,神只有一个,除了唯一的神之外,不存在其他的神。

3.神的广大无边。他说,神是广大无边的,存在于无限的圆满性之中。

4.神的不变性。他说,世界万物都会因外因或内因而变化,只有神不会变化。

5.神的单纯性。他认为,神并不是由它的样式所组成的复合物,神是单纯的存在物。他所谓的"样式"有性质的意思。例如花有色、香、形等样式,但花并不是由色、香、形所组成的。花就是花,是单纯的存在物。

6.神的生命。他认为,神的生命就是神的本质。

7.神的理智。他说:"神应当具有最高的知识。"

8.神的意志。他认为,神的意志就是神创造、理解、保存或热爱被创造事物的理智和力量。

9.神的力量。他认为,神是全能的。

10.神是万物的创造者。

(二)自然神学

从以上神的十个属性来看,斯宾诺莎对于神的理解与传统基督教对于神(上帝)的认识有根本的区别。

基督教的神是人格化的。奥古斯丁提出的"三位一体"学说,就是将圣父(上帝)、圣子(耶稣基督)与圣灵三者结合为一体;也就是说,基督就是上帝的化身或代表。在基督教的故事或绘画中,都将上帝描绘成一个慈祥的长者。

斯宾诺莎完全改变了神的形象。他所说的神是：永恒的、唯一的、广大无边的、不变的、单纯的、全知的、全能的，完全没有"人"的形象。符合他所说的神的概念的只能是大自然自身。事实上，他就是将神与自然等同起来。

他明确地认为：神就是自然。他这个思想，就是他的"自然神学"。

笔者认为，自然神学是斯宾诺莎在哲学上的最大贡献。他的思想将哲学、科学与宗教融合起来，将世界上广大信教者的信仰和广大非信教者的认识融合起来。即使在当代，他的思想仍然有深远的意义和影响。

现代最伟大的科学家爱因斯坦说过："我信仰斯宾诺莎的那个存在于事物的有秩序的和谐中显示出来的上帝，而不信仰那个同人类的命运和行为有牵累的上帝。"（许良英："爱因斯坦奇迹年探源"，《科学文化评论》，2005 年第二期）

从爱因斯坦这句话，也能理解斯宾诺莎的自然神学对现代与当代科学工作者的重要性。

自然神学的思想，对于本书建立"科学的理性信仰"，有重要的意义。

（三）心灵与身体

他对于心灵有这样的定义："思想直接存在于其中的实体称为心灵（mens，mind）"（《笛卡尔哲学原理》第一篇，界说六）

他说："我在这里是说心灵，而不说灵魂（anima，soul），因为灵魂一词模糊，常指有形体的事物而言。"（《笛卡尔哲学原理》第一篇，界说六）

斯宾诺莎的书中较少直接谈及灵魂，但从上面这句话可以理解，他讲的心灵，与其他哲学家讲的灵魂，意义是相通的。

斯宾诺莎首先强调，心灵和身体两者在神（自然）之中是统一的，两者都是神的属性。这是心灵与身体的一元论。

斯宾诺莎又说:"没有身体,心灵可以存在,没有心灵,实体也可以存在。心灵和身体是可以各自独立存在的实体;故心灵和身体实际上是有区别的。"(《笛卡尔哲学原理》第一篇,命题八)这是心灵与身体的二元论。

因此,斯宾诺莎关于心灵和身体的关系,既是一元论,又是二元论。实际上与笛卡尔的温和二元论并没有根本区别。

(四)灵魂不朽

前面提到斯宾诺莎较少用"灵魂"两字,但他并不是不谈灵魂。在他的《形而上学思想》的第十二章(《论人的心灵》),他专门谈到灵魂不死的问题。

他的观点是:"实体既不能为其自身所毁灭,也不能为任何其他被创造的实体所毁灭。根据自然规律,我们应当认为灵魂是不死的。灵魂不死是从自然规律中明白推出来的,这些自然规律就是为自然之光所发现的神的决定。"(《形而上学思想》)

由于斯宾诺莎将灵魂与身体都看作实体,而实体又不能被毁灭。因此,按斯宾诺莎的观点,不仅是灵魂,就是身体也不能被毁灭。

当然,他并不认为灵魂与身体是永恒的,而认为它们只是绵延的。也就说,他们都要在神的不断创造之下而绵延。

笔者认为,斯宾诺莎的观点是符合自然科学的。自然科学证明了物质与能量是不灭的。生物科学证明,遗传物质DNA在世代之间是长期延续的,随着世代的更替、发展,身体与灵魂都会按照DNA的模式,不断地创造出来,长期地延续下去。但是,身体与灵魂的绵延的方式是不一样的。身体的物质会延续,但个体的生命会死亡;而灵魂是不死的。

(五)心灵的至善

斯宾诺莎对于心灵(或灵魂)问题的重视,重点并不在于人死后的灵魂不朽,而在于人在世时的德性——心灵的至善。

他有以下一些关于心灵的至善的论述：

心灵的最高的善是对神的认识，心灵的最高德性是认识神。(《伦理学》,第四部分,命题二十八)

那些遵循德性的人的最高善是人人共同的,而且是人人皆可同等享有的。(《伦理学》,第四部分,命题三十六)

每一个遵循德性的人为自己所追求的善,他也愿为他人而去追求。(《伦理学》,第四部分,命题三十七)

愉快绝没有过度,而永远是善。(《伦理学》,第四部分,命题四十二)

依照理性的指导,我们宁追求将来的较大的善,而不择取现在较小的善;宁择取现在的较小的恶,而不追求将来的较大的恶。(《伦理学》,第四部分,命题六十六)

斯宾诺莎的以上论述有极为丰富的伦理学价值。他对于心灵的善的基本观点是:1.心灵的善,首先要有对于自然与人类本性的认识,这与苏格拉底的"知识就是美德"的观点是一致的;2.善是人类的共同的天性;3.不仅要为自己追求善,还要为他人追求善;4.幸福(愉快)与善是一致的;5.不仅要在现在求善避恶,更要考虑将来的求善避恶。这里就有灵魂不朽与来世报应的问题。

斯宾诺莎不仅在伦理学上有深刻的论述,他本人的一生就是一个道德非常高尚的人。他生活简朴,对于钱财不感兴趣,脾气也很好,终身没有妻子和孩子。

斯宾诺莎在哲学成就与人格道德两方面,都得到后来的知识界广泛的尊重。

三、康德的哲学与灵魂观

康德(Immanual Kant,1724－1804)出生在当时东普鲁士的哥尼斯堡的一个手工业家庭。1745年毕业于哥尼斯堡大学哲学系后,康德连续9年担任家庭教师,1755年开始在该大学任教。他一辈子没有离开过哥尼斯堡,终身没有结婚,平平静静地在哲学的思辨中度过了一生。他一生的哲学成就,达到了西方近代哲学的最高峰,对于后世有巨大影响。

要理解康德的灵魂学说,必须了解康德哲学的体系和他的认识论体系。

(一)康德哲学的体系

康德的全部哲学主要由三大部分组成,分别在他著名的"三大批判"的著作中阐明。"三大批判"即《纯粹理性批判》、《实践理性批判》和《判断力批判》。

1.纯粹理性

康德的《纯粹理性批判》的内容,就是他的认识论。该书全面的阐述他的"物自体与现象"学说和他的完整的认识论体系。

2.实践理性

康德的《实践理性批判》和《道德形而上学基础》两书的内容,是他的道德哲学或伦理学。书中阐述了四项道德律令,以及他关于宗教、政治和历史的观点。

3.判断力

康德的《判断力批判》的内容,就是他的美学理论。他认为美学是纯粹理性(知识)和实践理性(道德)的中介或桥梁。

(二)康德的认识论体系

康德的认识论的基本观点是:世界万物的自身存在是"物自体"(即客观世界——笔者注),而"物自体"本身并不能为人认识。人所认识的只是物自体的表象(即现象)。

物自体可以为认识提供感性材料,人的自我为认识提供认识形式。而人的认识形式都是"先验"的,"先验"有"先天就有"的意思,也有超越经验(可以脱离经验而存在)的意思。

"先验"是康德哲学著作中的一个非常重要的概念。康德哲学也被称为"先验哲学"。

后来的中外哲学家,往往批评康德的"先验"的观点,认为是一种唯心论。笔者认为,康德的"先验"观点是有科学根据的。康德的所谓"先验"就是人类的基本认识概念和认识能力(如时间、空间、辨别、判断、分析、推理等)。这些基本的认识概念和能力是人类通过数百万年的进化而获得的。事实上,一些最初级的认识能力(如辨别、判断等)在动物身上就有。动物如果没有最基本的辨别与判断力,就不能获取猎物。

康德本人是优秀的科学家(他曾经提出过宇宙形成的星云学说)。他的哲学体系中的内容,许多都是有科学根据的。

根据他的先验的认识论,他将人的认识形式分为三个层次:感性、知性和理性。

1. 感性(sensibility):康德的"感性",包括人类所能感觉到(看到、听到、触摸到)的世界万物的表象,也就是所谓的"感性经验"。

2. 知性(understanding):康德所谓的知性(有人译为"悟性"),就是人的各种科学知识。

人类为什么能归纳出或发现出这些科学知识,康德的解释是人类采用了"先天综合判断"的方法。

在康德之前,哲学界存在两个学派,一是英国的经验论,一是欧洲大陆的唯理论。经验论者认为知识全都来自经验;而唯理论者相反,他们认为先有思维,才能认识事物。

康德的"先天综合判断",它将经验论和唯理论两者结合了起来。康德认为,知识有两个来源,一是来自经验,一是来自先天。

他所谓的"经验",就是人类依靠感性所获得的各种感性经验;而他所谓的"先天",就是人类先天就有的基本认识能力或思维能力。先天的认识能力将各种经验综合起来,就形成科学知识。

3.理性(reason):康德说的"理性"和我们通常说的"理性",概念不完全相同。我们平时说的"理性",基本上就是康德说的"知性"。

康德说:"悟性(即知性——笔者注)可视为由规律以保持现象统一之能力,理性可视为在原理下保持悟性规律之统一之能力。故理性绝不直接应用于经验或任何对象,而仅应用于悟性。"(《纯粹理性批判》)

这段话表明,康德的"知性"是在感性现象中总结出来的规律;而康德的"理性"是在知性知识中提炼出来的原理。理性只针对知性,而不与感性经验直接联系。

因此,康德的理性是高于知性的,它是要寻求知识的知识,或最高的知识。

康德认为,人类的理性包括三个问题:灵魂、绝对世界、上帝。他也说,理性包括灵魂、自由意志、上帝。

(三)康德的灵魂观

康德关于灵魂的观点,在他的哲学体系中的两个部分都谈到了:一是在"纯粹理性"(即认识论)中;一是在"实践理性"(即道德哲学)中。现分别介绍如下:

1.纯粹理性中的灵魂

首先,康德将灵魂问题放在他的"理性"的范畴之中,说明了他对灵魂的两个基本观点:

(1)灵魂是不能用感性或知性来认识的。灵魂是一个超验性(超越经验)的问题。这个观点对我们认识灵魂问题非常重要。你不能指望能用你的眼睛看到灵魂(但你可以用你的心感受到灵魂),你也不能用科学方法来研究灵魂问题。

(2)灵魂问题是一个康德所讲的理性问题,因此康德并没有否定灵魂的存在,相反,他将灵魂看成高于科学(知性)的问题。按康德的意见,理性(包括灵魂)是从知性中(不是从经验中)提炼出来的原理。但是在康德的时代,这样的提炼还没有成功,灵魂还在他的物自体的不可知的范畴中。

康德在《纯粹理性批判》一书中,用较多的篇幅来说明,只依靠知性的方法,或一般的逻辑推理,无法证明"灵魂不朽"。这就是康德所说的"谬误推理"。

例如,康德指出:不能用"实体有持久性"的前提来论证灵魂的持久性。

"实体有持久性"是亚里士多德提出的判断。这里的"实体"是指某个主体,例如某个人,张三。它在判断句中是主词。该主体不会随着它的属性(宾词)而改变。例如张三上午很高兴,张三下午不高兴,但张三这个人没有变,是有持久性的。

康德的观点是,亚里士多德所说的"实体"都是知性范畴的,人们可以感觉到的,而灵魂根本不在知性范畴,如果用"实体有持久性"来推理出"灵魂的持久性",就是"谬误推理"。

尽管康德指出不能用知性的方法来认识灵魂,但他将灵魂问题放在理性的范畴中。他并没有否定灵魂的存在,而是认为它是高于知性的。

2. 实践理性中的灵魂

康德在他的道德哲学(实践理性)中,对于灵魂问题予以充分的肯定。他的论据如下:

(1)实践理性高于思辨理性

康德的哲学是全面的,并不只是认识论。它包括认识论、道德哲学和美学,也就是古希腊哲学家所说的真、善、美三个方面。

认识论是解决"实然"问题,即"事物是什么";而道德哲学是解决"应然"问题,即"人应该怎样做"。

人是社会性的高等动物,人始终在社会中生活。人的行动如果不符合道德法则,社会就不可能和谐,人也不可能幸福。

因此,道德哲学在康德哲学中有极为重要的位置。

康德说:"在纯粹思辨理性与纯粹实践理性联结成一个认识时,实践理性就占据优先地位。因为一切关切归根结底都是实践的。甚至思辨理性的关切也仅仅是有条件的,只有在实践的应用中才是完整的。"(《实践理性批判》)

这一段话是认识康德全部哲学的关键。在康德哲学的三大部分中,他是将实践理性放在首位的。

因此,关于他的灵魂学说,他更为重视自己在实践理性中的观点,即认为,灵魂是不朽的。

(2)至善是德行与幸福的统一

康德将"至善"作为他的实践理性的最高原则,或最高追求。

什么是"至善"呢?康德说:"德行和幸福一起构成了一个人对至善的拥有。"(《实践理性批判》)

他的意思是,人既有德行,而又有幸福,人就达到了至善。

他批判了古希腊的两个学派。伊壁鸠鲁派选择幸福为根据,认为能导致幸福的就是德行;斯多亚派选择德行为根据,认为德行本身就是幸福。康德认为,这两种观点都不全面,至善必须是德行与幸福的统一,既有德行,又有幸福。

笔者试图在中国的背景下来谈这个问题。在 20 世纪 50－70 年代,曾经只强调德行,"为人民服务"、"斗私批修",而不强调个人的幸福。改革开放以来,又片面强调个人的幸福,"一切向钱看",而不强调德行。按照康德的观点,片面地强调德性或强调幸福,都是不全面的。

康德的观点是比较全面的,应该是既要强调德行,也应强调幸福。

(3)灵魂不朽是德福统一的必要条件

然而在现实世界中,德行与幸福不可能完全统一。往往是有德行的人,享受不到幸福;而享受到幸福的人,丧失了德行。这样的例子在中国相当多。

中国在 20 世纪的大部分时间中,包括民国时期和新中国的前 30 年,许多好人遭殃。例如在 1957 年的"反右"运动中,55 万人被错划为"右派"。他们有很多都是好人,或有大小不等的德行的人。

在当代中国社会,许多官员贪污腐败,而还没有被查处。他们可能认为自己是得到钱财,就得到了幸福,但是他们却丧失了天良和德行。

在现实的德福分离的条件下,怎样才能达到至善呢?康德的回答是,必须承认"灵魂不朽"。

他认为,在人的短暂一生中,很难达到德行和幸福的统一,但是,在人类生命的延续中,必然能达到这种统一。通俗地说就是,今世不能统一,来世必然会统一。

康德说:"至善只有以灵魂不朽为先决条件在实践上才是可能的。""与道德法则不可分离地联结在一起的这种不朽,是纯粹理性的一个公设。"(《实践理性批判》)

他的意思是,对灵魂不朽问题,不能要求像科学知识那样,给予证明;但是它是人类的社会进步和人民的幸福所必然需要的一种公设。

当然,关于德行与幸福的统一,是一个重大的政治问题、社会问题和法律问题,这个问题的解决不能只依靠"灵魂不朽"的信念,还要依靠政治与社会的进步、法治的完善。但是在人们的心灵中建立起一种灵魂观,作为一种重要的道德教育的内容,也是非常必要的。

笔者认为,康德的灵魂学说是相当理性、全面的,是绝大多数人(不论是信教者或非信教者)都可能接受的。本书所阐述的理性灵魂观,部分地(并不是全部)建立在康德的灵魂学说的基础之上。

四、黑格尔的哲学与灵魂观

黑格尔（Georg Wilhelm Friedrich Hegel,1770－1831）出生在当时符腾堡公国的斯图加特城,他父亲是公爵府的财政秘书,因此家境比较好。他年轻时在神学院学习,但对神学不感兴趣。1789 年,法国爆发大革命,他是革命的拥护者,热情宣传卢梭的自由平等思想。1793－1800 年,他担任家庭教师。1801－1818 年,他先后在耶拿大学和海德堡大学讲授哲学,并完成了他主要的哲学著作。他在 1818 年后任柏林大学教授,1829 年后任该校校长。1831 年,他因霍乱病去世。

(一)黑格尔的哲学体系

黑格尔在他的前辈康德、费希特、谢林的哲学思想的基础上,建立了一个相当完整的哲学体系。他最重要的哲学著作有《精神现象学》、《逻辑学》、《哲学全书纲要》等。他去世后,他的学生为他整理出《哲学史演讲录》、《历史哲学演讲录》、《美学演讲录》、《宗教哲学演讲录》等。他在《哲学全书纲要》中,将他自己的哲学体系归纳为三大部分:逻辑学、自然哲学和精神哲学。

1. 逻辑学

他所谓的逻辑学,就是他的本体论和辩证法。关于本体论,他最重要的思想是:世界的本体是理念与绝对精神,或绝对理念。

他说:"理念是概念和客观性的绝对统一,理念的实在性内容仅仅是概念的表现。"(《逻辑学》)

"'绝对理念'首先是理论理念和实践理念的统一。'绝对理念'的真正内容不是别的,而正是我们迄今考察过其发展过程的整个系统,也可以说'绝对理念'是普遍东西。"(《逻辑学》)

他所说的"理念",并不只是人们思维中的内容,而是世界的本体,世界万物都是"理念"。因此,"绝对理念"就是世界的"整个系统"、"普遍东西"。

黑格尔所说的"绝对理念"和老子说的"道"、宋代哲学家说的"理"有相似之处。

理念中最重要的内涵是"概念"(概念与他的灵魂观有关)。"概念"是思维中的内容,而世界万物都是"概念的表现"。

这样的思想,被后来的哲学家(包括马克思)批判为是唯心论,而黑格尔本人是以唯心论而自豪的,他说自己的"绝对理念"思想是"绝对的唯心论"。

笔者在《综合哲学随笔》一书中论述过世界可以分为两大部分:自然世界和人为世界。在自然世界中,如果说日月星辰都是概念(或思维)的表现,并不符合天文学,也是难以使人理解和信服的。但是人为世界中的万物,包括人类所创造的科学、艺术、建筑以至各种衣食住行的物件,确实主要是人类的思维(概念)和物质共同作用创造的,而思维起着主导作用。黑格尔的观点值得重视。

黑格尔在《逻辑学》书中详尽地介绍了他的辩证法思想。这里从略了。

2. 自然哲学

黑格尔说:"在自然界中所能认识的无非是理念,不过这个理念是以外化的形式存在的。"(《逻辑学》)

黑格尔的意思是:自然只是理念的外化。他这个观点很难为自然科学家所接受。

3. 精神哲学

他说:"在精神中所能认识的也是同一个理念。这个理念是自在自为地变化的。"(《逻辑学》)

他的精神哲学包括道德、伦理、国家、历史、艺术、宗教和哲学等。他的意思是这些人类的精神现象都属于"绝对理念(或绝对精神)"的不同表现。他讲"自在自为"的意思是,这些精神现象既是客观条件所决定的,又有自己的创造性功能。

笔者认为,黑格尔关于精神哲学的阐述是有部分合理性的,对于理解人类的精神现象是有启发的。

由于本书的主题只是灵魂问题,对于黑格尔的哲学体系,不拟展开论述。

(二)灵魂是生命的概念

在黑格尔的著作中,"灵魂"二字提到的场合不多。黑格尔属于欧洲启蒙运动的哲学家,他需要与欧洲中世纪的经院哲学有所切割。因此,黑格尔用"灵魂"二字是很谨慎的。陈也奔在《黑格尔与毕泰戈拉——灵魂概念的联系与发展》(《黑龙江社会科学》,2006 年 3 期)一文中对这个问题的论述,笔者是同意的。

但是,黑格尔还是在他的《逻辑学》第三篇《概念论》的"生命"一节中,给予灵魂一个明确的解释。

他说:"生命的概念是灵魂,这个概念以肉体为其存在。""概念作为灵魂在肉体里得到实现。"(《逻辑学》)

要理解"灵魂是生命的概念"这个命题,先要了解黑格尔说的"概念"究竟是什么?黑格尔说:"概念在自身以观念性的统一包含了存在和本质。""概念是作为独立存在着的、实体性的力量的自由东西,并且是总体。在这个总体中每一个环节都被设定为没有分离开的统一体。所以,概念在其自相同一里是自在自为的得到规定的东西。"(《逻辑学》)

在以上论述中,黑格尔对于"概念",给予以下几个特性:

1."概念"是存在与本质在观念性上的统一。

2."概念"是独立存在的,概念是一种实体性的力量。

3."概念"是自由的,是自在自为的。

4."概念"是一个统一体。

而黑格尔说"生命的概念是灵魂",从以上黑格尔对"概念"的解释中,可以对灵魂有以下的理解:

1.灵魂是生命的观念性与实体性两者统一的存在。这个认识与古代哲学家所说的"灵魂是精神实体"是一致的。它有实体性的存在,因此,它不是虚妄的,不是虚无的,是确实存在的。但是,它与肉体不一样,它又是一种精神性的(观念性的)存在。

2.灵魂既是生命的存在,又是生命的本质,并且是两者的统一。这是对灵魂相当深刻的认识。如果灵魂代表人的精神、道德、思想、贡献等,每个人的本质,并不在于他的肉体,而在于他的灵魂。这些精神因素才是人的真正的存在。

3.灵魂是自在自为的。因此,人的灵魂(精神)既是客观决定的,又是有创造性功能的。每个人的灵魂(他的思想、智慧、道德等)都能创造新的事物,对于他的家庭和社会,都会有大小不等的影响。

4.人的灵魂是统一体,不可能像肉体那样被分解(如被外科医生动手术),也不可能被火化为灰烬。即使在死后,他的灵魂(精神)仍然是完整的。例如孔子的思想和精神,两千多年来,依然是完整地被人研究着、继承着。

上述都是从黑格尔的"灵魂是生命的概念"以及黑格尔关于概念的解释而得到的认识。

(三)生命、理念、生命理念与灵魂

"理念"是黑格尔《逻辑学》的最后主题,他将"生命"放在"理念"这部分来讨论。

前面已经提到,按黑格尔的观点,"理念"就是世界的本体,世界万物都是"理念"的表现(这与人们一般对理念的认识是不一样的)。

他说:"直接的理念是生命。从肉体的外在性来看,灵魂是直接的、自相联系的普遍性;灵魂同样是肉体的特殊化过程。"(《逻辑学》)

这句话表明了他对于"生命"和"灵魂"的一些独特观点:

1. 他认为,生命就是一种理念,是直接可以接触到的理念,而不是抽象的理念。因此,生命是从属于绝对理念的一个环节。与其他事物一样,也是绝对理念所创造的。

2. 灵魂既有自相联系的普遍性,又有与肉体联系的特殊性。

"灵魂有自相联系的普遍性。"这是黑格尔关于灵魂的重要观点。他的意思是:张三的灵魂,虽然是与张三的肉体(特殊性)联系的,但是,又是和其他灵魂相联系的。例如,孔子的灵魂(思想,学说)是与许多人的灵魂相联系的。

本书所建立"理性灵魂观",会引用他的观点。

他所谓的"生命理念"就是生命本身。人的生命理念就是人的生命本身。

他在讨论"生命"的最后一节中说:"生命理念不仅摆脱了某个(特殊的)直接的具体生命,而且摆脱了整个最初的直接性;这样生命理念就达到了它的自身,达到了它的真理性;与此同时,生命理念就此作为自为的、自由的类而进入实存。那种单纯直接的、个别的生命力的死亡是精神的诞生。"(《逻辑学》)

从这一段话可以理解,他讲的"生命理念"并不是指某一个人的生命,而是指人类的生命。他所讲的"类",对人来说就是人类。他的意思是:个体的(直接的、具体的)生命是会死亡的,但是,生命理念(人类)并不随之而消亡。人的生命理念将始终是自由的、自为的(有创造力的)。

他说的"生命理念",是包含着灵魂的,因为如他所说:生命的概念是灵魂。

从以上黑格尔关于生命理念与灵魂问题的阐述来看,他总的观点是:个体的生命是会死亡的,而作为生命理念的人类是永恒的,因此作为生命的概念的灵魂也是永恒的。这就是他关于"灵魂不朽"问题的思考。

黑格尔对于人的灵魂的性质有相当深入的阐述。古希腊与中世纪哲学家只提到:灵魂高于肉体(柏拉图),或灵魂是形式(亚里士多德),但是,他们对灵魂究竟为什么高于肉体,灵魂的性质究竟是什么,并没有进行很深入的分析。黑格尔的"灵魂是生命的概念"、"灵魂是自相普遍联系的"等学说,是达到相当深度的。根据他对于灵魂的分析,人们可以清楚地理解:人的灵魂是人的本质与存在的统一,是人的精神,是人的创造性能力。人的灵魂会有持续而普遍的影响。

本章精义:

1.西方近代哲学在认识论方面有重大突破。有以笛卡尔、斯宾诺莎为代表的唯理论,有以培根、洛克为代表的经验论,而康德的"先天综合判断"将两者结合了起来。西方近代哲学的认识论,为自然科学和社会科学的发展开辟了道路,对于科学发展有深远影响。

2.在人的灵魂、心灵或精神问题的研究上,西方近代哲学也有重大的进展。笛卡尔首先提出心灵与肉体的二元论,为灵魂(心灵)不朽的学说,奠定了基础。自然神学是斯宾诺莎在哲学上的重大贡献。这个学说融合了理性与信仰,融合了科学与宗教。即使在当代,由于信教者的人数非常多,因此,他的学说仍然是很有价值的。斯宾诺莎从自然神学推论出灵魂不朽的认识。

3.康德哲学是西方哲学的里程碑。他的哲学体系是包括了本体论、认识论、伦理学和美学的完整体系。在道德领域,他是完全肯定灵魂不朽的。他的学说是本书所谈的理性灵魂观的基础之一。

4.黑格尔哲学是一个完整体系。他关于"灵魂是生命的概念"的学说,帮助人们把对于生前灵魂的认识提到相当的高度,并且为现代西方哲学中的人本主义开拓了方向。

1.4　西方现代哲学对于灵魂观的启示

近代哲学的中心问题是:人能否认识世界? 怎样认识世界? 也就是哲学中的认识论。

19 世纪中期以后,一直到今天,出现一大批新的哲学流派,它们所关注的主要问题,已经不再是认识论问题。其中一个趋势是关注人的本性,将人作为哲学的出发点,人们称为"人本主义哲学"。另一个趋势是关注科学问题,探求哲学和科学的关系,人们通常称为"科学主义哲学"。

本书前面几章中已经谈到,在西方哲学中,灵魂、心灵、精神等是相通的概念。在古希腊和中世纪,灵魂是哲学的非常重要的课题。到了近代和现代,理性的原则越来越得到公认,灵魂问题谈得较少了。但是康德在道德领域,对灵魂仍然是完全肯定的;黑格尔哲学中,对灵魂问题也有深刻的阐述,但所占篇幅不是很多。

19 世纪中叶以后的人本主义哲学,有两种派别:一是宗教性的人本主义,如新托马斯主义、人格主义等;二是非宗教性的人本主义,如意志哲学、生命哲学、现象学、存在主义等。宗教性人本主义与基督教教义联系较紧,论述灵魂和上帝的内容较多,但它们并不是西方现代哲学的主流。非宗教性人本主义较少直接论述灵魂和上帝,它们所论述的主要是意志、生命、存在、现象等问题,但这些问题都与灵魂(或心灵、精神)有较密切的关系,对于我们认识灵魂问题是很有帮助的。

以下选择几种现代西方哲学的主要学派以及它们的代表性哲学家,他们的心灵观对于我们认识灵魂问题有较大的启示:

一、意志哲学(Voluntarism)对于灵魂观的启示

叔本华(Arthur Schopenhauer,1788—1860)是西方非理性主义哲学的先驱者,也是意志哲学的创始人。他父亲是富有的银行家,他自幼孤僻、傲慢。1809年,他得到耶拿大学的哲学博士学位。1820年起,两度在柏林大学任哲学讲师,曾想与黑格尔争夺听众,遭到失败。后来一直没有正式职业,就从事写作,依靠遗产生活。他最重要的哲学著作是《作为意志和表象的世界》(1819年)。

(一)意志是人与一切事物的本质

康德认为,我们认识的只是现象世界,是表象,而表象后面的自在之物,是不可能知道的。

叔本华却说:"一切客体都是表象。唯有意志是自在之物。它是一切表象之所以出。"(《作为意志和表象的世界》)

对于生命(包括人),叔本华说:"意志所要求的既然总是生命,那么,如果我们不直截了当地说意志而说生命意志,两者就是一回事了。"(《作为意志和表象的世界》)

叔本华认为,对于主体来说:"意志揭露和指出了它的本质,是它的作为和行动的意义和内在动力"。(《作为意志和表象的世界》)

叔本华的观点在自然世界领域中,并不是很合理。如果说日月星辰的运行都由它们的意志所推动,则是不符合天文学的。

但是在人为世界中,人所创造出来的万物(包括衣食住行的物件,科学理论、艺术作品、新技术的产品,如电视机、冰箱等)确实都是人的意志所缔造的。这些事物的本质(它们的用途、意义、构成原理等)确实都可以在人的意志中去寻找。人的意志就属于"生命意志"。

因此,叔本华的意志学说,是部分地符合真实的。

(二)意志与灵魂

接着我们问:意志和灵魂是什么关系?叔本华本人并没有做这方面的深入分析。黑格尔以后,非宗教性的哲学家已经很少论述灵魂问题了。但是这些哲学家的思想与灵魂问题还是有密切的内在联系的。

叔本华在《作为意志和表象的世界》的第二篇中,详细地论述意志和身体的关系。

叔本华说:"意志活动和身体活动,不在因果关系中,却是二而一,是同一事物,只是在两种完全不同的方式下给予的而已。""身体的活动不是别的,只是客体化了的,也即进入直观的意志活动。""对于身体的每一作用也立即而直接的就是对于意志的作用。这种作用,如果和意志相违,就叫作痛苦;如果相契合,则叫做适意、快感。"(《作为意志和表象的世界》)

从以上论述来看,意志和身体既是结合在一起的,又是互相分离的。

这种关系,人们很自然会联想到古希腊、中世纪哲学家,包括笛卡尔、斯宾诺莎和康德所说的灵魂与肉体的关系。他们都认为,灵魂和肉体是结合的,但也是可以分离的。

黑格尔说:灵魂是生命的概念,而概念是存在与本质的统一。如果联系叔本华所说的意志是事物的本质、意义和内在动力,那么,更可以理解,叔本华所说的意志(或生命意志)与以往哲学家所说的灵魂,基本上没有区别。

因此,叔本华的意志哲学,至少对人的生命来说,也可以说就是他关于人的灵魂的哲学。

二、生命哲学(Philosophy of Life)对于灵魂观的启示

生命哲学是从 19 世纪后期到 20 世纪上半期,在德国和法国兴起

的哲学流派。在西方哲学流派中属于非理性主义哲学。

这是西方国家阶级矛盾相当尖锐的时期。巴黎公社(1871)、第一次世界大战(1914—1918)等,都发生在这个时期。人民在生存上感到威胁,在生命上感到迷茫。理性主义哲学从笛卡尔开始,到黑格尔达到高峰。但理性主义不能回答生存或生命的问题,为此,生命哲学、存在主义等非理性哲学产生了。

生命哲学不满意理性主义哲学将哲学研究的重点放在主体和客观世界的分割上,他们认为,哲学的重点应该是生命,是主体与客体的统一。德国的生命哲学以狄尔泰为代表,他着重研究生命与历史——文化的关系。影响最大的生命哲学家是法国的柏格森,他侧重于从自然科学,特别是生物学的角度研究生命。他们的学说都与灵魂(心灵、精神)有较密切的关系。

（一）狄尔泰

狄尔泰(Wilhelm Dilthey,1833—1911),出生于德国莱茵河畔的一个小镇。他以全班第一的成绩从中学毕业,进入柏林大学学习。他立志于学术研究,在若干大学任教师或教授,1886 年成为普鲁士科学院院士。1911 年死于传染病。他在从事学术的同时,积极参加实践活动,在报刊上发表了上百篇文章和评论。政治思想方面,他属于左翼自由派知识分子,主张渐进的改良。他被人称誉为"德国现代哲学的鼻祖"。

狄尔泰的以下观点对于我们认识灵魂问题很有启发。

1. 精神生命。狄尔泰用"精神生命"的概念来表示生命。他说:"精神生命每一个或每一组过程都是由功能统一构成的单独整体。""生命是精神充满生命力的一种关联总体。"(《二十世纪德国哲学》)

通常说,人的生命是由肉体和精神共同组成的,而狄尔泰讲的"生命",只是精神生命(精神生命是单独整体)。精神生命与本书所讲的"灵魂"的意思基本一致。他认为,精神生命(灵魂)才是生命的本质。

这与黑格尔的"生命的概念是灵魂"的观点是相似的。

从狄尔泰关于精神生命的论述，可以看到：(1)他认为精神生命(灵魂)是一个关联总体，即精神生命(灵魂)是一个不可分割的整体；(2)精神生命(灵魂)是充满生命力的。

2.描述心理学。他提出的"描述心理学"与流行的"说明心理学"有根本的区别。说明心理学是用自然科学的方法来研究人的心理，它采用观测、假设、实验、模型、理论等科学方法。至于描述心理学，狄尔泰说："我在描述心理学名下理解的是描述在每一个发展的人类精神生命中同样出现的种种要素和关联，它们是怎样联结在一个独一无二的关联总体中的。"(《二十世纪德国哲学》)

我们在灵魂问题的讨论中，也有同样的情况，如果用自然科学的方法和观点来研究和认识灵魂，往往无从下手(首先，灵魂无法被观察到)，但是，灵魂作为一个整体，人们是能够感受的。例如中国人都能感受到孔子的存在，每个人也能感受到已故亲人的音容笑貌和品性的存在。

因此，狄尔泰的描述心理学对于我们理解灵魂问题是有帮助的。

(二)柏格森

柏格森(Henri Bergson，1859—1941)是法国人，他出身于音乐家的家庭，就学于巴黎高等师范。他37岁时，以《物质与记忆》一书一举成名。1900—1924年，他任法兰西学院教授；1907年发表他最著名的著作《创造进化论》；1914年，他任法国科学院院士；1928年，获诺贝尔文学奖；82岁去世。他是在世界范围内影响最大的生命哲学家。

柏格森有以下一些主要哲学观点：

1.时间和绵延

柏格森认为有两种不同的时间：一是真正时间；一是科学时间，或度量时间。度量时间只是量的、有间断的变化。真正时间是质的、连续性、无间断的变化。

真正时间就是"绵延"(Duration)。"绵延"是柏格森哲学的中心概念。他认为生命的本质就在于绵延。

我们回顾一下斯宾诺莎关于"绵延"的认识。斯宾诺莎认为,万物都是神的创造物,它们可以连续不断地被创造,这种存在称为"绵延"。

柏格森的"绵延",也有不间断地被(自然)创造的意思。柏格森强调"绵延",是要和自然科学中采用的"时间"概念相区别。他的绵延概念是理解他的"生命之流"的前提。

2. 生命之流

柏格森将人类的历史看成是"生命之流"。他说:"这个生命之流向前奔涌,穿过一代代人类,将自己进一步划分为众多个体。因此各种灵魂便不断地创造出来。这个溪流的运动与河床明显有别,尽管它不得不跟随河床的蜿蜒曲折的行程。"(《创造进化论》,第三章)

这一段话表明柏格森对于灵魂问题的若干观点:(1)灵魂和肉体是有别的(他将灵魂譬喻为溪流,肉体譬喻为河床),但又是有联系的,灵魂会跟随肉体的行程;(2)生命之流是由灵魂组成的,而不是由肉体组成的,就似同河流是由溪水组成,而不是由河床组成;(3)人类灵魂所组成的生命之流是永不停息地向前奔涌的,是绵延不绝的,是永不间断的。

3. 直觉和理智

柏格森在认识论上强调直觉,而不强调理智。他认为,只有直觉才能领悟真正时间,而理智只能理解科学时间。因此,对于生命的理解,要依靠直觉,而不是依靠理智。

他说:"理性的工作只在生命的周围打转,而不是进入到它里面去。但是,直觉引导我们要达到生命的真正内部。"(《创造进化论》)

当然,柏格森并不是说理智不重要。理智可以帮助人认识世界、制造工具,为人类提供许多方便。但是理智毕竟不能把握生命。真正理解和把握生命,还是要靠直觉。直觉方法就是一种领悟的方法。事实上，我们对文学、音乐、绘画的欣赏，主要是依靠直觉或领悟，而不是依靠理智。

柏格森这个观点，对于我们理解灵魂问题是有帮助的。灵魂是在生命内部的，主要需要依靠直觉的领悟；只用理智的方法，是不容易理解灵魂的，这也是许多人对灵魂抱有怀疑的原因。

三、现象学(Phenomenology)对于灵魂观的启示

现象学是对 20 世纪哲学与文化有重要影响的哲学学派。它的创始人是胡塞尔(Edmund Husserl,1859－1938)。

他的出生地当年属于奥匈帝国，他是犹太族后裔。他早年在莱比锡大学学习物理学和数学，后来决心献身哲学。1887 年后，他先后在三所大学担任哲学副教授和教授，任教共 41 年。1901 年，他写出巨著《逻辑研究》。在哥廷根大学时，在他周围形成了现象学学派；1913 年，以他为主创办《哲学和现象学研究年鉴》，年鉴上发表了他的《纯粹现象学和现象学哲学观念》。1931 年，他发表《先验现象学导论》。他与康德一样，一生都是一个书斋中的哲学家。

康德将客观物体本身称为"物自体"，而将客观事物在人脑中的反映(表象)称为"现象"。胡塞尔认为哲学应该是最严格的科学，不应该去研究像"物自体"这类无法证明的问题，人所要研究的就是世界的现象。这就是"现象学"这个名词的来源。

胡塞尔认为，各种科学都只是研究世界事物的某一个方面，并且都以经验为基础，都是有一定前提的。现象学是研究人怎样认识所有现象的科学，它不以经验为基础，它是不需要前提的。

(一)意向性

现象学最重要的概念是"意向性"。18 至 19 世纪的认识论，是将主体(人)和客体(事物)分开，讨论人怎样认识事物。现象学将两者结

合起来,提出意向性的理论。

意向性(Intentionality)指的是意识的一种结构,它由意识活动和意识对象组成。意识活动是指人的不同的思维方式,如:知觉、想象、回忆、判断等。意识对象就是人的意识所面对的客观事物。例如我看到一只狗,这里,"我看到"就是意识活动(知觉),一只狗就是意识对象。这两者的结合就构成了"意向性"。"意向性"具体体现在"意向活动"中。

胡塞尔提出,意向活动有"理想的"(ideal)和"实在的"(real)两种。例如我看到各种不同的狗(大狗、小狗、白狗、黄狗等),这是实在的意向活动。其中有统一性,都是:我看到了狗,这就是理想的意向活动,也可以叫"意义活动"。胡塞尔认为,在人的意识活动中,概念、判断等并不是从具体事物中抽象出来的,而是从意义活动中取得的。

胡塞尔的意向活动,可以用以下表格来表示。(引自《现代西方哲学新编》)

意向性	意向活动		意向对象
类别	性质	材料	
1.理想的	意义	概念	单一本质
2.实在的	想象	影像、幻觉	想象物
3.实在的	知觉	真观念	事物
4.理想的	范畴	系词、逻辑连词	本质联系
5.实在的	判断	知识	事物整体

从上表可以理解"意向性"有如下含义:对于不同的意向对象,需要有不同的意向活动,意向的性质和材料都是不一样的。自然科学中,采用的意向活动主要是表中的 4 和 5,即以知识为材料,采用分析、判断的方法,获得事物整体的认识。但是在文学、艺术、神学中,意向

活动 2 是主要的。文学、艺术的对象并不是真实事物，而是艺术事物（想象物），但是，它们仍然是"实在"的意向活动，并不是理想的、抽象的。

康德的"先验综合分析"是人类在科学知识（知性）方面的重大突破；而现象学的意向性理论，覆盖了人类各方面的认识，是在康德之后，人类认识论又一次突破性的发展。特别是在人文科学方面，意向性理论有重大影响。

意向性理论对于我们认识灵魂问题是很有帮助的。人的灵魂（生前灵魂和身后灵魂），就是人的心灵、精神、道德、思想、身后形象和影响等，这些都是精神实体，事实上都很难用自然科学方法来观察、实验、建模或进行数学分析，而需要有其他性质的意向活动，如直觉、感悟、记忆、想象等来把握与理解。

（二）生活世界

胡塞尔到晚年，写出《生活世界现象学》，提出"生活世界"的观点。

他认为，科学的起源是生活。从伽利略开始，将自然科学概念化和数学化，这只是人类在生活世界中的一种选择。生活世界才是人类认识的最初、最根本、最完整的源泉。

他说，与生活世界相比，"客观—逻辑的科学的问题，现在看来就成为次要的特殊的兴趣问题"。（《生活世界现象学》）

在他看来，科学不能面对人生价值与意义的问题，这是科学本身的危机。

迄今为止，灵魂问题基本上还在科学的视野之外，但是人的心灵（灵魂）在所有人的生活世界中。人的身后灵魂在众多宗教信仰者的生活世界中，都是一个十分重要的问题。因此我们很有必要对心灵或灵魂问题进行探索。这是现象学给予我们的启示。

四、存在主义（Existentialism）对于灵魂观的启示

存在主义的先驱是祁克果（Soren Kierkegaard，也译：克尔凯郭尔，1813—1855），他是 19 世纪丹麦哲学家。他首先提出，哲学的出发点是个人的生存。

存在主义的主要哲学家有海德格尔、雅斯贝尔斯、萨特等。

（一）海德格尔（Martin Heidegge，1889—1976）

海德格尔是存在主义的创始人。他从中学时就开始思考哲学问题，1909 年，他进弗莱堡大学，向胡塞尔学习哲学。1916 年，他参加胡塞尔主编的《哲学和现象学研究年鉴》的编辑工作。1923—1928 年，他受聘为马堡大学哲学教授；1928 年，接任弗莱堡大学胡塞尔的位置。"二战"期间，他支持纳粹党，出任弗莱堡大学校长。"二战"结束后，一度被禁止讲学；1951 年后，继续讲学；1957 年退休，后从事著作。

他的主要著作有：《存在与时间》（1927）、《什么是形而上学》（1929）、《论真理的本质》（1943）、《诗、语言、思想》（1971）等。

1.存在与此在

存在主义的两个基本概念是"存在"和"此在"。

古希腊人的"存在"是名词 beings。海德格尔讲的"存在"是一个动名词，是 being；在文法上当名词用，而在含义上是动态的。海德格尔将实际存在的事物，叫做存在物（beings），而将各种事物的生存过程，叫作存在。

海德格尔用"此在"（there-being）来表示世界上一种特殊的存在者——人。"此在"指的是一个个人的存在，而不是指人类，或人民，或人们的存在。"此在"是动态的。海德格尔说："此在总是作为它的可能性来存在。"（《存在与时间》）。因此，"此在"是面向一个人的将来的，是指每一个人的生存价值的。

海德格尔指出"此在"的特性是：

（1）"此在"是其他存在物存在的基础。例如地球上的河流、土壤、动物、植物，都能被人所利用；也只有在被人利用的过程中，才具有存在的意义（意义就是对人而说的）。

（2）只有"此在"才会追问存在的意义。除了人，任何动物或植物都不可能追问存在的意义。

我们知道，人是由肉体和灵魂两者组成的。同时符合上述两个特性的只能是灵魂（心灵、智慧等），而不是肉体。

因此，海德格尔所说的"此在"，基本上是指人的心灵（只有人的心灵才能追问存在的意义）。一个人的存在（生命过程与价值）基本上是由他的心灵（不是肉体）所决定。曹雪芹的存在，体现在他的《红楼梦》，而《红楼梦》是他的心灵的产物。与曹雪芹有类似肉体的人绝不能写出《红楼梦》。

2."为死而在"

海德格尔对于人的生死问题有独特的认识。他说："为死而在，本质上就是畏。"（《存在与时间》）他用"畏"来表达一种"为死而在"的思想。

海德格尔提出，有"本真的存在"与"非本真的存在"之分。所谓"本真的存在"，是回到真正的自由的自我，是独立自主的、不受外界环境或他人约束的存在；而"非本真的存在"，是受外界环境或他人驱使或约束的存在。在现实世界中，本真的存在，就是从自己自由的、天然的人性出发的生活方式；而非本真的存在，是受世俗的财富、名誉、地位、权力等制约的生活方式。

每个人的死都是本真的，任何外界的、世俗的财富、名誉、地位、权力在死亡面前，都将归于虚无而毫无意义，而回到本真的自我。

因此，海德格尔的"为死而在"的含义，也就是要求人们在生前就要寻求自己本真的存在，根据自己的人性，自由地、独立自主地生活。

笔者认为,联系本书所谈的灵魂问题,对海德格尔的"为死而在",可以有如下的理解:人的灵魂有生前心灵与身后灵魂两个阶段。生前心灵的存在时间较短暂,身后灵魂会有很长(乃至永恒)的存在时间。这两个阶段的灵魂是有必然联系的。一个人的生前心灵(自己的道德、品性、思想、业绩等)必然直接关系到他的身后灵魂(他的精神在身后的长期影响)。因此,每个人在生前,如能不受财富、名誉、地位、权力的制约或引诱,而寻求本真的存在,只从自己的人性(特别是爱心)出发而做好他应做的事,那么,他生前的所作所为,在身后也会在亲人中或社会中,留下长远而积极的影响。因为,只有本真的存在会有永恒性。

(二)雅斯贝尔斯

雅斯贝尔斯(Karl Jaspers,1883－1969)是海德格尔同时代人。他生于法国奥尔登堡一个富有家庭。1909 年得到医学博士学位,在该大学精神病院工作,后来任该大学哲学教授。他著有多本哲学著作:《哲学》、《哲学逻辑》、《哲学信仰》等。他妻子是犹太人,他对纳粹持反对态度。

这里着重介绍他一个与本书的主题关系较密切的重要观点:哲学信仰。在《雅斯贝尔斯》(维尔纳·叔斯勒著)中,作者说:"雅斯贝尔斯的全部哲学都可被理解为哲学信仰。"

什么是哲学信仰呢?

雅斯贝尔斯是反对宗教的绝对性要求的,是反对"天启信仰"的。他说:"真正的教徒可以做神学家,但若不经过改弦更张,便不能做哲学家;哲学家不经过洗心革面,便不能做教徒。"(《雅斯贝尔斯》)

但是,他认为,哲学也需要有信仰。哲学信仰是超越性的、本质性的东西,虽然是出于理性的思考,却也是无法证明的。

他说:"要明确信仰,就要勇于面对这样一种情况而生活,即本质之物是无法证明的,而只有在信仰者经受考验的体会中,才会寻找到

永远不具有客观有效性的证明。"（《雅斯贝尔斯》）

雅斯贝尔斯认为,哲学和宗教并不是完全对立的。宗教中存在一些核心因素,是哲学可以承认的真理。因此,哲学对宗教应持有尊重的态度。

雅斯贝尔斯也指出哲学与科学的区别,他说:"科学真理始终仅仅局限于存在物的诸现象中,从未达到过存在。"（《雅斯贝尔斯》）

他指出:科学只能研究局部性的问题,而无法研究世界的整体性的存在。科学的可靠性只能是有约束条件的,并不是绝对可靠的。科学所能达到的,始终只是或然性。哲学要求的是超越性的思维,这种思维是不会休止的。

笔者认为,雅斯贝尔斯关于宗教、哲学和科学的关系和区别的观点,是合理的,符合事实的。这三者之间,不应互相排斥,而应互相尊重。

哲学信仰的概念是人们所需要的。人们通常认为（特别在中国这样的无神论占优势的国家）,科学能解决一切问题。其实并不是这样。正如雅斯贝尔斯所说,科学只能解决局部性的问题,并不能解决整体性的、根本性的问题,也不能满足人类的多方面的精神需求（伦理、道德、感情、信仰等）,因此,宗教和哲学都是人类所需要的。对于整体性或根本性问题的认识,不能依靠科学证明,而需要有信仰。宗教信仰和哲学信仰二者,哲学信仰是理性的思维,更容易为具有科学思想的人们所接受。

本书在论述"理性灵魂观"时,会引用雅斯贝尔斯的"哲学信仰"的观点。

（三）萨特

萨特（Jean Paul Sarte,1905－1980）是 20 世纪一位知名度很高的哲学家、作家和社会活动家。他出生于巴黎的一个知识分子家庭。他在中学时就对哲学感兴趣,1924－1928 年,他在巴黎高等师范学校攻读哲学,1933－1934 年又在柏林法兰西学院继续研究胡塞尔和海德格尔等的哲学,形成了他的存在主义思想。他于 1939 年入伍,1940 年被德军俘虏,获释后在中学执教。1943 年出版他最主要的哲学著作《存在与虚无》。1944 起,他专门从事写作。他在"二战"后,始终坚持独立的政治立场,他既反对法、美等对于殖民地的战争,又反对苏联侵占阿富汗。他积极参加社会活动,在 20 世纪 60 年代,他支持左派青年的反抗运动;他拒绝接受法国政府荣誉奖和诺贝尔文学奖。1980 年他去世时,巴黎 5 万人参加他的葬礼,纪念这位当代杰出的思想家。

萨特哲学有以下一些要点,与本书所谈的灵魂问题联系较紧密:

1. 意向活动的自由

萨特接受胡塞尔的现象学,用意向活动来解释人的认识活动。他在理论上的发展是将"自由"概念与意向活动相结合。

他提出:人的意向活动包括知觉、想象和情绪三个过程。

知觉中既有感知,也有判断。人对感知的事物做出自己的判断;判断可能对,也可能错,这是人的认识的自由的开始。人寻求科学知识就是人的知觉活动。

想象比知觉有更大的自由。它可以将没有知觉到的事物作为意向对象。想象中的意向对象叫"影像"。影像虽然不能被知觉到,却是显现于意识中的真实存在。萨特说:"人之所以能进行想象,那是因为他先天地是自由的。"(《现代西方哲学新编》)

意向活动的最后一种是情绪(或情感)。萨特认为,人与事物的关系,并不只是知觉,还有情感。人可以爱某个事物(或人),也可以恨某个事物(或人)。因此,萨特理解的意向性是"意识的超越"。达到了情感,人与事物的关系就达到更大的自由。

笔者认为,萨特关于意向活动的论述是胡塞尔意向性学说的重要发展。特别是他将想象和情感加入人的意识活动之中,使人对意识活动得到更全面的理解。他的学说在文学、艺术(绘画、音乐等)的创作中是很有帮助的。鲁迅小说中的阿Q,并不是一个真实的人物,而是鲁迅想象的人物,但是阿Q的形象,他比任何一个真正的农民,更能代表中国的农民,因此,阿Q并不是虚构的,他是中国农民的真实存在。鲁迅能写出阿Q,又与他对于中国农民的真挚情感分不开。

本书所讨论的灵魂问题,也不能只依靠知觉来认识,需要有知觉、想象和情感的综合运用。

萨特关于意向活动的学说,在本书后面建立理性灵魂观时,会得到引用。

2.存在(自由)先于本质

萨特哲学中的关键性的概念是"自由",即人的自由。他的著名论断是:"存在先于本质。"他说:"人的存在和他的自由没有区别。人类的自由先于人的本质。"(同上)

萨特的观点是:自由是人的存在的基本属性,以至可以说,存在和自由没有区别,存在就是自由。而萨特所谓的"人的本质"是指一个人的生命的各种可能性(与海德格尔的观点相同);对一个人来说,他人生的道路怎样走(本质),只能由他的自由意志所决定。因此,他的自由选择,先于他的本质。

联系到灵魂问题,我们回顾一下奥古斯丁的话:"石头的运动是自然的,但灵魂的运动是志愿的。"(《论自由意志》)

在人的肉体和心灵(灵魂)两者之中,只有心灵(灵魂)是"志愿"的,只有心灵(灵魂)是自由的,即有自由意志的,而肉体本身则是被动的。因此,根据萨特的理论,也可以认为:是人的心灵(灵魂)决定人的本质。这个思想,事实上黑格尔就有过(灵魂是生命的概念)。萨特将这个思想深化了,特别是和人的自由联系起来了。

萨特所强调的自由,并不是绝对自由,而是与责任相联系的自由,他说:"对每个人来说,他每发生一事,都好像整个人类在用两眼盯着他,要他用他的行为来指导自身。"(《存在主义是一种人道主义》)

因此,萨特提倡的自由,是符合现代法治社会要求的。

本章精义:

1.西方现代哲学家,由于理性主义和科学主义的影响,直接谈论灵魂问题是减少了。但是他们所使用的其他名词,如叔本华的"意志"、狄尔泰的"精神生命"、柏格森的"生命之流"、胡塞尔的"意识活动"、海德格尔的"此在"和萨特的"存在"等,都与古代、近代哲学家和本书所讲的"灵魂"有基本相同的含义,都是指人类的心灵、意志或精神,而不是指人的肉体。

2.西方现代哲学主要是两大流派:一是科学主义(如实证主义、分析哲学、科学哲学、结构主义等);二是人本主义(意志哲学、生命哲学、现象学、存在主义、弗洛伊德主义等)。

科学主义各学派的思想对于人类的价值观、伦理学与灵魂问题,难以介入。人本主义哲学的特点是在更广阔的视野下来考察人类所面临的问题。他们提出的思想方法(包括狄尔泰的描述心理学、柏格森的直觉、雅斯贝尔斯的哲学信仰等)是超越自然科学和数学方法的。特别是胡塞尔和萨特提出的"意向活动",事实上覆盖了人类的各种思维方法和思维对象,当然首先是人类的精神生活。他们提出的观点、理论和方法对于我们就认识人类的灵魂问题提供了重要的思想基础,也为本书将要讨论的理性灵魂观提供了思想基础。

第二篇 中国哲学中的永恒观与灵魂观

本篇讨论中国自古至今哲学中的永恒观以及与灵魂有关的思想观点。

在中国有史料记载的最早古代（商代），人们有与西方古代相似的神鬼观念。周代之后，神鬼观念逐渐淡薄。中国最早的大哲学家——老子和孔子，是回避谈论神鬼的，而专注于宇宙的本体（老子的"道"），或人的本性和社会的治理（孔子的"仁"和"礼"）。这个情况与西方古代最大的哲学家柏拉图详细地谈论灵魂问题有很大不同。

从本书将灵魂分为生前灵魂（心灵）和身后灵魂两个阶段来说，中国古代哲学家更多地关注生前灵魂问题（道德、人性、心等）。

追求永恒，是人类共同的情结。西方的上帝信仰和灵魂不朽，是他们对于永恒的追求。中国古代哲学家对于永恒问题也非常关注，但他们是从不同的角度，是从天道（道家）与孝道（儒家）的角度来关注的。

中国哲学家的思想，对于我们理解灵魂问题、道德问题、生死问题，都有重要的启示。

2.1　商周时代的天观与神鬼观

在《诗经》、《书经》(《尚书》)、《易经》等几部中国古代经典中,我们可以理解中国古代人民的一些早期观念。

一、天的观念

《诗经》所体现的最重要哲学思想,就是一个"天"字。《诗经》中说:"天生烝民,有物有则。"(《大雅·烝民》)此句的意思是:上天生育众民,万物都有法则。

"上天之载,无声无臭。"(《大雅·文王》)此句的意思是:上天的运行,既没有声音,又没有气味。

中国古代人民将"天"看成是宇宙的最高主宰,与西方人的上帝有相似的位置,但是没有"人格神"的形象,而与斯宾诺莎讲的自然神学比较接近。

老子讲的"道",宋代理学家讲的"理",都与"天"的观念有关。"天"的观念是中国人最早的永恒观。

二、神鬼观念

在中国古代,天是唯一的,神却是众多的。《尚书·尧典》中有"遍于群神"的文句。

中国古代对神的信仰十分广泛。据《左传》的记载,有"山川之神",有"日月星辰之神"。有动物之神,如《礼记·礼运》说:"麟、凤、龟、龙，谓之四灵。"也有植物之神，例如对大树、古树的崇拜。

中国古代经典中，不用"灵魂"这个概念，而用"鬼神"、"鬼"或"魂"来表达人去世后的形象。《尚书·金滕》中有"能事鬼神"的文句。

关于"魂"，《仪礼》的解释是："出入之气谓之魂。"意思是"魂"与呼吸有关；人在生时有呼吸，当呼吸离开了人体，人就进入死亡。这个理解与古希腊人对灵魂的理解非常相似。

在中国古代的殷商时期，人们对天与神的敬畏相当普遍。百姓普遍与天、神直接交往，祭天祭神，以致引起君王治理的困难。到了周代，不得不用专职的巫师负责与天、神进行交往。

《尚书·吕刑》中有一段话："乃命重黎，绝天地通；罔有降格。"

重、黎都是官员之名，重是司天之官，黎是司地之官。"绝天地通"，就是要断绝百姓与天神、地神的直接交往，不允许降低规格。

从这句话也可以理解商代时民间对神的信仰非常普遍。商代之后，周公"制礼作乐"，用仪礼与音乐来代替对神的普遍敬畏与崇拜。这是到春秋战国时期，老子与孔子的哲学以理性思维为主的思想背景。这也是中国古代哲学中的灵魂观与西方古希腊时期与中世纪时期的灵魂观有所区别的历史原因。

2.2　中国先秦哲学中与永恒和灵魂有关的思想

先秦哲学是指秦代之前春秋、战国时代的哲学。

东周的年代是前 770—256 年(共 514 年);春秋是前 770—前 476 年(共 295 年);战国是前 475—前 221 年(共 254 年)。因此,春秋战国与东周的年代平行,是西周之后,直到秦始皇统一六国前的时期。这是中国哲学最辉煌的时期,中国几位最著名的大哲学家都生活在这个时期,也是中国主要哲学学派(道家、儒家、墨家、名家等)的创始时期。

这个时期,诸国分立,没有一个垄断性的政权与思想体系,形成了"百家争鸣"。

现按主要学派来谈中国先秦哲学家的关于永恒的思想,以及与灵魂有关的观点。

一、道家哲学的永恒观与灵魂观

(一)老子

虽然哲学界对于老子与《道德经》的年代问题还有争议,但是多数哲学家认为,老子是与孔子同时代人,而比孔子年长。孔子曾经专门去向老子请教,这件事在《史记》、《礼记》、《吕氏春秋》等多本古书中都有记载。《史记》中说,孔子对老子有很高的评价,称他"犹龙",意思是像龙一样崇高。

孔子的哲学是以伦理学为主体的,而哲学的真正主体应该是本体论(Ontology)。本体论是研究世界的来源或世界的根本的,老子的哲学正是以本体论为主体。

1.道的本体性与永恒性

灵魂问题与世界的永恒性是密切关联的,有永恒的世界,才可能有不朽的灵魂。如果不存在永恒的世界,灵魂不朽就没有意义。

世界的永恒就是一个本体论问题。

老子认为,世界(或宇宙)的来源和根本是"道"。

他说:"有物混成,先天地生。寂兮寥兮,独立而不改,周行而不殆,可以为天下母。吾不知其名,故强字之曰道,强为之而名曰大。"(《道德经》,二十五章)

他的意思是:道在天地产生之前就有的,是混沌不清的,是无声无形的,是独立存在、永不改变的,是周流循环、永不懈怠的,它是天地的创造者。我不知道它的名称,只能勉强地称它是道,取名为大。

他这句关于"道"的解释,就表明了:道是永恒的(不改,不殆)。

老子的道的观念,在当代受到现代物理学家的重视。英国物理学与宇宙学家史蒂芬·霍金写的《时间简史》中,介绍科学家关于大爆炸的理论时说:"宇宙是以一个非常热而且相当紊乱的状态从大爆炸开始的。"(《时间简史》)科学家论证的宇宙开始的状态和老子所说的混沌不清的"道"是相似的。

丹麦的著名物理学家戴维·玻尔等都承认,老子的"道"的思想对于西方物理学家有深刻的启示。美国有一本科普畅销书,书名就是《物理学之道》,这里的道正是老子所说的"道"(英文"Tao")。

物理学家所论证的"物质与能量不灭"的原理,也与老子所说的道的永恒性(不改,不殆)是相似的。

老子的道的永恒性的学说,为本书将要论述的理性灵魂观和理性信仰提供了思想基础。

2."德畜之"——对德的高度重视

本书对于灵魂的理解并不只是人死后的灵魂,而是包括生前灵魂与身后灵魂两个阶段。

所谓生前灵魂，就是人的心灵、人性和道德。

老子哲学的重点是本体论，但他对于伦理学和道德问题，也是高度重视的。

老子的著作是《道德经》，它的上篇是《道经》，下篇是《德经》，可见他对于道与德是并重的。

老子说："道生之，而德畜之；物形之，而势成之。是以万物尊道而贵德。"(《道德经》，五十一章)

老子的意思是："道"创造了万物，"德"养育了万物。"道"规定了万物有一定的形式，而"德"则根据形式而构成了万物。因此，人们既应尊敬"道"，也应重视"德"。

老子的"道"，有原则、法则的含义。"德"是"道"的原则的实现，有通常所说的"道德"的含义，也就是人们行动的准则。

老子还说："故道生之，德畜之，长之育之，亭之毒之，养之覆之。生而不有，为而不恃，长而不宰，是谓玄德。"(《道德经》，五十一章)

意思是：道创生了万物，德养育了万物。德要扶植万物生长，要培育它们，使它们结实成熟（"亭"、"毒"的意思是成熟），保养他们，爱护它们；而德并不将万物占为己有，不居功自傲，不去主宰它们。这是最高尚、最深远的德，可称为"玄德"。

老子关于"德"有一段重要的话："修之身，其德乃真。修之家，其德有余；修之乡，其德乃长；修之邦，其德乃丰；修之天下，其德乃博。"(《道德经》，五十四章)

他这段话的对象既包括统治者、官员，也包括一般的人。他的意思是：你用道与德的原则来修养自身，你的德性就是真实的；用来治理家庭，德性就会充裕；用来治理地方，德性就会长久；用来治理国家，德性就会昌盛；用来治理天下，德性就会博大。

从这段话可以理解，老子的"德"的解释，并不是只对"道"(宇宙，自然)，也是对人的。修身、修家，是对于每个人的要求，并不限于统治者或官员。

老子对于人的德性的要求，就是对于人的生前灵魂（心灵、人性、道德）的要求。总的讲，他是要求人们能爱护和养育万物。爱护、关怀和帮助家人和他人，而同时不去宰制他们。

老子是将德与道紧密联系的，由于道是永恒的，因此与道相伴的德——人的善良心灵或灵魂，也有持久或永恒的价值（其德乃长）。

3.“见素抱朴”的人生观

从灵魂角度讲，人生观就是对于生前灵魂（心灵、人性、道德）的要求。

老子说：“见素抱朴，少私寡欲。”（《道德经》，十九章）

“见素抱朴”的意思是：人应该保持淳朴、纯真，不要虚伪做作，不要贪图名利，不要追求过高的欲望。

老子说：“上善若水，水善利万物而不争。”（《道德经》，八章）水，看来是柔弱的，但是老子高度赞扬水，因为水有利于万物，而不与万物相争。

老子说：“天地之间，虚而不屈，动而愈出。”（《道德经》，五章）

老子要求人们虚怀若谷，虚心容纳不同意见，这样才能获取各种知识，因此才使自己不会枯竭。

老子的人生观或人生态度与儒家有很大不同，儒家的人生态度是积极入世的，但也有较强的功利性和形式性（如特别强调礼仪与等级）。老子的人生态度有消极的一面，但他要求人活得纯真、朴实、谦虚。对于人的生前灵魂（心灵、人性、道德）来说，老子的思想有宝贵的可取之处。

4.“死而不亡”的生死观

老子以道为世界或宇宙的根本，同时他又说：“道法自然。”（《道德经》，二十五章）因此他的哲学归根到底是以自然为本的。

他的生死观也是与他的自然观直接联系的。

他说:"重积德,则无不克,长生久视之道也。"(《道德经》,五十九章)

他还说:"不失其所者久,死而不亡者寿。"(《道德经》,三十三章)

第一句话的意思是:人在世时如果重视德性和德行,就能克服各种困难,并能达到长寿、长生。

第二句话的意思是:人如果能不丧失自己的善良的本性,就能活得长久。即使他的肉体死亡了,他的精神是不死的,这才是真正的长寿。

"死而不亡者寿",是老子的非常深刻的生死观或灵魂观。他实际上是肯定了:只要人在生前有德性和德行,在死后,他不会真正消亡;他的精神(或灵魂)是永存的。

(二)庄子

庄子的姓名是庄周。生卒年代大约是前369—前286年(有的书上说是前355—前275年),是在战国中期,与孟子是同一时期。但他寿命比孟子长,活到八十岁以上。他是宋国人,一生没有担任过高官,只在家乡做过管理漆园的小官。他的生活一直很贫穷,有时甚至无米下锅。传说楚威王知道他的才华,曾经请他当宰相,却被他拒绝。他宁肯在贫困中自得其乐。

庄子继承了老子的"道"的思想,而又提出一套在中国哲学上很有特色的思想体系。《庄子》这部书,分为内篇、外篇和杂篇三部分。内篇七篇文章的思想水平最高,一般认为是庄子自己写的;外篇和杂篇,可能是庄子思想的继承者写的。

庄子哲学中与永恒与灵魂有关的主要思想是:

1.自然的永恒性

老子说"道法自然",在老子和庄子看来,道与自然是一体的。道可以认为是自然的本体和规律。老子谈道的永恒性,还比较抽象;庄子在《逍遥游》中论述了自然的永恒性。

小年不及大年。奚以知其然也？朝菌不知晦朔，蟪蛄不知春秋，此小年也。楚之南有冥灵者，以五百岁为春，五百岁为秋；上古有大椿者，以八千岁为春，八千岁为秋，此大年也。而彭祖乃今以久特闻，众人匹之，不亦悲乎！（《庄子·逍遥游》）

意思是：小年不知道大年，怎么知道是这样呢？见到太阳就会死的朝菌，不知道一天的时光，这就是小年。楚国南部的灵龟，以五百年为一春季，五百年为一秋季。上古时代有一棵大椿树，以八千年为一春季，八千年为一秋季，这就是大年。今天彭祖活了八百年，就以长寿而闻名，大家都羡慕他，不是很可悲吗？

庄子在这里用自然界的现象（朝菌、灵龟、大椿树）来说明，自然界的时间是无限长的。彭祖活到八百岁，与大自然的时间相比，只是很短暂的。

如果联系下面谈的庄子的生死观（人终将回归于大自然），可以理解人的精神的永恒性。

2. 庄子的自由观

从中国哲学的全部历史来看，庄子哲学的最大特点是他的自由观。中国哲学中的儒家、墨家、法家等，一般不强调自由，而西方哲学，特别是文艺复兴和启蒙运动之后，却是以自由作为核心价值的。这是中西方哲学的重要区别。但是，在庄子哲学中，却是十分强调自由的。

庄子的《逍遥游》中有这样一段话：

有鸟焉，其名为鹏，背若太山，翼若垂天之云，抟扶摇羊角而上者九万里，绝云气，负青天，然后图南，且适南冥也。（《庄子·逍遥游》）

意思是：有一种鸟，名叫鹏，它的背像泰山，翅膀像云彩一样自天上垂下，他借着龙卷风而直上天空九万里。他超越了云层，背负着青天，然后向南飞，到达南海。

庄子是用大鸟在天空中的自由翱翔，来象征人应追求自由的精神。

历史已经证明:个人的自由(思想自由、学术自由、创作自由、经营自由)是现代社会进步的基本条件。中国今天正在实行各方面的现代化,庄子哲学中的自由观是值得我们重视的宝贵精神财富。

从本书所谈的心灵和灵魂问题来说,自由应该是个人心灵和灵魂的本质属性。每个人的灵魂只能由他本人所有,由他本人支配,而不应受其他人,或其他力量的制约。当然,每个人的自由应以不妨碍他人的自由为条件。

实现每个人生前心灵和灵魂的自由,应该说是一个重大的思想和政治原则。

3.庄子的生死观

庄子对于死亡有非常独特的理解。在《庄子·至乐》中有一个故事。

庄子妻子去世,惠子去吊唁。庄子却在敲着盆子而唱歌。惠子说:"你与妻子生儿育女,妻子死了,不哭也就可以了,敲着盆子唱歌,不是太过分了吗?"

庄子说了这样一段话:

不然,是其始死也,我独何能无慨然。察其始而本无生,非徒无生也而本无形,非徒无形也而本无气。……今又变而之死,是相与为春秋冬夏四时行也。人且偃然寝于巨室,而我噭噭然随而哭之,自以为不通乎命,故止也。(《庄子·至乐》)

他的意思是:我在妻子刚死亡时,我能不悲痛吗?但我探究她这个人在开始时并没有生命,也没有形体,连物质(气)都没有。现在死了。这与一年中春夏秋冬的运行是一样的自然现象。她现在安静地在大自然中休息,我却去噭噭地哭泣,这是太不懂命运了,所以我停止了哭泣。

因此,庄子是完全将死看成是向自然的回归,是回到大自然中去的休息。这是中外哲学中对于死亡的一种非常超脱的观点。具有这种观点的人,不会将死亡看成是痛苦的事。

当然,庄子这种超脱的观点不太容易为一般人所接受。世界上相当多的人还是要在各种宗教中寻求生死的答案。这也是本书需要深入讨论灵魂问题的原因。

二、儒家哲学与灵魂观

儒家哲学是中国自汉代到清代,两千多年历史中的主流思想,在亚洲各国产生深远的影响。今天,中国主办的孔子学院遍及全世界,儒家思想也随之普及到全世界。

儒家哲学的创始人是孔子,孔子学说的继承人中学术成就最高的是曾子、孟子、荀子等。孔子和他的学术继承人虽然直接谈论灵魂的话不多,但是他们谈的人性、孝道、祖先崇拜、生死观等都与灵魂问题密切相关。现按人物分述于下。

(一)孔子

孔子出生在山东曲阜。他的祖先是商朝贵族。商被周灭亡后,其后代被封在宋国,就是现在河南东部的商丘一带。后来因为宋国内乱,孔家逃到鲁国,安居在曲阜。孔子的父亲叔梁纥,是一名武将,为鲁国立过战功,母亲是一个知书达理、善良宽厚的女性。孔子既继承了他父亲的坚韧性格,又继承了他母亲的仁爱之心。

孔子年轻时当过一些小官,做过管理账目、牛羊等事,都做得很出色。由于他知识广博,态度端正,很早就被人称为“夫子”。在 30 岁时,他就开始创办私人学堂。传说他有三千学生,其中有突出成就的72 人。他开的课有:《诗》、《书》、《易》、《春秋》、《礼》和《乐》,后人称为“六经”。

孔子到 50 岁时,才担任鲁国的中都宰,后来他又被提拔为鲁国的司空(管理工程)和司寇(管理治安),担任过相国。鲁定公贪图欢乐,不理朝政。孔子十分失望,带了几个最满意的学生,周游列国,历时 13 年,但是他四处碰壁。他晚年回到故乡,专心从事教育和文化工作。他去世时,享年 73 岁。

孔子的思想,主要由《论语》传给后代。《论语》是孔子的学生记载的孔子的谈话,在中国古代哲学中有极高的价值。

孔子哲学的内容相当丰富,其中与人的灵魂(心灵、道德)有关的主要思想是:

1. "仁者爱人"的道德观

孔子思想是理性的,他基本上不谈论"神鬼"的问题。

《论语·述而》中说:"子不语怪、力、乱、神。"这里,"神"就是指人死后的神鬼或灵魂。

人的灵魂可分生前灵魂与身后灵魂两个阶段。孔子不谈死后灵魂,但是他并没有否定死后灵魂;相反,他对于祖先的灵魂是十分重视的。(下面将要谈到)

孔子对于人的生前灵魂,即道德、心灵、人性问题,是高度重视的。

孔子道德观的核心就是一个"仁"字。"仁"这个字,在《论语》中出现的次数最多,有一百次以上,可见孔子对于仁的重视。至于什么是仁呢? 孔子在不同场合,有许多不同的解释,其中几种重要解释是:

(1)樊迟问仁,子曰爱人。(《论语·颜渊》)

(2)夫仁者,己欲立而立人,己欲达而达人。(《论语·雍也》)

(3)仲弓问仁,子曰:"己所不欲,勿施于人。"(《论语·卫灵公》)

(4)子张问仁于孔子。孔子曰:"恭、宽、信、敏、惠。"(《论语·阳货》

(5)曾子曰:"夫子之道,忠恕而已矣。"(《论语·里仁》)

(6)子曰:"仁,远乎者? 我欲仁,斯仁至矣。"(《论语·述而》)

这许多解释中最核心的解释是:仁者爱人。因为其他的解释都可以从"爱人"中引申出来。

例如,为什么"己所不欲,勿施于人"? 为什么"己欲立而立人,己欲达而达人"？就是因为你对于他人有爱,你自愿地为他人着想,因此你自己不愿意接受的事(如欺骗、伤害等),你也不会要他人接受;而你自己已经达到的目标(如幸福、成功等),你也愿意帮助他人达到。

孔子对仁的阐述中,提到多种美德,有恭、宽、信、敏、惠、敬、忠恕等。他要求人们:对长者敬爱,对他人宽容,做人要有诚信,做事要勤敏。孔子讲的忠,并不只指对君王的忠心,更多是指对他人、对民众的关爱;对他们尽心尽责,做好服务。这些对于道德的要求,都与"仁者爱人"有直接关系。

孔子说:"我欲仁,斯仁至矣。"意思是:你对他人的仁爱,是出于你的内心的,是你自愿的。因此,你想做到仁,仁就能做到。

2.孔子的孝道与"爱其所亲"

在孔子对人们的道德要求中,对父母与祖辈的"孝"占有突出的地位。孔子关于"孝"的教导,是儒家孝道的思想基础。孝道是两千多年来全世界华人普遍遵守的道德原则。只要是华人,不论他生活在世界的哪个国家,都受到孔子孝道思想的影响。而孝道是一个与灵魂观直接有关的伦理道德。

孔子对于"孝"的教导有:

子曰:"夫孝,德之本也,教之所由生也。身体发肤,受之父母,不敢毁伤,孝之始也。立身行道,扬名于后世,以显父母,孝之终也。"(《孝经》)

子曰:"敬其所尊,爱其所亲。"(《中庸》)

这两段话有多方面的含义:

(1)孔子将"孝"作为道德的根本

这是中国儒家学说的非常重要的原理。基督教的主要教义是两条:爱上帝和爱人如己,没有突出地提到对于父母的爱。这是东西方文化的分歧之处。

将"孝"作为道德的根本,对于中国传统文化有深远的意义。

在任何国家中,家庭都是社会的细胞。儒家孝道对于家庭和谐有积极的贡献。中国两千多年社会的稳定(当然也有纷乱,但稳定是基本的)与儒家孝道是有关系的。

(2)"敬其所尊,爱其所亲"

这是孔子对于孝道的核心要求,也就是说,孔子所讲的"孝",主要并不是指形式上、礼仪上的,而是感情上的对父母的尊敬和爱。

(3)"立身行道,扬名于后世"

《左传》中说:"大上有立德,其次有立功,其次有立言,虽久不废。"(《左传·襄公二十四年》)

立德、立功、立言,是儒家的重要传统思想。

儒家要求人们,在世时应该在三方面(至少其中之一)有所建树:一是为人的道德操守,值得人们尊敬(立德);二是为国家,为人民,在事业上有所建树(立功);三是著书立说,为后人留下学说或思想(立言)。

孔子说:"立身行道,扬名于后世。"(《孝经》)这是"三立"思想的进一步阐述。意思是:人如果能立德、立功、立言,就能扬名于后世。

"三立"的思想,实际上也是儒家的灵魂观。人的一生是短暂的,但人的身后影响可能是长久的,在身后影响中,德、功、言,就是三个最重要的方面。这三方面,确实可以为他在身后留下久远的影响。例如孔子本人,他的为人道德、他的学说思想、他创立儒学的贡献,都是永垂不朽的。

"立德、立功、立言"的意义主要不是在人的在世之时,而是在人的身后,因此,这就是孔子对于人的身后灵魂的观点。

3.祖先崇拜与"事死如事生"

孔子是很重视对于祖先的祭拜的。《中庸》中有:"子曰:'武王、周公,其达孝矣乎!夫孝者,善继人之志,善述人之事者也。春秋修其祖庙,陈其宗器,设其裳衣,荐其时食。宗庙之礼,所以序昭穆也。……

事死如事生，事亡如事存，孝之至也。郊社之礼，所以事上帝也。宗庙之礼，所以祀乎其先也。"

这段话是称颂周武王和周公的孝道精神的。孔子的意思是：孝，就是要继承前人的遗志，完成前人未完成的事业。在春、秋两季，要修整祖先的庙宇，摆设祖先的衣裳，进献新鲜的食品，在祭拜的礼仪中，要分出辈分、长幼（昭穆是长幼次序）。

儒家的祭祖传统，两千多年来在中国人中有极深远的影响。即使是当代，在每年的清明节，仍有很多中国人，要去父母和祖辈的墓地扫墓祭拜。事实上这都有孔子教导的影响。

祖先崇拜的内在含义是承认祖先灵魂的存在与不朽。如果不承认祖先灵魂的存在，各种祭祖仪式就失去意义。

上面一段话中，"事死如事生"这句话有深刻的哲理。它事实上承认人的灵魂的不朽性。父母虽然去世了，但他们的灵魂还在，你应该像父母在世时一样奉侍他们。

"事死如事生"，实际上是孔子的生死观与灵魂观。他将生和死看成一体的，将死看成生命的无限期的延续。

(二)孟子

孟子出生比孔子要晚一百多年，他的老师是孔子的孙子——子思。因此，他可以说是孔子的间接的学生。他的学问很广博，性格很坚强。他的抱负就是要发扬孔子的学说。当时齐国的国君在首都的西门建了一个学术中心，叫"稷下学宫"，孟子就是稷下的著名学者。

孟子的生平经历与孔子有点类似。他像孔子一样，也希望通过从政实现自己的学说和理想。他先后向梁惠王、梁襄王、齐宣王、邹穆公、滕文公、鲁平公等国君建言献策。这些国君虽然尊重孟子，但是都没有采纳他的主张。到了晚年，他以从事教学为乐。他的学生有万章、公都、陈代、公孙丑等。《孟子》一书是他和学生共同完成的。

孟子的学说十分重视人的道德、人性、人心问题。这些都是人的生前灵魂——心灵的表达,他对于人的生死问题也有深刻的阐述。

1."四心"的人性论

孟子对于人性有一段著名的论说:

无恻隐之心,非人也;无羞恶之心,非人也;无辞让之心,非人也;无是非之心,非人也。恻隐之心,仁之端也;羞恶之心,义之端也;辞让之心,礼之端也;是非之心,智之端也。人之有是四端也,犹其有四体也。(《孟子·公孙丑上》)

他的意思是,"四端"都是人的天性,是人的本质属性。没有恻隐、羞恶、辞让、是非之心,就不能算人,就和禽兽没有差异了。

孔子哲学的中心思想是仁。孔子的仁是作为一种道德原则:人应该做仁的事。孟子在孔子思想的基础上更进一步,将"仁、义、礼、智"四方面提高到人的本性、人的本质的高度。

孟子用"心"这个字,而"心"与西方哲学中所讲的"心灵"、"灵魂"是相通的。康德著作(英译)中的 soul,蓝公武翻译为"心",邓晓芒翻译为"灵魂"。

因此,孟子的人的"四心"(恻隐、羞恶、辞让、是非),可以认为就是人的心灵或灵魂(生前灵魂)

"四心"之中,特别重要的是恻隐之心,按孟子的说法,它是仁的开端。他的意思是:人一切仁爱的行为都是从关爱他人的爱心开始的,而关爱他人的爱心是人天赋的本性。当然,每个人的爱心的厚薄并不相同,有的人可能有很深很广博的爱心,有的人可能并无爱心(那他和禽兽无异)。

孟子在这里点出了人的生前灵魂(心灵、人心)的基本特性,就是爱。我们在下面将要谈到,生前灵魂与身后灵魂是直接联系的。人生前对他人的爱,这种爱必然会在他身后得到长期的延续,而必然使他的身后灵魂长期地为人所怀念和关爱。

2."浩然之气"的人格论

孟子的学说对于后人影响较大的是他的人格论

他有几段关于意志和人格的著名的话：

夫志，气之帅也；气，体之充也。（《孟子·公孙丑上》）

我善养吾浩然之气。（《孟子·公孙丑上》）

孟子讲的"志"就是人的意志。根据叔本华的解释，就是人的内在本质，也可以说，是人的灵魂。"气"则是人的精神。孟子的意思是：人的意志，统帅着人的精神（气），而人的精神充实着人的身体。

孟子对于人和自己的要求是：要养"浩然之气"。浩然之气，是一种浩大而正义的精神。什么才是"浩然之气"呢？孟子的解释是：

富贵不能淫，贫贱不能移，威武不能屈。（《孟子·滕文公下》）

意思是：富贵不能使我陷于享乐，贫贱不能使我改变志向，威权不能使我低头屈服。

这就是孟子对于人的高尚灵魂和人格的要求。孟子的人格论教育了中国两千多年来无数优秀士大夫和知识分子。

3."存心，养性，事天"的人生感悟

孟子有一段关于人生或生死问题的非常深刻的论述：

尽其心者，知其性也。知其性，则知天矣。存其心，养其性，所以事天也。夭寿不贰，修身以俟之，所以立命也。（《孟子·尽心上》）

这里的"心"就是他讲的"四心"，也就是人的心灵或灵魂。孟子认为，这是人的本性。因此尽了你的心，你就是知道人的本性的。而人的本性是天赋予的，人如能实现自己的本性，就符合于天的意志，或者说，是有贡献于自然与人类的长远发展的（事天）。

前面提到，人心中最主要的是仁爱之心；仁爱之心是人的本性。你如果有仁爱之心，你能推进人与人之间和谐相爱，你就对上天所安排的自然与人类社会的发展，做出了贡献。这就是"事天"。

孟子说："夭寿不贰，修身以俟之，所以立命也。"意思是：如果你能做到"存心，养性，事天"，或者说，你能有仁爱之心，养育你的仁爱的本性,你就符合人类的发展方向和目标。那么,你的寿命的短(夭)或长(寿),就没有什么区别。你只需要做好自身的修养,等待天命的安排。这就是你的安身立命的方法。

为什么寿命的长短,没有区别呢?因为你已经通过你的爱心和本性,将你自己的生命与"天"(自然与人类的发展方向)融合在一起,你个人生命的长或短,就不重要了。

孟子这一段话,将心(爱心)、性(人性)和天(天命)三者密切地结合起来。将个人的生命和"天"结合起来,从而实现了生命的永恒。这就是孟子的永恒观和灵魂观。

三、墨家哲学与灵魂观

墨子的姓名是墨翟。墨子的生活年代,一般认为是公元前468—前376年。他的出生比孔子晚83年。他所处的时代是在春秋和战国之间。墨子出生于手工业者家庭。他不但有丰富的历史、文化知识,还有几何学、物理学等科学知识,这在先秦哲学家中是很少见的。他创办了一所半工半学的十分有特色的学校。这座学校有结社的性质,他的学生形成了一个纪律严明的政治团体。

墨子和他的弟子是代表社会的中下层,特别是手工业者。他们反对繁多的礼仪,主张"节葬"、"非乐",提倡生活的节俭("节用")。

与孔子"不语怪力乱神"不同,《墨子》中有专门的《明鬼》的章节。

墨子是相信有鬼神的,在《明鬼》中,他举了许多事例与理由,要说服人相信有鬼神。他举的事例有:

(一)周宣王杀了无辜的臣子杜伯。杜伯说:"我是无罪的,不出三年,会使君上得到报应。"三年后,周宣王外出打猎。正午时,杜伯乘着白马,穿着红衣,用箭射中宣王的心。此事许多人见到了,听到了。

(二)一天中午,秦穆公停留在祖庙中,见到一个人面鸟身的神,穿着素服,戴着黑色帽子。穆公害怕,要逃走。神说:"不要害怕。上帝因你的德行,要我多赐给你十九年阳寿,使你的国家繁荣昌盛。"穆公跪拜,问:"敢问尊神大名?"神回答说:"我是句芒。"

墨子还引用《诗经》、《周书》、《夏书》中所记载的事实,说明鬼神的存在。

关于相信鬼神存在的理由,墨子说:

尝若鬼神之能赏贤如罚暴也,盖本施之国家,施之万民,实所以治国家,利万民之道也。(《墨子·明鬼下》)

意思是:鬼神能够奖赏贤惠的人,惩罚施暴的人。如果这样的赏贤罚暴施行于国家与人民,实在是治理国家、有利于人民的大道。

对于墨子的相信鬼神的学说,应该怎样认识呢?

当然,本书所讲的灵魂,按柏拉图的解释,是"精神实体",并不是"肉身实体"。人死之后,人的身体或埋葬,或火化,已经不再存在。某人死后,不可能还会有他的活的肉身再出现。因此,所谓"鬼"或"神",在现实生活中是不可能存在的;承认鬼神的存在,是与科学知识和理性认识相矛盾的。

承认人的灵魂(精神),并不是承认鬼神。否定鬼神的存在,但不能否定灵魂(精神)的存在。

本书讨论灵魂问题,而绝对不宣扬"鬼神存在"的观点或信仰。

但是,"鬼神存在"是一个十分古老的人类的信仰。从《墨子》的介绍来看,即使在古代,也不是所有人都相信鬼神的存在;但确实有相当多的人(包括君王、学者和平民)是相信鬼神存在的。

这是什么原因?一方面固然与古代科学不发达有关。而另一个重要原因就是如墨子所说的,鬼神信仰是有社会与政治功效的。

人们相信鬼神会使为善的人得到好的报应,使为恶的人得到坏的报应,也就是墨子所说的"赏贤罚暴"。

西方哲学家康德在他的"实践理性"(道德学说)中,是承认"灵魂不朽"的,因为在人的生前,不一定能达到(或很难达到)"道德"与"幸福"的统一。有德行的人不一定能有幸福;而为非作歹的人,倒可能享受富贵。而"灵魂不朽"的学说,使人相信,行德为善的人,他的灵魂必然会得到幸福;为非作歹的人,他的灵魂必然要遭到报应。

康德的观点与墨子的观点是相当接近的。

如果我们从历史的角度来思考人生,那么,墨子和康德的观点都是符合历史规律的。

墨子对鬼神的信仰,反映了古代人民和学者对于"赏贤罚暴"的历史必然性的愿望,对于我们理解人的灵魂问题是有帮助的。

本章精义:

1."灵魂"是西方哲学常用的概念,在中国哲学中,并不常用这个概念。但是中国古代哲学家的学说中有许多珍贵的思想与灵魂问题有关。

2.老子与庄子提出道与自然的永恒观,老子的"死而不亡者寿"和庄子的死是回归自然的观点,都是对于人的生死问题的非常超脱的认识。

3.孔子提倡的"仁爱"是对于人的生前灵魂(心灵、道德)的最高要求。他提倡的"孝道"和祖先崇拜,他的"事死如事生"的教导,实际上承认父母和祖先的灵魂是永存的。孟子的"存心,养性,事天"的学说,是对于人的灵魂和天道关系的深刻阐述。

4."立德、立功、立言",是儒家非常重要的思想。"三立"思想的实质是:人的灵魂通过人生前的道德、功绩和著作在后世的长期存续,以致达到永恒。

5.墨子的明鬼论,反映了古代人民对于"赏贤罚暴"的历史必然性的愿望。

中国古代哲学家的永恒观、生死观,对于我们理解人的灵魂问题,都有深刻的启示。

2.3 中国中古代哲学与灵魂和心灵有关的思想

中国的中古代,指的是从公元前 221 年秦始皇统一中国,直到明末清初更替时。在这个长时期中,中国的政治体制始终维持着帝王专制。在思想领域,西汉初期实行过对民众较为宽松的老子的无为政策。汉武帝推行"独尊儒术,罢黜百家"后,儒学成为主流思想。东汉时期,佛教进入中国。唐代帝王多信道家,从而形成儒、道、佛三家思想的大交融,推动了中国文化的辉煌发展。宋明时期,理学与心学在学术上占优势。明清时期,西方思想科学和哲学进入中国,使中国哲学逐渐进入近代。

在这两千多年的时期中,中国哲学的总体水平并没有超过先秦时期,但是还是有重要的进展。特别在形神关系、天人关系、心理关系等方面,出现不少创新性的学说和激烈的争辩。这些方面,都与本书的主题——灵魂问题有密切的关联。

一、两汉时期的形神论

(一)《淮南子》的形神论

《淮南子》是西汉时期一部著名的哲学著作。它是西汉初期淮南王刘安聘的一群宾客集体编写的。刘安(前 179—前 122)是刘邦的孙子。他的父亲刘长由刘邦封为淮南王,汉文帝时因"谋反"被废,在流放途中绝食而死。刘安是一个爱好读书的人,他招聘"宾客方术之士"达数千人之多,集体编写出《淮南子》。全书原有《内书》、《外书》和《中篇》。后二者均佚失。《内书》21 篇保留至今。

《淮南子》的内容非常庞杂,天文地理、草木鸟兽、风俗道德、兵略政治,都谈到了。它以老子和庄子的思想为核心,而又融合了儒家、阴阳家、法家等思想。它的大部分内容是继承性的,而它关于人的形神关系的论述有一定创见。

关于形神关系,《淮南子》的主要论点有:

是故精神,天之有也;而骨骸者,地之有也。(《淮南子·精神》)

意思是:精神是天所有的;身体是地所有的。

这句话在中国哲学史上有重要意义。人的存在,有精神和身体两个方面。西方哲学史中,17世纪的笛卡尔是第一个将人的精神和肉体明确区分开来的哲学家。他的精神和肉体的二分论对西方哲学有非常重要的影响,引发了唯物论和唯心论的长期争论。

在中国哲学史上,《淮南子》明确提出了精神和身体的二分论,并且提出:精神和身体都来自大自然(天和地)。这与基督教所说的"人是上帝创造的"是不同的。

由于中国人一般认为天是高于地的,因此上面的话表明,《淮南子》的观点是:人的精神高于身体。这个观点,即使今天来看,也没有错。

形、神、气志,各居其宜,以随天地之所为。夫形者生之舍也,气者生之充也,神者生之制也,一位失则三者伤矣。(《淮南子·原道》)

这句话的意思是:身体、精神、气志(气)三者,各有自己的适宜的位置,以适应自然的变化。身体是生命的房舍,气是生命的充实,精神是生命的主宰。在人的生前,缺少任何一个,三者都要受伤害。

这里的"气",可以理解为生命力。一个死者,身体是存在的,但生命力不存在了。因此,一个活人,不但要有身体,还要有生命力。

精神的位置比气更高,它是生命的主宰。一个植物人,并没有死亡,生命力(气)依然存在,但他的意识或精神已经丧失了。

《淮南子》对于形与神的关系还有进一步的分析。

是故形伤于寒暑燥湿之虐者,形苑而神壮。神伤乎喜怒思虑之患者,神尽而形有余。(《淮南子·俶真训》)

意思是:身体受到天气寒热干湿的伤害,身体枯萎("苑"是枯萎),而精神可以健全。人受到喜怒焦虑的折磨,精神有伤害,而身体可以健全。

这里,它更明确地指出:人的身体与精神是既有联系又有区分的两个部分。

故以神为主者,形从而利;以形为制者,神从而害。(《淮南子·原道训》)

意思是:人如果以精神为主宰,那么身体也跟着利;如果以身体(包括身体的声色欲望)为主宰,那么,精神会跟着受害。

总之,《淮南子》关于人的精神和身体的二分论,以及人应以精神为主宰的学说,对于中国中古时期的哲学走向,产生巨大影响,对于我们今天认识灵魂(精神)问题,也是有启发的。

(二)恒谭的"烛火之喻"

恒谭(前23—56)是西汉与东汉之交时期的著名学者。当王莽篡位时,官员们都向王莽献媚赞颂,而恒谭却保持沉默。光武帝登基后,他上书改革,未被理睬。他坚决反对当时盛行的谶纬神学(用迷信神话来解释政治的学说),他的主要著作是《新论》。

在形神问题上,当时《淮南子》所说的形神可分的观点,被谶纬神学所利用。恒谭提出"烛火"的比喻,解释形神关系,认为形神是不分的。

他说:"精神居形体,犹火之然烛矣。……烛无,火亦不能独行于虚空……"(《新论·形神》)

意思是:身体像烛,精神像火。离开了身体,精神也不能继续存在。

恒谭的"烛火说"在相当长的时间内,经常为人们所引用。当然,身体与精神的关系,不是一个简单的比喻能说清的。

(三)王充的形神论

王充(27—104)是东汉时期最重要的哲学家,主要著作是《论衡》。此书共85篇,广泛地评论当时的思想、文化、学术,全面地批判谶纬神学。

关于形神关系,他说:"夫人之所从生者,阴、阳气也。阴气主为骨肉,阳气主为精神。阴阳气具,故骨肉坚,精气盛。……无骨肉,有精气,故一见恍惚,辄复灭亡也。"(《论衡·订鬼篇》)

他的意思是:人是由元气所生的,元气中阳气生成精神,阴气生成骨肉。两气都具备,身体就强壮,精神也旺盛。人死后,骨肉不存在了,精神也很快会消失。

恒谭与王充都认为,人的精神会随身体的死亡而消亡。他们的观点在当时谶纬迷信盛行的时代,有进步性。在当代的一些中国哲学史的著作中,都将他们称赞是唯物主义思想家。

但是,人的身体与精神(灵魂)的关系,并不是他们所说的那么简单。不仅西方自古代到近代的哲学家有过深入的分析,即使在古代中国,后来也有进一步的论述和发展。

二、南北朝时期的"神灭论"之辩

东汉于220年(献帝末年)结束。是年曹丕称帝,建立魏朝。直到589年,南陈灭亡,这一段历史,被称为魏晋南北朝时期,共延续了360年。这个时期,政局非常混乱,朝代的更替十分频繁。

但是,由于长期性的中央集权专制力量的丧失,以及南北民族和中外民族的大融合,带来不同文化的大交流,使这一时期在思想、文化上显示出相当活跃的局面。魏晋南北朝时期的文学、绘画、书法和科学技术等方面,在中国文化史上都大放异彩。

在这个时期中,在思想界,发生了"神灭或不灭"的剧烈争论。这个争论与本书的主题(灵魂)关系密切。

(一)葛洪的"形神俱不灭论"

道教是在东汉后期开始建立的。东汉在和帝之后,整个社会动荡不安。豪强地主大量兼并土地,广大农民丧失土地后,变成无家可归的流民。早期道教,如五斗米道、太平道的兴起,都与农民起义有直接关系。同时,统治集团也企图利用一套神仙迷信来麻痹人民的斗志。这是道教形成的社会背景。

道教在思想上是中国传统文化的综合产物,它以老子的《道德经》为主要经典,吸收了汉代儒学的谶纬神学,又融合了墨家的平等互助精神,加上它所特有的神仙系统和长生不死的教义。这种混杂的思想和信仰,既适合底层人民的要求,也能为上层统治者所接受。因此,道教在南北朝和隋唐时期,有很大的发展。

葛洪(284—364)是东晋时期一位著名的道教哲学家。他从小好学,博览儒家著作,并有战功;但他在官场上深感世态炎凉,难尽抱负,决心去炼丹,寻求长生之道。他一生著作很多,著名的有《抱朴子内篇》、《抱朴子外篇》等。

道教的基本思想是要追求成仙、长生不死。在形神问题上,葛洪的观点是:"苟能令正气不衰,形神相卫,莫能伤也。"(《抱朴子内篇·极言》)

意思是:只要善于养气、健身,那么,身体和精神两方面能互相保护,都不会受到伤害。

关于成仙,他说:"上士举形升虚,谓之天仙。中士游于名山,谓之地仙。下士先死后蜕,谓之尸解仙。"(《抱朴子内篇·论仙》)

他将仙分为三等。上等仙是将形体和精神一起升天,称为"天仙";中等仙是带着身体和精神一起去周游名山,称为"地仙";下等仙是先死亡,经过尸体的蜕变,然后身体和精神一起升天,称为"尸解仙"。

不论是上等、中等、下等,都是身体和精神不相分离的。成仙就是永生,因此,他的观点是"形神俱不灭"。

(二)慧远的"形尽神不灭论"

慧远(334—416)是东晋南北朝时期的著名佛教高僧,他在庐山隐居近三十年。他思想的特点是在佛学理论中融合了儒家和道家的学说。他的主要著作有《沙门不敬王者论》、《明报应论》等。

东晋南北朝时期,佛教在中国的影响不断地扩大,而儒学家对于佛教提出质疑。质疑的一个要点就是"神不灭"问题。慧远为了捍卫佛教学说,提出"形尽神不灭"的论点。

他首先是强调神与形的区别。

他说:"夫神者何耶?精极而为灵者也德。……虽有上智,犹不能定其体状,穷其幽致。"(《沙门不敬王者论》)

意思是:精神是极其精致而神灵的。即使你有很高的智慧,你也不能确定它的形状,不能探究它的奥秘。这里,他强调了精神与一般的物体(包括身体)是根本不同的东西。

他又说:"神也者,圆应无生,妙尽无名,感物而动,假数而行。感物而非物,故物化而不灭;假数而非数,故数尽而不穷。"(《沙门不敬王者论》)

意思是:精神能产生万物,而自己却不被生成;它有非常精妙的变化,却无法名状。它能使万物感应而运动,而自己并不是物;因此,万物化灭时,它自己却不灭。它使万物按规则(数)而行动,而它自己并不在规则之中,因此,当规则终结时,它自己并不终结。

这一段话中,慧远将精神的特点讲得很深刻。总体上,他认为:精神与身体是根本不同的。精神能支配身体各种活动,但它本身并不是身体。因此,当身体死亡时,精神是不灭的。

对于恒谭提出的"烛火"的比喻,他说:"请为论者验之以实。火之

传于薪,犹神之传于形。火之传异薪,犹神之传异形。"(《沙门不敬王者论》)

慧远说,可以用事实来验证,如果以柴薪作为身体,以火作为精神,那么,火在薪与薪之间是可以传送的,因此,火并不随着薪而消亡。精神在人与人之间也能传递的,因此,神也不会随着某人的死亡而消亡。

慧远关于"神不灭"的论述,达到了相当高的水平。尽管后来有范缜为"神灭论"有力争辩,但是,慧远的论述随着佛教的传播而深入人心。

(三)范缜的"神灭论"

范缜(约450—515),南乡舞阴(位于今河南省)人,青年时即博通经书,先后在齐代与梁代任中书郎等职。著作大多散佚,留下著名的《神灭论》、《答曹思文难神灭论》。

他是彻底的无神论者。他的《神灭论》一出,受到梁武帝和王公贵族六十多人的围攻、声讨,而他始终坚持他自己的学说。

他的《神灭论》的主要观点是:

1.形神相即

他说:"神即形也,形即神也。是以形存则神存,形谢则神灭也。"(《神灭论》)

他认为:神与形"名殊而体一"(《神灭论》)。意思是:精神与形体,名称不同,其实是一个统一体。形体存在,则精神也存在;形体死亡了,精神也就消亡。

2.形质神用

他说:"形者神之质,神者形之用。"(《神灭论》)

意思是:形体是精神得以产生的实体,精神是形体的功用。由于恒谭的烛与火的比喻已经被慧远等人所驳倒,他提出刀刃和锋利的比喻:"神之与质,犹利之于刃;形之于用,犹刃之于利……"(《神灭论》)

意思是:形体似同刀刃,精神似同锋利。刀刃是实体,而锋利只是一种功用。刀刃与锋利是不能分开的。离开了刀刃,就不能有锋利。

范缜在"神灭论"方面,态度坚定,也善雄辩。他的观点在后世有相当的影响。但是精神与形体可合可分是客观存在的事实,又由于佛教在南北朝和隋唐时期的广泛传播,"神灭论"的思想在社会上与学术上,并没有占有优势。即使在儒家中,南宋的儒学大师朱熹,也没有支持"神灭论"。

三、唐代佛教禅宗哲学与灵魂观的关系

佛教是于公元前 6 世纪到公元前 5 世纪时起源于印度的。它的创始人是释迦牟尼。他原来是一个王子,为了要拯救人民脱离苦海,他放弃王位,创立了佛教。

佛教禅宗是佛教传入中国后的重要发展。

关于佛教和禅宗哲学与灵魂观的关系,将在本书第三篇详细论述。这里从略。

四、唐代的儒家学说与灵魂观的关系

唐代时,佛、道两教不仅在一般人民中流行,皇帝信教的也很多。唐玄宗是信佛教的;而唐代皇帝自己姓李,与老子同姓,因此高宗、中宗、玄宗、武宗也都提倡道教。佛、道两教的寺庙占有大量土地,不负担租税,僧侣还可以免役,因此成为社会的一大负担。特别在思想上,使人们沉湎于"无"或"空"的观念之中,而忽视对于社会和家庭的责任,这就是唐代儒家韩愈等人起来反对佛、道的背景。

(一)韩愈
韩愈的生活年代是 768—824 年,是唐代中期(代宗到穆宗)人。

祖籍在河南,先代居住河北昌黎,所以,他也被人们称为韩昌黎。他自幼勤奋,志向甚高,考取进士后,当过监察御史;但因劝阻皇帝迎佛骨而被贬到广州潮州当刺史;后来又担任过兵部侍郎、吏部侍郎等高官。他是一个富有开拓精神的人才,在文学上他提倡古文,对转变当时形式华丽而内容空泛的文风有很大贡献。

他在哲学上恢复孔孟儒学的本来内涵,将人们的思想从佛、道两教的空谈和迷幻中拉回到了人间社会。

他的哲学论文,有《原道》《原性》《原人》《原毁》《原鬼》等,涉及的方面很多。韩愈在哲学上的主要贡献,就是恢复了儒学的正规传统。

他说:"博爱之谓仁,行而宜之之谓义,由是而之焉之谓道。足乎己无待于外之谓德。"(《原道》)

他这句话将儒学的精华概括为:仁、义、道、德。其大意是:"仁"就是博爱,是儒学的最高原则;"义"是将"仁"付于适当的行动;由"仁"、"义"出发去做人就是"道";"仁"、"义"出于自己的内心,而不依赖外因,就是"德"。这里,韩愈将儒学回归到伦理学的本质。这些论述都与人的心灵、道德,即本书所说的生前灵魂有密切关系。

韩愈之前,孟子在儒学中的地位并不是很突出,韩愈以孟子作为孔子思想的主要传人。这个观点恢复了孔孟儒学以"仁"为中心的本来含义,直接影响到宋代之后的新儒学。

因此,韩愈是中国儒学的承上启下、继往开来的一位哲学家。

(二)柳宗元和刘禹锡

他们两人都是唐代中期的杰出人物。柳宗元的生活年代是773—819年,他是河东(今山西)人。刘禹锡的生活年代是772—842年,他是洛阳人。在唐顺宗永贞元年,以王叔文为首的政治家推行"永贞革新",反对藩镇割据和宦官,但遭到失败。柳、刘两人都是"永贞革新"的中坚人物,因此被贬谪到边远地区。他们的诗歌、散文的成就都很高。

他们在哲学上的贡献主要是在"天人关系"方面,也就是自然与人的关系。

柳宗元写出了《天说》,刘禹锡写出了《天论》,他们都提出了关于"天人关系"一些很有创见的观点。主要有:

1. 柳宗元关于天和天人关系的学说

生植与灾荒,皆天也;法制与悖乱,皆人也。二之而已。其事各行不相预……(《答刘禹锡天论书》)

意思是:万物生长和自然灾害是天的原因造成的,社会的法制和动乱是人的原因造成的。两者互不干预。他将自然规律和社会规律相区别,这是正确的。在中国哲学发展史上是创新性的思想。

2. 刘禹锡的"天人交相胜"论

刘禹锡说:"天之能,人固不能也;人之能,天亦有所不能也,故余曰:天与人交相胜耳。"(《天论》)"天之所能者,生万物也;人之所能者,治万物也。"(《天论》)

他的观点是:天与人各有所能。天生成万物,人治理万物。

自然与人的关系,在本书所讨论的人的心灵与灵魂问题上有重要意义。这是与哲学的本体论直接相关的问题。笔者在《综合哲学随笔》一书中阐述了自己的本体论观点:必须将全部世界分为自然世界与人为世界两个部分。

在自然世界中,世界的本体(本原)是物质和运动的综合。

人为世界的本体(本原)是精神和物质的综合。人类所创造的历史、政治、经济、文化、艺术、科学和衣食住行的各种物品,以及人类所改变了的环境,所有这些,无不凝聚着人类的智慧与感情,展现着人类的心灵。虽然这一切都不能离开物质,但是不能不承认,人的精神因素(心灵)是主导性的。离开了人的精神因素,会有电视机和冰箱吗?会有《红楼梦》吗?

因此,自然世界与人为世界是既有区别又有联系的两大世界。在人为世界中,人的心灵(精神)是起主导作用的。

柳宗元和刘禹锡关于"天人关系"的论述,说明在唐代时,最有见解的学者已经对于人的心灵的作用有了深刻的认识。

五、北宋张载的气学与灵魂观的关系

中国的宋元明时期,正是欧洲的中世纪后期到文艺复兴时期。欧洲的中世纪,是一个宗教思想占统治地位的时期,而宋明新儒学,却显示了较高的理性思维。这是认识宋明新儒学的一个重要出发点。

宋明时期儒学有很多学派,主要是三大学派:一是理学,二是气学,三是心学。这三个学派又是互相渗透的。

张载是气学的代表。张载的生活年代是 1020—1077 年,他生于长安,长期住在陕西眉县横渠镇,人们称他为横渠先生。他的弟子多是关中人,所以人们称他的学派为关学。他曾经研习老子和佛学多年,感到没有收获,就研读儒学,探索宇宙和人生,从而确立了自己的哲学体系。

他的主要著作是《正蒙》,这部书的最后有一篇《西铭》。后来的程颢、程颐称《西铭》是孟子之后儒学的最杰出文献。

(一)气本论

张载说:"太虚不能无气,气不能不聚而为万物,万物不能不散而为太虚。"(《正蒙·太和篇》)

"太虚"就是宇宙空间。他的意思是:太虚就是由气构成,气聚合就成万物,气分散又回到太虚。

用现代语言来理解,他的"气"就是物质及其运动的意思。

孔子和孟子并没有提出自己的本体论。老子提出"道",有本体论的意思。魏晋时期王弼提出以无为本。佛学则提出以空为本。儒学要抵制道、佛的学说,必须有自己的本体论。张载是儒学家中较早明确提出物质及其运动是宇宙本体的哲学家。他所开创的哲学,人们称为"气学"。

(二)"为天地立心"的人生哲学

张载有一句非常有名的语录:

为天地立心,为生民立命,为往圣继绝学,为万世开太平。(《张子语录》)

这句话达到非常高的思想境界和理论水平。

心就是人的心灵或灵魂,张载要求人的心灵(灵魂)应该面向自然(天地)与人类(生民),使人能认识宇宙和世界的本质和规律,能为人民寻求幸福的途径。要继承和发展前辈圣贤的文化传统,要为人类的世世代代开辟一个永远和平、美好的未来。

这句话将人的心灵和灵魂(心)在空间上扩展到自然与人类,在时间上扩展到历史和未来。笔者认为,这是中国哲学家关于灵魂问题的最高思想境界。

六、宋代二程、朱熹的理学与灵魂观的关系

宋代哲学的主要学派是理学。理学开始于北宋的周敦颐(1017—1073)。理学的奠基人是程颢(1032—1085)、程颐(1033—1107)兄弟,他们是河南伊川人,长期在洛阳讲学,人称洛学。程颐由于比程颢多活二十多年,对后世的影响更大些。

朱熹的生活年代是 1136—1200 年,是南宋高宗到宁宗时期。他祖籍徽州,生于福建龙溪,曾在福建任官、讲学,因此人们称他的学派为闽学。

朱熹早年学习佛学、道学,后来进入儒学,博览群书,知识广博,终于成为一位集新儒学之大成的著名学者。他在福建、江西、湖南都当

过州官,但他对做官兴趣不大,他在庐山修复白鹿洞书院,在漳州修岳麓书院,培养了许多学生。

朱熹的著作非常多,《朱子语类》有140卷,《朱文公文集》有120卷,重要著作有《四书集注》、《周易本义》等。

(一)"天理"与"性即是理"

程颐说:"气是形而下者,道是形而上者。"(《程氏遗书》)

上面已介绍,"气"是物质及其运动的意思。而程颐的看法是:"气"或具体物质只是"形而下"的东西;而道(天理)是物质的运行规律,才是"形而上"的,即本质性的东西。

理学家所讲的"理",在自然领域,是指物质本质与运动规律,这正是自然科学所要探求的。而理学家所讲的"理",也包括人的天性和道德准则。这就是他们提出的"性即是理"。

程颐说:"性即是理,理则自尧舜至于涂人,一也。才秉于气,气有清浊,秉其清者为贤,秉其浊者为愚。"(《程氏遗书》)

意思是:人的天性从尧舜到普通人都是一样的,因为各人气质的不同,而有贤人与愚人的区别。

理学家"性即是理"的观点有一定的合理性。人类确实是有共同的天赋的天性,例如人与人之间的仁爱,人有为善的本性,人有追求自由与平等的天性等。人类这些共同的天性,也是当代世界各国公认的共同价值的基础。

人的天性,包括人的道德、情感、欲望等,都出自人的内心或灵魂。人的心灵(灵魂)中,仁爱、善心、自由、平等等积极的天性是主导性的,人的正常情感与欲望的满足与人的仁爱和善心是不矛盾的。但是当人的欲望不受节制时,也会有违反仁爱和善心的冲动,而做出恶事。这时候,从心灵(灵魂)本身来说,需要有道德的制约;而道德也是人的内在本性。另外,在社会上,也需要有法律的制约。

这是对于理学的"性即是理"的理解。

宋代理学家将"性即是理"的学说推得过远。他们将中国封建社会的一套忠孝节义的伦理道德,都说成是天理,而排斥了人的正常欲望。

朱熹说:"学者须是革尽人欲,复尽天理,方始是学。"(《朱子语类》)

他的意思是:有学问的人应该克服各种人的欲望,以恢复到天理,这样才是真正的学问。

他将欲望与天理对立起来了。这个观点后来受到清代的戴震和五四运动时期陈独秀等的批评。

(二)"心统性情"

朱熹在儒学上的贡献是多方面的。他提出"理为气先"的理本论,提出"物物有一太极"、"格物致知"的认识论,在体用论上也有发展。

在本书主题的灵魂问题上,他提出"心统性情"的重要学说。

他说:"性者,心之理也;情者,心之用也。心者,性情之主也。"(《朱文正公文集》)

他的意思是:人的心(心灵、精神或灵魂)管辖两个方面,一是"性",一是"情"。性就是人的本性,从儒家来说,就是人的道德;"情"是人的情感与欲望。他用"体"与"用"的概念来解释"性"和"情"的关系,认为"性体情用"。"性"是本质性的,"情"是功用性的,而两者都统辖于心(人的心灵)。

笔者认为,"心统性情"是朱熹对于人的心灵的深刻分析。人的心灵中,确实有伦理(道德)和情感两个成分。而人的爱心,是道德和情感两者的综合。因此,人的爱心,就是人的灵魂的最本质的内涵。

(三)朱熹的灵魂观

朱熹是相信神鬼的存在的。他对于"神"有高度的重视,他说:"在人则为理,所以为仁义礼智者神也。"

意思是:做人,应按照天理,而人所以有仁义道德和理性智慧,是由于神（人的灵魂）。

朱熹以气类相感来解说祭祀,他说:"祭祀之礼,以类而感。""我之气即祖先之气,亦只是一个气,所以才感必应。"(张进,《朱熹宗教观探析》)

意思是:我与我的祖先是由同一的气所形成,是同类的,因此在祭祀时,会互相感应。这句话就表明,他是承认祖先灵魂的存在的,否则,不可能与后人互相感应。

朱熹是宋明清时期儒家的代表性人物,他肯定神（灵魂）的存在,可以代表宋明清时期儒家对于灵魂的观点。

七、明代王阳明的心学与灵魂观的关系

王阳明是明代人。他的生活年代是 1472—1528 年,是明宪宗到世宗时期,他的思想是继承陆九渊的。

他不仅是一个大学者,还是一个杰出的军事家和政治家。他 34 岁时,冒死抗谏,反对当权的奸臣刘瑾,因而入狱,被贬到贵州龙场,当一个小小的驿宰（交通站长）。而就在这时候,他静思苦想,领悟到心学的道理,后人称为"龙场悟道"。刘瑾死后,他才恢复到较高的职位,当过福建、江西的巡抚。1519 年,他 47 岁时,在短短 35 天内平定了宁王朱宸濠在江西的叛乱,立了大功。

他在治学方面的经历也很曲折,他搞过词章文学,信仰过佛、道,钻研过朱熹的学说,最后创立了自己的学说。他的主要理论著作是《传习录》。他的主要论点是:

(一)"心即理"

心即理也。天下又有心外之物,心外之理乎?

心即理也,此心无私欲之蔽,即是天理。(《传习录·答顾东桥书》)

宋明哲学家讲的"理",有两个层面的含义,一是道德法则,二是自

然规律。宋代理学家提出"性即理",着重在前一方面,即人的天性(本性)是符合道德法则的。

而"心即理"的学说,比"性即理"有更广泛、更深刻的含义。可以从两个方面来理解。

一是伦理学方面。"心即理"的意思是:人类社会的道德法则,就在人的内心(心灵)之中。它将人的道德、伦理直指人的心灵(灵魂)。这个观点与孟子的"人之四心"学说(恻隐、羞恶、辞让、是非之心)基本上是一致的。人为什么有仁爱的本性,是因为人有天赋的仁爱的内心。

二是认识论方面。"心即理"的意思是:人对于自然与社会的客观真理的认识,都来自人的内心,或者说,都来自人的思考。这个观点,即使今天来看,也没有错。近代以来,自然科学与社会科学都有巨大的发展,而各种科学理论的形成,确实都离不开科学家的内心的思考。

王阳明的"心即理"的学说,在哲学上将人的心灵或灵魂提到相当的高度。

(二)"致良知"

王阳明不赞成朱熹的"格物致知"的方法。他说:"朱子所谓格物云者……是以吾心而求理于事事物物之中,析心与理为二矣。夫求理于事事物物者,如求孝之理于其亲之谓也。求孝之理于其亲,则孝之理其果在于吾之心邪?抑果在于亲之身邪?假而果在于亲之身,则亲没之后,吾心遂无孝之理欤!"(《传习录·答顾东桥书》)

意思是:朱熹的"格物",是要以我的心在事物中来寻求其理,那是将心和理分成两部分。如果要求在双亲中寻求孝的理,那么孝的理是在我心中,还是在双亲身上呢?若是在双亲身上,那么双亲去世后,我心中就没有孝了吗?

王阳明提出的求理或求知的方法是"致良知"。他说:"致知云者,非若后儒所谓广充其知识之谓也,致吾心之良知焉耳。"(《王文成公全

101

书》)

他又说:"是非之心,不虑而知,不学而能,所谓良知也。"(《王文成公全书》)

意思是:要得到理,并不是像宋儒所说的靠扩充知识,只要询问自己的良知就可。人心自然能分辨是非,不需要多考虑,也不需要学习,这就叫"良知"。

王阳明的"致良知"的学说,在伦理学范围内,是基本正确的。正如孟子所说,人是有天赋的恻隐、羞恶、辞让、是非之心的。因此,仁爱、公正、正义、是非等道德准则,在人的内心(灵魂)就具有的。

王阳明的心学对建立人类合理社会有重要意义。当代社会中,自由、平等、民主、公正、正义、仁爱等世界广泛承认的原则,它们都符合人类的本性,也符合于人类的内心要求,因此是世界公认的道德准则和价值观。

当然,自然世界与社会世界都很复杂,并不是所有的认识问题都可以在内心中寻求到,自然科学与社会科学的探索还是必要的。因此,朱熹的格物致知不能完全否定。

(三)知行合一。

王阳明对于知的寻求,也不是只依靠"致良知",他提出"知行合一"的学说。他说:"知是行之始,行是知之成。""只说一个知,已自有行在;只说一个行,已自有知在。""真知即所以为行,不行不足谓之知。"(《王文成公全书》)

他的意思是:认识(知)是行动的开始;行动是认识的完成。你说你认识了,那么,你一定能实践你的认识;如果你实践了,那么,你一定已经有了认识。所谓"真知",必须知而能行;如果知而不行,就不能叫知。

王阳明的"知行合一",与当代中国所提倡的"实践是检验真理的标准"的观点基本上是一致的。

102

知与行都需要心(灵魂)的推动,"知行合一"是对人的灵魂在认识与实践两方面功能的深刻阐述。

本章精义:

1.在两汉与南北朝时期,中国哲学界发生过两次与人的灵魂有关的剧烈争辩,一是"形神论",二是"神灭论"。前者的争论焦点是:人是否分为形体与灵魂两个部分;后者则聚焦于这个问题:人的灵魂会消亡还是不会消亡。

虽然南北朝时期的范缜坚持认为:灵魂会随着形体的死亡而消亡,但是当时以及后来的相当长时期中,佛教在中国得到广泛传播,而佛教认为灵魂是不会消亡的。范缜的观点并没有得到多数人(包括后来的朱熹等儒学家)的认可。

2.唐代柳宗元与刘禹锡关于天人关系的阐述,区分了自然世界和人为世界,这是关系到哲学本体论的重大问题。在人为世界中,人们不能不承认人的心灵(灵魂)的主导性作用。

3.北宋的张载,提出"为天地立心,为生民立命,为往圣继绝学,为万世开太平",将人的灵魂(心)直接面向自然与人类,面向历史与未来,是对于人的灵魂的很高水平的认识。

4.朱熹的"心统性情",指出人的心灵统辖人的本性与感情。王阳明的"心即理"的学说,指出人的道德准则来自人的心灵,自然与社会的规律(理)都要依靠心(心灵、灵魂)来认识。这些都是对于心灵或灵魂问题的深刻阐述。

5.总之,在中国中古时期,哲学界对于形神问题与心灵(灵魂)作用的认识,达到相当的高度,并不逊色于同时期的西方哲学。

2.4　中国近现代哲学与心灵和灵魂有关的思想

　　中国哲学史中的近代哲学是何时开始的？不同学者有不同的看法。有的哲学家（如刘文英）认为，中国近代历史从鸦片战争开始，近代哲学从龚自珍开始。冯友兰认为，中国近代哲学应从黄宗羲开始。笔者比较同意冯友兰的观点。

　　思想变化往往比政治变化要早，例如西方的近代哲学一般认为是从文艺复兴时期开始的，文艺复兴发生于14—16世纪，而荷兰和英国的被称为最早的资产阶级革命是在16世纪末到17世纪。对中国来说，鸦片战争可以认为是中国近代史的开端，而中国近代哲学的开始要更早一些。中国近代哲学的开始以西方思想的传入为标志。

　　明代后期，中国在经济和文化、思想方面都发生了重要变化。

　　经济方面，明代后期，手工业从农业中独立出来，江南地区的纺织业、铸铁业、制瓷业都很发达。到清代乾隆、嘉庆时期，丝绸、茶叶、瓷器等畅销国外市场。经济的发展、人民生活的改善，激发了人们求富的欲望，因此严重冲击了宋代新儒学的"存天理、去人欲"的主张。

　　在思想文化方面，这个时期，西方通过传教士将西学引入中国。徐光启（1562—1633年）是明末第一个把欧洲先进的科学知识介绍到中国的科学家。清代初期的康熙皇帝，亲自认真地学习西方几何学。西方自然科学的引进，冲击了宋明新儒学的宇宙观和本体论。

　　当然，在中国历史中，鸦片战争是一个重要的转折点。鸦片战争前，中国是一个主权独立的国家。鸦片战争后，中国在第二次鸦片战争、中法战争、甲午战争中屡遭失败。西方国家利用"坚船利炮"，大举侵入中国。与此同时,西方文明和思想以更大的步伐进入中国。

中国的知识分子,一方面沉痛地感受到中国国力的衰落,另一方面也更多地吸取西方文明和思想中有益于中国的内涵。于是在哲学思想中,形成了与中国传统哲学显著不同的特征。

1919年五四运动后,西方的科学与民主思想进入中国,影响了整个中国的文化界和思想界,中国哲学进入现代时期。

中国近现代哲学的基本特点是:中西方哲学的渗透与融合。这个过程,即使到今天,仍然在继续之中。

在人的心灵(灵魂)问题上,情况也是如此。

中国近现代哲学家讨论人的身后灵魂的论述是不多的,但是,对于人的生前心灵的论述相当多。

一、明末黄宗羲"心即气之灵处"的观点

黄宗羲,浙江余姚人,号南雷,人称梨洲先生。他的生活年代是1610—1695年,是跨越明清两代的重要的思想启蒙家。明末东林党和复社都是正直的士大夫团体,黄宗羲的父亲是著名东林党人,被宦官魏忠贤的阉党杀害;黄宗羲后来成为复社领袖。明朝灭亡后,他组织反清斗争,过着流亡生活,他曾去过日本,接触到西方的科学与哲学思想。他的主要著作有:《明夷待访录》、《明儒学案》、《南雷文定》等。

关于人性论,黄宗羲提出"心即气之灵处"的观点。他说:

心即气之灵处。所谓知气在上也。心体流行,其流行有条理者,即性也。……性不可见,见之于心。(《孟子师说》)

"心"就是人的心灵或灵魂。他的意思是:心灵是身体的灵魂或主宰。他指出人的精神活动(心)是人的物质活动(气)的最高级形态(灵)。"心"是一种"知气",即有知之气,即有认知和理智能力的物质形态。"性"是指人的本性,他认为人的本性,就是人的精神和身体活

105

动的规律。人的本性不容易见到，而是通过人的心灵表现出来。

因此，他将人的心灵放在人的最高位置，指出心灵可以表现出人的本性。他提出"知气"，强调了心灵的认知和理智能力。这与宋明哲学家强调心灵的伦理作用相比，是有所发展的。这里就有西方哲学的影响。

二、清代戴震的"血气心知"论

戴震生活于清代中期，是中国近代一位重要的启蒙思想家。

戴震是安徽休宁人，生活年代是 1723—1777 年，也就是在雍正到乾隆时期。他四十岁中举人，学问渊博，在经学、文字学、考据学、天文学、数学等方面都有很深的造诣。他不信奉程朱理学，因此多次参加会试都没有考中。

他的主要哲学著作有《原善》、《孟子字义疏证》等，他针对程朱理学提出不少不同的观点。他的思想对清末民初的进步思想家，如章太炎、梁启超等人有很大影响。

在人的心灵问题上，他的重要论点是"血气心知"。他说：

天下唯一本，无所外，有血气，则有心知。（《孟子字义疏证》）

人生而后有欲，有情，有知，三者血气心知之自然也。（《孟子字义疏证》）

他这里讲的"天下"是就人性而言的。他的意思是，所谓人性，并不是"天理"，而是包含"血气"和"心知"两方面。"血气"指的是人的身体和生理活动。"心知"指的是人心灵的理智认知能力和情感活动。

他将人性分为"欲、情、知"三方面，就是：欲望、情感、理智。

这三者都来自"血气"和"心知"。

宋儒的观点是"性即理"，将人的本性与天理直接联系起来。这样就将自然世界与人为世界混同起来，很难使人信服，也不符合客观实际。戴震的"血气心知",将人性归纳为身体(生理)活动和人的精神活动,并不强调与天理的联系。这个观点是符合客观实际的,是符合科学的。

他将人的本性归纳为欲望、情感、理智三方面,也是符合科学的。笔者在《爱的哲学》一书中介绍了20世纪科学的最新研究成果,即人脑的"三位一体"学说。它指出人脑由三部分组成:1.RB(爬行动物脑),控制人的生理与感觉功能;2.LB(边缘系统脑),控制人的情感;3.NB(新皮层系统脑),控制人的理智。

因此,从人脑的基本构成来看,人的最基本的本性就是:欲望、情感、理智三个方面。这也是人的心灵活动的三个基本方面。

戴震提出了与宋儒很不相同的"理存于欲"的观点。

理也者,情之不爽失也。未有情不得而理得者也。(《孟子字义疏证》)

天下之事,使欲之得遂,情之得达,斯已矣。遂己之欲者,广之能遂人之欲,达己之情者,广之能达人之情。道德之盛,使人之欲无不遂,人之情无不达,斯已矣。(《孟子字义疏证》)

大意是:所谓理,就是要使人的欲望和感情得到满足。不但自己的欲望和感情要得到满足,还要使大家的欲望与感情都能得到满足,这样才是道德的高度发展。

宋儒的"存天理、去人欲",对于人的正常的欲望和感情追求,是很大的压抑。戴震的思想是人性的大解放,也可以说是中国进入近代以来,人的心灵(灵魂)的大解放。

三、龚自珍的"自我"思想

龚自珍是清代后期的启蒙思想家。他是浙江仁和(今杭州)人,号定庵,生活年代是1792—1841年,即嘉庆、道光时期。此时,康乾盛世已经结束,社会矛盾更加激烈,官员腐败十分严重,农民起义接连不断。同时,西方列强开始入侵,民族危机日益深重。

龚自珍出身于官宦之家,自幼受到中国传统文化的熏陶。28岁时,接受常州刘逢禄的今文经学的观点,使他的学术思想紧密地和当前现实相联系,提出了许多独到的哲学思想和政治见解。他的主要著作有《定庵文集》、《定庵文录》,现编有《龚自珍全集》。

清代和汉代的今文经学既相似,又不同。汉代以董仲舒为代表的今文经学派将谶纬神学引入儒学,以维护专制统治。而清代今文经学派,如刘逢禄、龚自珍、魏源、康有为等,他们的学说对于推动当时的政治和社会改革都是有贡献的。

关于人的心灵问题,龚自珍提出了与中国传统哲学很不相同的观点。他突出了"众人"和"自我"的思想。

历史是谁创造的?中国传统哲学一般都强调圣人(伏羲、神农、黄帝、炎帝、唐尧、虞舜、周公等)的功绩。儒家强调劳心者的作用,孟子说:"劳心者治人,劳力者治于人。天下之通义也。"(《孟子·滕文公上》)

龚自珍却说:人类历史是"众人自造,非圣人造"。(《龚自珍全集》)

他的意思是:历史是众人所创造的,不是圣人创造的。而"众人"当然既包括劳心者,也包括劳力者。

他进一步说:"众人之宰,非道非极,自名曰我。"(《龚自珍全集》)

意思是:众人主宰世界,并不是依靠抽象的"道"或"太极",而是依靠一个个人的自我。

龚自珍对于"自我",给予高度推崇。他说:"我光造日月,我力造山川,我变造毛羽肖翘,我理造文字语言,我气造天地,我天地又造人,我分别造伦经。"(《龚自珍全集》)

意思是:我的光创造了太阳月亮;我的力创造了大山河川;我的变

化能力创造出飞禽走兽;我的理智创造出文字语言;我的元气创造出天地;我的天地创造了人类;我的分辨创造了人间伦理。

这一段话,高度而热情地赞扬了人的创造力和自由精神。

中国传统哲学,从孔子和孟子开始,关于人的道德,一直强调"仁爱",这是中国传统哲学的核心价值观。中国传统哲学很少谈到自我(战国时杨朱有自我思想,被孟子严肃地批判过)。龚自珍这样高度而热情地称颂自我,是中国哲学史上的一个突破性的进步。

而西方哲学,从文艺复兴和启蒙运动后,突出了人(个人)的觉醒和对人的自由的呼唤。这是西方哲学的核心价值观。

中国哲学的"仁爱",西方哲学的"自由",都是人类的价值观的精华。由于仁爱与自由都出自人的心灵(灵魂),因此,也可以说它们是人的心灵或灵魂中的精华。

从龚自珍开始,中国近现代哲学家不仅重视仁爱,同时也重视个人的自我,重视人的自由精神。这是中国哲学史中灵魂观(心灵观)的重要转变,标志着中国哲学已经进入一个新的时代。

四、梁启超的"新民"精神

梁启超是中国近代非常重要的政治家和思想家。他的生活年代是1873—1929年,他是广东新会人,是"戊戌变法"主要推动者之一。变法失败后,他逃亡日本,先后创办多种报刊。他发表的一系列文章,具有极大的说服力。他早期主张君主立宪,民国成立后,他拥护民国,在反对袁世凯称帝和张勋复辟的斗争中都有重要贡献。他晚年从事学术研究,在历史、哲学等方面写出不少有价值的专著。

他的主要著作有:《清代学术概论》、《中国近三百年学术史》、《先秦政治思想史》、《墨经校注》、《自由书》、《新民说》、《开明专制论》、《欧游心影录》等。

在他的哲学思想中,对于当时和后世影响较大的是他提出的"新民"精神。为此,他于1902年写出了专著《新民说》。

他首先认为,"新民是今日中国第一要务"。

他的《新民说》有以下一些观点:

(一)"若有欲求其真自由者乎,其必自除心中之奴隶始。"

梁启超要求中国人追求自由,克服奴性,这种思想显然受到西方近代民主、自由思想的影响。在中国两千多年的哲学史中,明确地提出人应追求自由的,是从梁启超开始的。

(二)"善能利己者,必先利其群,而后己之利亦从而进焉。"

梁启超讲的就是利己和利人的关系、小我和大我的关系。他要求于"新民"的是:先利群,再利己。

(三)他说:"吾中国人无进取冒险之性质,自昔已然,而今每况愈下也。……一国之大,有女德而无男德,有病者而无健者,有暮气而无朝气,甚者乃至有鬼道而无人道,悯哉悯哉! 吾不知国之何以立也。"这里,梁启超所要求的,就是培养进取冒险之精神。

追求自由、先利群后利己、进取冒险,这些精神正是中国传统哲学思想所缺少的。因此,梁启超所提倡的,是一种对于中国人来说全新的心灵观或灵魂观。

五、孙中山的"博爱"思想

孙中山的生活年代是1866—1925年,他是广东香山人。他少年时受到太平天国运动的影响,具有强烈的反清救国思想,又在西方接受了民主共和思想。1894年后,他先后组织兴中会、中国同盟会,经历了十次起义失败之后,终于在1911年10月10日,武昌起义获得成功,迫使清帝退位,推翻了在中国维持了两千多年的君主专制。他被推选为中华民国临时大总统,但很快让位于袁世凯。1913年他发动

"二次革命"讨袁,但遭到失败。1917年他在广州誓师北伐。1925年在北京逝世,享年59岁。

他不仅是一个民主革命家、政治家,也是一个思想家。他提出的三民主义,是他的政治哲学思想;他还提出"知难行易"的认识论思想。他在哲学思想上的重要贡献,是他竭力宣扬的博爱思想。

关于博爱,他有以下论述:

"博爱"是"人类宝筏,政治极则",是"吾人无穷之希望,最伟大之思想"。

他说:"重人道,若能扩充其自由、平等、博爱之主义于世界人类,则大同盛轨,岂难致乎?"

他说:"诚如唐韩愈所云'博爱之谓仁',敢云适当。博爱云者,为公爱而非私爱。"

他说:"仁之种类:一、救世之仁;二、救人之仁;三、救国之仁。""救世、救人、救国三者,其性质皆为博爱。"

他说:"博爱,当中的道理,和我们的民生主义是相通的。因为我们的民生主义是图四万万人幸福的,为四万万人谋幸福就是博爱。"(以上均引自林家有《孙中山的博爱思想》)

根据以上论述,孙中山的博爱思想有以下特点:

(一)他是将中国儒学的"仁",特别是韩愈的"博爱之谓仁"与西方的自由、平等、博爱的进步思想密切地结合起来。

(二)他将博爱思想提到非常高的水准——"政治极则"、"吾人无穷之希望,最伟大之思想",这在中国思想界是独特的。

(三)他特别强调"公爱",而不是"私爱",也就是对广大民众的爱。

他将救世、救人、救国,都看成是博爱。

应该说,"博爱"是一种非常高尚的心灵观。它是中国传统的仁爱思想和西方博爱思想的融合。

中国的当代社会,虽然经济发展迅速,但贫富差距严重,值得在全社会提倡与发扬博爱思想。

六、陈独秀引进科学与民主的思想

陈独秀是在中国现代史上有特殊贡献的人物。他的生活年代是1880—1942年。他出身于安徽安庆望族,少年时考取秀才,后到杭州求是书院学习,并去日本留学,参加反清运动。回国后,1915年,他在上海主编《新青年》杂志,宣传民主和科学思想。1917年,担任北京大学文科学长,领导了五四新文化运动。1921年,建立中国共产党,历任第一至第五届党的总书记。1925—1927年的大革命,因共产国际指导的错误而失败,他受到不公正的党内批评。1929年被开除出党。1932年他被国民党当局逮捕,坚守气节,于1937年获释。晚年写出多篇非常有价值的文章,1942年在贫困中去世。

陈独秀在中国现代思想史上有划时代的贡献,对于中国人的心灵解放起了极大的推动作用。这种作用主要体现在以下两方面:

(一)对于封建道德的"三纲"思想的有力批判

所谓"三纲"就是:"君为臣纲,父为子纲,夫为妻纲"。陈独秀对以"三纲"为代表的儒家的"礼教"思想进行了严肃的批评。陈独秀认为"三纲"思想是主宰中国人两千多年的伦理道德,这套思想只适合于封建社会,而完全不适合于民国建立之后的民主社会。

陈独秀对于"三纲"思想的批评,在当时全国思想界有相当大的影响。五四以后,中国的社会风气,人们的思想观点,都有很大的改变。男女青年从"父母之命,媒妁之言"中解放出来,争得了恋爱和婚姻的自由,而妇女也开始争得与男子平等的社会地位。五四运动的影响一直延续到当代。

(二)为中国引进"德先生"(民主)和"赛先生"(科学)

陈独秀介绍西方思想的突出功绩,是他抓住了两个既是西方文化的精华,又是中国所最迫切需要的西方思想:民主和科学。在这方面,他表现出对于西方哲学优越性的深刻理解,以及对于中国哲学不足之处的真切体会。

陈独秀在《〈新青年〉罪案之答辩书》(1919)中,明确地提出"德先生"(民主)和"赛先生"(科学)的观点。他说:"西洋人因为拥护德、赛两先生,闹了不少事,流了多少血,德、赛两先生才渐渐从黑暗中把他们救出,引到光明世界。我们现在认定只有这两位先生,可以救治中国政治上、道德上、学术上、思想上的一切黑暗。若因为拥护这两位先生,一切政府的压迫,社会的攻击笑骂,就是断头流血,都不推辞。"

陈独秀对"三纲"思想的批判,从西方引进科学与民主,对于现代中国的整个思想界产生了非常深远的影响,同时也促使了中国人心灵的大解放。

七、梁漱溟的"三量说"

中国现代哲学界形成了一个重要的哲学学派:当代新儒学。宋明新儒学在儒学的基础上,吸取佛学和道学的思想;而当代新儒学,是在儒学基础上,吸取西方的思想。有的哲学书将当代新儒学称为文化保守主义。但当代新儒学的思想,并不都是保守的,有些思想还具有先导性。

比较公认的当代新儒学家有:梁漱溟、熊十力、张君劢、方东美、徐复观、唐君毅、牟宗三等几位。

梁漱溟,可以说是当代新儒学的开创人之一。他的生活年代是1893—1988年,他是广西桂林人。他自幼爱好深思冥想,少年时参加反清革命,辛亥革命后研究佛学,23岁时写出《穷元决疑论》这篇高水平的佛学论文,被蔡元培聘请为北京大学讲师。五四时期,儒学思想受到猛烈批判,他决心出佛入儒。1922年他发表《东西文化及其哲学》,捍卫东方思想。新中国建立前,他在山东从事"乡村建设运动",产生较大影响。他积极参与中国民主同盟的组建。"文革"、"批林批孔"时期,他以长篇发言为孔子辩护。20世纪80年代后,他继续宣传他的新儒学思想,直至去世。

本书的主题是人的灵魂或心灵。梁漱溟根据佛教的唯识论,提出人的认识的"三量说"。所谓"三量"就是:现量、比量、非量。现量就是人的感觉;比量就是人的理智;非量就是人的直觉。

感觉和理智是人们比较熟悉的认识方法。中国现代的哲学书籍,关于人的认识,一般认为只有两种,即感性认识和理性认识,而很少谈及人的直觉认识。其实,直觉认识是人的心灵的一种非常重要的功能,是一种非常重要的认识方法。

梁漱溟关于"非量"的论述是:"在现量与比量中间。另有一种作用,就是'受''想'二心所。'受''想'二心所是能得到一种不甚清楚而且说不出来的意味的。'受''想'二心所对于意味的认识就是直觉。"(《梁漱溟选集》)

他解释"受"是人心所感受的苦、乐、忧、喜等感情。"想"是指人心的想象作用。他认为,直觉并不是主体对客体的认识,而是一个由主体赋予客体的其本身并不存在的性质的过程。这种只存在于主体想象中的东西,他称为"意味"。

例如人听到婉转的鸟鸣觉得妙,看到绚丽的景色觉得美。其实鸟鸣和景色本身,并无所谓妙或美,妙和美是人的心灵所添加上去的因素。

直觉问题在西方生命哲学家柏格森的学说中占有重要位置。中国佛教的禅宗的"顿悟",也就是一种直觉。因此,梁漱溟的"三量说"是融合东西方哲学的一种对人的心灵功能的深刻阐述。

八、熊十力的"心物合一论"

熊十力,号子真,他是中国现代极少有的有原创性哲学思想的哲学家,是当代新儒学的奠基人。他的生活年代是 1885—1968 年,是湖北黄冈人。青年时,他参加日知会、同盟会等进步团体。随着革命走向低潮,他决心从事学术研究。1920 年他到南京金陵刻经处学习佛学,1922 年被北京大学聘为特约讲师,此后在北大长期任教。在研究过程中,他从佛学转入儒学,写出《新唯识论》,确立了自己的思想。抗战期间,他在几家儒学学院讲学。抗战胜利后,1948 年,他前往浙江大学任教。新中国成立后,他回到北大,曾多次向中央领导建议保留中国文化种子,允许唯心论研究,但没有得到重视。他晚年在上海孑然一身,1968 年,因身患肺炎虚弱去世。他的著作,除《新唯识论》外,还有《原儒》、《体用论》、《明心篇》、《存斋随笔》、《乾坤衍》等。

他的思想体系中,与本书的主题——灵魂关系密切的是他提出的"心物合一"的本体论。

在西方哲学中,唯物论者认为,物质是本体;唯心论者认为,精神是本体。

熊十力关于本体的阐述有过一些变化。在《新唯识论》时期(20 世纪 30 至 40 年代)他将本体定为"本心"。他说:"唯吾人的本心,才是吾身与天地万物所同具的本体。"熊十力这种观点,是受到佛学和陆王心学的影响的。

熊十力在晚年(1961)写出的《乾坤衍》中关于本体的认识,使他的本体论达到很高的水平。

他将本体定为"实体"。他首先指出:"宇宙实体,是复杂性,非单纯性。""唯心论者认为实体只是精神性。唯物论者,认为实体只是物质性。心物二宗之争,其骨子里,都是坚执宇宙实体的单纯性。"(《乾

坤衍》,下同)

他用《易传》中关于"乾"和"坤"的解释来阐述他的本体论。《易传·象辞上》中说"大哉乾元,万物资始","至哉坤元,万物资生"。熊十力解释说:"乾为生命和心灵,坤为质和能。同是宇宙实体内部的复杂性。"

他说的"乾"就是精神,他说的"坤",就是物质。因此,他认为宇宙的本体,是物质和精神的综合。"物含藏心,心主导物。"物和心是合一的。这是熊十力关于本体论的独特思想。

笔者在《综合哲学随笔》一书中提出:世界可以分为两个,一是自然世界,一是人为世界。在自然世界中,其本体是物质、运动和运动规律;在人为世界中,其本体是物质和精神的综合。因此,在人为世界中,笔者的观点和熊十力是基本一致的。笔者在该书中引用了马克思在《关于费尔巴哈的提纲》一文中所说的一段非常重要的话:

从前的一切唯物主义(包括费尔巴哈的唯物主义)的主要缺点是:对对象、现实、感性,只是从客体的或者直观的形式去理解,而不是把它们当作感性的人的活动,当作实践去理解,不是从主体方面去理解。

这段话的基本意思是:世界(指的是人为世界)是在人的实践基础上,主体(精神)和客体(物质)的统一。

因此,熊十力的心物合一的观点,和马克思的上述观点,基本上是吻合的。

谈论人的心灵或灵魂问题,在有些哲学书籍中,往往被认为是唯心主义。其实心灵或灵魂就是人的精神。在人为世界中,如果不承认精神(或心灵、灵魂)的本体性作用,那并不是马克思所倡导的"新唯物主义"(或"实践唯物主义"),而是马克思、恩格斯所批判的"旧唯物主义"或"机械唯物主义"。

九、冯友兰的"人生四境界"

冯友兰是中国当代一位知名度很高的哲学家。

冯友兰的生活年代是 1895—1990 年,他是河南唐河人。他出生在一个封建大家庭,自幼学习《三字经》和四书五经。中学时接受新式教育,他开始对西方哲学产生兴趣。1915 年,他考进北京大学文科攻读哲学,1918 年前往美国哥伦比亚大学哲学系做研究生。在这段时期,他接触到多方面的西方哲学,最后选择从事研究工作的是新实在主义和逻辑实证主义。回国后,他先后在中山大学、广东大学、燕京大学、北京大学任教,任清华大学哲学系主任。抗战时期,他写出著名的"贞元六书",即《新理学》、《新事论》、《新世训》、《新原人》、《新原道》和《新知言》。冯友兰的哲学思想基本上都包含在这几本书中。

与本书主题——灵魂关系密切的是他提出的"人生境界论"。

他首先提出对于人生的"觉解"和"意义"的问题。

他说:"人对于宇宙人生的觉解的程度,可有不同。因此,对于人底意义,也有不同。"(《新原人》)

他将人生境界分为四个层次:

(一)自然境界:"在此境界中底人,其行为是顺才或顺习底。"所谓"顺才",就是顺着生物学的本性,"顺习"就是顺着社会习惯。

(二)功利境界:"在此境界中底人,其行为是为利底。所谓利,是为他自己的利。"

(三)道德境界:"在此境界中底人,其行为是行义底求社会的利底行为,是行义底行为。"

(四)天地境界:"在此境界中底人,其行为是事天底了解社会的全之外,还有宇宙的全。他已知天,所以他知人不但是社会的全的一部分,并且是宇宙的全的一部分。"(《新原人》)

他将人们的人生观(也就是人的心灵)分为四个层次。

他所说的自然境界,是心灵的最低层次。在自然层次中,人只是依顺生物本性和社会习惯而生活,满足于衣食住行的生存。

在功利境界中,人除了谋求生存外,还要求实现一定的功利,而他的功利只是为他自己的利益。例如农民要求扩大土地,提高产量;工人要求增加工资;工商业者要求扩大规模,创造更多利润;知识分子要求有名有利。

在道德境界中,人达到心灵的较高层次,他会关注他人的利益、社会的福祉、社会和国家的进步。

天地境界是心灵的最高层次,人会追求与人类和自然的融合,从而达到生命的永恒。

他创建的新理学融合中国和西方哲学两方面的精华。在他关于"人生四境界"的学说中,自然境界和功利境界有西方唯物论哲学的因素,道德境界有柏拉图和康德哲学的因素,也有程朱理学的因素,而他的天地境界则明显地有中国传统的"天人合一"思想的因素。

因此,他的"人生四境界"是一个融合中西哲学的、自低到高的、全层次、全方位的心灵观或灵魂观。

十、贺麟的新心学

贺麟(1902—1992)是当代中国著名哲学家,四川人。1919年他进入清华学校,1926年,赴美国留学,获得哈佛大学哲学硕士学位,1930年,到德国柏林大学学习德国古典哲学。1931年回国后长期任北京大学教授。1955年后任中科院哲学研究所研究室主任。他的主要著作有:《近代唯心论简释》、《当代中国哲学》等;主要译著有:斯宾诺莎的《知性改进论》、《伦理学》,黑格尔的《小逻辑》、《精神现象学》、《哲学史演讲录》等。

贺麟融合中国哲学和西方哲学建立了自己的新心学。与本书的主题——心灵、灵魂关系比较密切的是以下方面：

（一）直觉说。

贺麟对于梁漱溟的"三量说"有所发展。他认为，梁漱溟的直觉主要是道德的，他认为，直觉不仅是道德的，也是超道德的、艺术的、宗教的。

直觉方法一方面是先理智的；一方面是后理智的。先用直觉方法洞见其全，深入其微，然后用理智方法分析此全体，以阐明此隐微，此先理智之直觉也。先从事局部的研究，琐屑的剖析，积久而渐能凭直觉的动力，以窥其全体，洞见其内蕴之意义，此后理智之直觉也。（《贺麟选集》）

他认为人的认识过程是：感性直觉，通过形式逻辑和矛盾思辨，最后达到理性直觉。

笔者认为，贺麟的观点是符合认识实际的，即使在自然科学研究中，先理智的直觉和后理智的直觉都是存在的。

爱因斯坦在提出狭义相对论后，有一天他在椅子上突然想到：如果他自由下落，他不会感觉自己的重量。这是为什么？他想出的理由是：自由下落的加速度，会和地球的引力相抵消。1907 年，他提出"等效原理"，即引力场和加速场是完全等效的。这就是他的广义相对论的初步构思。

爱因斯坦对广义相对论的发现，就有后理智直觉的作用。

贺麟的直觉说，融合了中国明代的心学和西方黑格尔学说的精华，是对于人的心灵（灵魂）功能的深刻阐述。

（二）"心有二义"论

贺麟在 1934 年发表《近代唯心论简释》一文，提出他对于"心有二义"论和唯心论的理解。

他说："心有二义：一、心理意义的心；二、逻辑意义的心。逻辑的

心即理,所谓'心即理也'。"(《近代唯心论简释》)

贺麟所说的"心理的心",主要是指人的"喜怒哀乐爱恶欲之情",也即人的感情。

他所说的"逻辑的心",是指人的道德和理性。他对"逻辑的心"有极高的评价。他说:"自然与人生之可以理解,之所以有意义、条理与价值皆出于心即理也之心。"(《近代唯心论简释》)

陆王心学讲的心,主要是指道德之心。贺麟将"心"的含义与西方哲学的"理性"结合起来。这样就将王阳明讲的"心即理也",解释得更清楚了。

贺麟关于"心"的解释(心理心和逻辑心),概括了人的情感、理智和道德三个方面,是对于人的心灵或灵魂的全面而深入的阐述。

本章精义:

1.中国的近代与现代哲学的主要特点是将中国传统哲学与西方哲学相融合,由此产生了一系列引人注目的哲学成果,如黄宗羲的"自我"思想、梁启超的"新民精神"、孙中山的"博爱"、陈独秀引进的德先生和赛先生等,这些都是对于人的心灵(生前灵魂)问题的深入阐述。

2.民国时期开始,一直发展到今天的当代新儒学,将西方哲学的合理部分吸收进中国的传统儒学,取得了许多积极的成果。例如梁漱溟的"三量说"、熊十力的"心物合一说"、冯友兰的"人生四境界"、贺麟的"直觉说"与"心有二义"论等。

3.中国近现代哲学关于人的心灵(灵魂、精神)的学说,促进了中国人心灵的大解放,使中国人的精神面貌得到很大的更新,因此也积极地推动了中国现代化的进程。

4.中国现代哲学与西方现代哲学,有一点是相同的,那就是:在哲学中很少直接谈论人的身后灵魂问题。其原因可能是:随着自然科学的进步,自然科学在人的心目中的位置越来越高,身后灵魂问题超出了自然科学的研究范围。

但即使是现代或当代，身后灵魂问题并没有从人们的心中消失。今天世界上绝大多数人是有宗教信仰的,他们普遍地在宗教信仰中寻求关于身后灵魂的满意答案。

20世纪以来,许多思想家、科学家和宗教学家都在探索科学与宗教的对话。人们更加清楚地认识到,科学不能代替信仰,不能代替宗教。科学与信仰是人的意识中两个不同的领域,因此两者并不矛盾。在哲学中同时容纳科学和宗教,是完全可能的。这也是本书的探索任务。

第三篇　主要宗教的灵魂观

在现代,不论是西方还是中国,哲学家直接论述灵魂问题是很少的。论其原因,一是与科学的发达有关。在科学的视野中,似乎没有灵魂的位置。二是因为现代哲学主要流派之一的科学主义哲学主要是为科学服务的,与科学相结盟。现代哲学的另一流派——人本主义哲学,虽然重视人的生存意义,但也注意与宗教划清界限。

可灵魂问题并没有从人们的心目中消失。在当代,根据《国际传教研究公报》的统计,到 1997 年为止,全世界宗教信仰者占总人口的比例是 81%。全世界的人口数在 2009 年已近 67.7 亿。以 80% 计算,全世界宗教信仰者的人数有 54 亿之多,而宗教信仰者普遍是相信灵魂的存在的。

人们在科学和哲学中找不到灵魂的位置,只能在宗教中寻找灵魂。笔者认为,这个情况反而加深了人们对于宗教的信仰。因为"灵魂的存在与不朽"是人内心中的一种出于天性的需求。科学和哲学既然不能满足这种需求,人们自然地到宗教中寻求满足。

这是当代在科学、哲学和宗教之间形成的矛盾,或张力。本书的任务是试图化解这个矛盾,融合这种张力。

由于不同宗教的灵魂观都与它们的教义直接有关,本篇将介绍世界几种主要宗教的基本教义和灵魂观。

3.1 基督教的基本教义和灵魂观

基督教是信仰耶稣基督为救主的宗教。它是天主教、新教、东正教的统称。

一、基督教的诞生与发展

基督教最早是从犹太教分裂出来的。犹太教认为他们心目中的救世主还没有降临;坚信自己是神的"特选子民",神只拯救犹太民族。因此犹太教有一定封闭性。

公元之初,住在巴勒斯坦地区的犹太人为罗马所征服。在罗马人的残酷压迫下,犹太人曾多次发动起义,但是都失败了,失败后遭到更残酷的镇压。

犹太人期待出现一个救世主,来拯救人们的苦难。他们在现实的斗争中遭到失败,只能从宗教中寻求出路。

基督教的创始人是耶稣,他 30 岁左右开始在巴勒斯坦地区传教,宣讲天国的福音。他的教导和所做的事,在民众中引起极大的反响。后来由于门徒犹大告密,罗马帝国驻犹太的总督将耶稣逮捕。耶稣最后被钉在十字架上而死。

耶稣死后,他的门徒保罗等人积极宣讲耶稣的教导,传布耶稣死后复活的神迹,宣扬耶稣就是上帝派来的救世主基督;只要信耶稣基督,无论是谁,都可以得到拯救。这样的信念,比犹太教的信条更开放,因此吸引了大量信徒。

基督教的信徒越来越多,也得到中上层人士的信仰,形成一支巨大势力。313 年,罗马皇帝君士坦丁颁布命令,给基督教会以合法地位。380 年,基督教成为罗马帝国国教。

从此之后。基督教在全世界得到极大的发展,目前基督教在全世界约有 21.4 亿信徒,是世界上信徒最多的宗教。

二、基督教的基本教义

根据《圣经》和神学著作,现对基督教的基本教义简要介绍如下:

(一)上帝是创世主

《圣经·旧约》的开始,就是"神的创造",有这样几句话:"起初,神创造天地。地是空虚混沌,渊面黑暗;神的灵运行在水面上。"

第一日。"神说:'要有光。'就有了光。"

第二日。"神说:'诸水之间要有空气,将水分为上下。'神就造出空气,将空气以下的水、空气以上的水分开了。"

第三日。"神说:'地要发生青草和结种子的菜蔬,并结果子的树木,各从其类,果子都包着核。'"

第四日。"神造了两个大光,大的管昼,小的管夜,又造众星。"

第五日。"神说:'地要生出活物来,各从其类;牲畜、昆虫、野兽,各从其类;地上一切昆虫,各从其类。'"

第六日。"神就照着自己的形像造人。"

第七日。"神造物的工已经完毕,就在第七日歇了他一切的工,安息了。"

《圣经》中"起初"这一节表明:宇宙、世界和人类都是神——上帝创造的。

(二)上帝是有位格的

17 世纪时,荷兰哲学家斯宾诺莎提出:自然就是神。

基督教的教义并不是这样。基督教认为:神是有位格性的。"位格"(personalness)的意思是:神不是一种超自然的力量,不是一种无名无姓、人无法沟通的抽象的神明,而是有名有姓的,人可以和他交谈、沟通的神。在基督教的绘画中,上帝是一个慈祥的老人,是"圣父",就是耶稣的父亲,人类的父亲。

笔者认为,上帝的位格性,大大地增强了他的亲和性,使信徒们有一个可以面对、可以倾诉、可以信任、可以依赖的慈祥的父亲。这是基督教能得到众多的信徒的重要原因。

(三)人是有原罪的

基督教认为,人类都是亚当和他妻子夏娃的后裔。人的原罪的来源是:亚当和夏娃偷吃了禁果。

由于所有人类都是亚当和夏娃的后裔,亚当和夏娃吃了禁果,就成为人类的原罪。人间的一切罪恶和人类的痛苦都是从这个原罪来的。按基督教的教义,任何人都是有原罪的,因此都需要信仰基督,才能得到赦免。

(四)耶稣是人类的救世主

前文已经谈到,耶稣是公元之初的历史人物。按《圣经·新约》中的说法,他是以色列民族的祖先亚伯拉罕的后裔。耶稣的母亲是玛利亚,她虽许配给约瑟,但没有被迎娶。玛利亚是受圣灵而怀孕。约瑟按神的嘱咐,将玛利亚娶为妻子,生下了耶稣。

《新约》中说:约翰为耶稣施行洗礼后,"天忽然为他开了,他就看见神的灵仿佛鸽子降下,落在他身上。从天上有声音说:'这是我的爱子,我所喜悦的'"。意思是:耶稣是圣灵降下的,是上帝的儿子。

"基督"和"弥赛亚"是一个意思,都指"受膏者"。所谓"膏"是一种圣膏油,浇在谁的头上,谁就是"受膏者"。犹太教和基督教都认为,上帝会施膏给"受膏者",让他来拯救以色列人和全人类,因此,"受膏者"就是救世主。"弥赛亚"(Messiah)是希伯来语,"基督"(Christ)是希腊语,但都是一个意思。

说耶稣是基督,就是认为:耶稣就是上帝派到人间来拯救人类的救世主。

信徒们认为耶稣是救世主的信念,在耶稣的受难和复活的故事中更得到加强。

耶稣宣传说,任何人,只要相信上帝,就能得救。这样的教义大大地扩大了信教人的队伍。

这种新的教义触犯了犹太统治集团的利益,统治者就决心要除掉他。他们只用30枚银币就收买了他的一个使徒,犹大。

耶稣预言自己要被出卖,在逾越节晚上,举行了最后的晚餐。耶稣当晚被捕,他被兵士们钉上十字架而死亡。他死后第三天清晨,几个女信徒来到他的坟墓,忽然大地震动,天使从天上下来,告诉她们:耶稣已经复活了。

基督教认为,人都是有原罪的,耶稣的受难,是以他一人的痛苦来代替人类赎罪。耶稣的复活,是为了拯救人类。

(五)圣父、圣子、圣灵的三位一体

在基督教中,圣父就是上帝,圣子就是耶稣基督,圣灵是上帝和基督在人的心中的灵。这三者都是使徒们的信仰对象。但是犹太教和基督教都是一神教,不允许有三个崇拜对象。基督教的教义是:圣父、圣子、圣灵三者是合一的,是一体的,即所谓:三位一体(Trinity)。这是基督教的一个非常重要的教义。

在前面谈到耶稣的诞生时说过,耶稣是玛利亚受到上帝的圣灵所感而怀孕的;耶稣是上帝以圣灵而降到人世的。这个故事本身就说明:圣父、圣子、圣灵是一体的。

对基督教的信徒来说,信仰上帝、信仰基督和信仰圣灵,完全是一回事。

在三位一体中,值得重视的是圣灵问题。圣父是上帝或耶和华,圣子是耶稣基督,这二者都有明确的对象。而圣灵是谁呢? 在哪里呢？基督教的观点是：圣灵就是在人的心中的上帝和基督。

上帝和基督都是在你的心中，这是基督教的一个非常有渗透力和说服力的信念。因为圣灵在你心中，你就必然会永远信仰上帝和基督，上帝和基督也会永远关怀你，并且能挽救你。

笔者认为，如果说，对于客观世界中是否存在着上帝，科学、哲学和宗教还难以有统一的认识，那么对于"在人的内心中存在着上帝"这个观点，不论科学还是哲学，都不能说这是不可能的，或不合理的。因此，基督教对圣灵的认识是连接科学、哲学和宗教的一个重要纽带。

(六)称义、重生与成圣

"因信称义"是基督教的重要教义。人不信仰上帝，就不能称为"义人"(义有公正的意思)。人信仰了上帝，靠着耶稣基督的恩典，使他厌恶罪，喜欢善，就可称为"义人"。这就是"称义"的意思。

但信仰上帝是对人的较低的要求，更高的要求是重生。所谓"重生"，是圣灵更新人的心灵，使人脱胎换骨，焕然一新。重生是一个基督徒生命的真正开始。

"成圣"是对基督徒更高的要求。成圣使人的生命愈来愈圣洁，他过的是纯洁的生活，有美与善行为，而成为"圣徒"。

因此，称义、重生和成圣是基督徒的心灵纯化，归向基督的不断向上的过程。

(七)死亡、复活和末世审判

基督教承认人都会死亡。基督教还认为，世界将有末世的来临。在末世来临时，耶稣将第二次来临人间，这时所有死去的人都会复活，而接受基督的审判。根据每个人生前的行为，义人将会进天堂，恶人将会进地狱。

在死亡和末世来临之间，有一个居间状态。对于居间状态究竟是怎样的状态，基督教没有一致的看法。宗教改革的先驱们的主要观点是：人死后，义人的灵魂进入天堂，罪人的灵魂进入地狱；而在末世审判后,人得到复活;义人完全地进入天堂。罪人完全地进入地狱。

(八)爱是基督教的核心教义

神爱,就是上帝对人类的爱。这是基督教中最主要的信念。耶稣基督是上帝派到人间的儿子,或代表。耶稣的所作所为,他所做出的牺牲(被钉上十字架),都体现着上帝对人类的爱。

"爱上帝"和"爱人如己"。这两条,是基督教"一切道理的总纲"。

西方文明中的"博爱"思想来自基督教。基督教的爱的理念对于西方社会的个人道德和社会和谐有积极的影响。

三、基督教的灵魂观

本书的主题是灵魂问题,基督教关于灵魂的观点和它的教义是有密切联系的。

陈俊伟在《基督教灵魂观概论》(见《灵魂面面观》)中论述基督教的灵魂有三种,即三元论、二元论和一元论,他认为这是三种"截然不同的看法"。

而本书笔者认为:这三种观点综合地构成基督教灵魂观的整体。它们之间有区别,但也有联系。现参照陈俊伟的介绍,分述如下:

(一)二元论

基督教对于灵魂问题的主流性观点是"二元论"。二元论认为:人由身体和灵魂二者所组成。身体是灵魂的住所,灵魂是身体的主宰。

这是西方世界从柏拉图开始的最为流行的观点。在中国传统哲学中,从汉代《淮南子》提出"形神论",直到清代戴震提出的"血气心知论",事实上都是论述身体和灵魂的二元关系。

因此,二元论是东西方文化普遍接受的思想。

中世纪的主要基督教哲学家奥古斯丁将柏拉图思想与基督教的教义相融合,因此他是身体与灵魂二元论的积极倡导者。20 世纪著名神学家巴特认为：灵魂和身体是上下从属的关系，灵魂治理身体，身体服侍灵魂。灵魂和身体形成一个有次序的结合体。

二元论在《圣经》中也能找到许多依据。

耶和华神用地上的尘土造人，将生气吹在他鼻孔里，他就成了有灵的活人，名叫亚当。（《旧约·创世纪》，2：7）

但在人里面有灵，全能者的气使人有聪明。（《旧约·约伯记》，32：8）

尘土仍归于地，灵仍归于赐灵的神。（《旧约·传道书》，12：7）

耶稣大声喊着说："父啊！我将我的灵魂交在你手里。"（《新约·路加福音》，23：46）

"那里有千万的天使……有审判众人的神和被成全之义人的灵魂。"（《新约·希伯来书》，12：22－23）

可见，不论《旧约》或《新约》，都指出这么几点：1. 人在身体之外，有灵魂的存在；2. 身体和灵魂是异质的，身体来自尘土，灵魂来自上帝吹的气；3. 人在死后，两者的去向不同，身体归于尘土，灵魂回归上帝。

（二）三元论

但是，基督教的二元论和西方哲学的二元论并不完全相同。基督教的二元论中蕴含着三元论，即人由身体、灵和魂三者所组成。也就是说：基督教的灵魂又可以分为灵和魂两部分。

《圣经》中也有一些支持三元论的记载，如：

愿赐平安的神亲自使你们全然成圣。又愿你们的灵与魂与身子得蒙保守……（《新约·帖撒罗尼迦前书》，5：23）

神的道是活泼的，是有功效的，比一切两刃的剑更快，甚至魂与灵、骨节与骨髓都能刺入、剖开，连心中的思念和主意都能辨明。（《新约·希伯来书》，4：12）

魂是指人的精神功能，如欲望、情感、意志、理智等。一些低级的魂的功能，动物也有，如欲望、低级的情感等。

人与动物的根本区别在于灵,只有人,才有灵。动物是没有灵的。

所谓"灵",是指人与上帝的关系。人对上帝的信仰就是在灵的范畴之中。

人的灵和圣灵并不是一回事。圣灵是在人内心中的上帝和基督,是和圣父、圣子一体的。人的灵不可能达到这样的高度。但是,人的灵又是可以和圣灵相沟通的。人的灵魂,通过灵而达到圣灵。

(三)一元论

基督教的灵魂观中,还蕴含有一元论。

一元论的观点是:人的身体和灵魂是不可分的。基督的复活,是身体与灵魂的共同复活,并不是只是基督灵魂的复活。

这个观点和西方哲学家的观点是不一致的。从柏拉图到笛卡尔,再到康德,都认为:身体会死亡,而灵魂是不朽的。也就是说,身体和灵魂是可分的。

《圣经》中,有一些记载是支持一元论的,如:

按着定命,人人都有一死,死后且有审判。(《新约·希伯来书》,9:27)

在亚当里众人都死了,照样;在基督里众人也都要复活。(《新约·哥林多前书》,15:22)

基督的复活,在末日审判时众人的复活,都是指完全的人(包括身体和灵魂)的复活。

总之,基督教的灵魂观是一元论、二元论、三元论三者是综合而并存的。当然,二元论还是主体。

由于基督教中二元论是主流性的思想,基督教是承认灵魂不朽的。在人死时,灵魂归于上帝,灵魂会与身体会分离;而在人复活时,灵魂与身体又合为一体。

基督教的灵魂观和它的教义是直接联系的。这里只做介绍,不评论它的合理性或可信性。

3.2 伊斯兰教的基本教义和灵魂观

一、伊斯兰教的诞生与发展

阿拉伯人和犹太人都属于闪米特民族。古老的闪米特民族,分布在阿拉伯半岛以及现在的伊拉克、叙利亚等地。从伊斯兰教的信仰来说,它与犹太教、基督教都是属于闪米特族宗教,都以亚伯拉罕为他们的祖先,都宣称上帝是唯一造物主。

伊斯兰教于7世纪时起源于阿拉伯半岛。"伊斯兰"(Islam)是顺从的意思,其教徒被称为"穆斯林"。在中国,回族信仰伊斯兰教者很多,因此伊斯兰教也被称为"回教"。

7世纪初的阿拉伯半岛,自然条件十分艰苦,主要是游牧经济。游牧部落之间连绵不绝的仇杀和战争,加速了部落宗教的解体。

同时,阿拉伯古典诗歌的普及,使阿拉伯人有了共同的语言,为阿拉伯人的民族意识提供了基础。

当时,拜占庭与波斯两大帝国为争夺商道在该地进行长期战争,使当地经济遭到严重破坏,人民遭受巨大灾难,只能将希望寄托于宗教。

在这样的社会背景下,穆罕默德创建了伊斯兰教。

穆罕默德(Mohammed,570－632),出生于沙特阿拉伯麦加城。12岁时他开始随伯父外出经商,对当时阿拉伯半岛的社会状况及多神教、犹太教和基督教等宗教状况有较深的了解。

25 岁时,他受雇于一位麦加富孀,不久与她结婚。婚后他常到麦加郊区的山洞中静思,思索宇宙的奥秘与人生的价值。

610 年,他宣称在山洞内接到了安拉(上帝)通过天使传达的启示,命令他作为人间的使者,传播伊斯兰教。

穆罕默德从 610 年到 622 年在麦加传教,主要宣传"信主独一"(即只有安拉一个神),反对当地盛行的偶像和多神崇拜。他公开号召麦加居民放弃偶像崇拜,归顺唯一的安拉。他主张限制高利贷、买卖公平、施济平民、善待孤儿、解放奴隶、制止血亲复仇、实现和平与安宁,他的主张吸引了一大批当地人的归顺。

在麦加,信徒们受到当地古莱什贵族的残酷迫害,传教非常艰难。622 年,他毅然决定带领信徒迁移到麦地那(麦加之北)。麦地那人大多是犹太教的信徒。穆罕默德在麦地那与犹太教徒又联合又斗争,强调辅士(当地人)和迁士(迁来的人)的互爱合作。他为了要达到统一阿拉伯半岛的目的,组织了军队,建立武装,经过三次战役,终于取得胜利,建立了政教合一的统一的阿拉伯国家。

伊斯兰教的经典是《古兰经》和《圣训》。前者是安拉降示的经典,后者记载穆罕默德在传播伊斯兰教时阐释教义的言行。

伊斯兰教后来在世界各地得到极大的发展,成为世界主要宗教之一,其教徒人数将近 6 亿。

二、伊斯兰教的基本教义

伊斯兰教和基督教在基本教义上有很大的相似性,但也有它自己的特色。

伊斯兰教的教义体现在它的六大信仰中。六大信仰即:信安拉、信使者、信天使、信经典、信后世、信前定。伊斯兰教还有一些基本的道德准则,现将伊斯兰教的主要信仰和道德要求归纳如下:

(一)安拉是创造并掌握一切的唯一主宰

信仰安拉(即天父或神)是伊斯兰教的核心信仰。穆斯林必须念诵:"除安拉外,别无真主。"(所谓"清真言")经常念诵者,安拉必使他免受火刑,并进天堂。

你当赞颂你至尊主的大名超绝万物。他创造万物,并使各物匀称。他预定万物,而加以引导。(《古兰经》,87:1—3)

伊斯兰教认为安拉普爱众生,对众生慈悯,有完美的德性。穆斯林通过经常祈祷,能获得安拉的喜爱。你何时何地向安拉祈祷,安拉的仁慈便在哪里。

(二)安拉向人间派来许多使者,穆罕默德(穆圣)是安拉派遣的最后一位使者

我曾派许多使者报喜信,传警告。(《古兰经》,4:165)

穆罕默德是真主的使者和众先知的封印。(《古兰经》,33:40)

"封印",似同建筑物的最后一块土坯,意思是最后的使者。

伊斯兰教认为穆罕默德在许多方面优越于其他使者。例如,是穆罕默德(而不是其他使者)接受了来自安拉的《古兰经》;其他使者是向自己的本族传教,而穆罕默德是向全人类宣教。

根据上述伊斯兰的诞生和发展历史来看,穆罕默德不仅是伊斯兰教的创始人,并且是统一的政教合一的阿拉伯半岛国家的创建者。

按伊斯兰教的教义,穆罕默德是后世唯一享有求情权的人类拯救者。每个人的罪行,只有通过穆罕默德,才能向安拉求情,以获得赦免。

伊斯兰教的教义认为:教徒应该热爱穆罕默德,超过热爱自己的孩子、父母亲和任何人。

(三)信仰《古兰经》是安拉降示穆罕默德的经典

安拉降示的经典不止一部,《古兰经》中提到有四部,而《古兰经》是安拉降示于穆罕默德的,是伊斯兰教的根本的、最尊贵的经典。

所谓"降示",就是安拉赐降给穆罕默德的启示。因此《古兰经》就是安拉的意志和语言。

《圣训》中有不少安拉降示情景的描述。穆罕默德接受安拉的降示有多种情况，例如，有时听见铃声；有时穆罕默德低着头，俯首听命；有时穆罕默德满脸汗珠；有时是在梦里等待安拉的降临。

穆罕默德要求信徒们经常诵读《古兰经》，以求获得安拉的恩赐。念好一段，安拉就会增加他一份善功。穆罕默德还要求信徒在诵读《古兰经》时，到一定地方（有 15 处）就要叩头，以宣扬安拉的至高权威。

（四）弃恶扬善是伊斯兰教的主要道德准则

在伊斯兰教的经典《古兰经》中，反复强调的思想是"信主行善"。所谓"信主"，就是要信任真主，热爱真主。所谓"行善"，就是要热爱他人，热爱大众。

伊斯兰教积极提倡仁爱，即对大众的爱。它告诫信徒：对父母要孝敬；对近亲要友善；对邻居要和睦；对贫困人民要富有同情，给予救济；即使对于奴隶和仆人，也要宽厚。

《古兰经》中对于仁爱待人，有许多教导，如："孝敬父母、善待近亲、和睦邻里、怜恤孤儿、救济贫民、款待旅客、宽待奴仆。"（《古兰经》，8：60，29：69）

伊斯兰教要求对于别人的错误，要给予原谅；对别人的恶习，要给以劝导。人与人之间难免会产生分歧，伊斯兰教要求以和睦代替分歧。

《古兰经》中相关的教导是：

你要原谅，要劝导，要避开愚人。（《古兰经》，7：199）

应当以自己的善行对待他人的恶意，以明智宽恕的态度忍受他人的无端伤害。（《古兰经》，11：115，59：9）

三、伊斯兰教和基督教、犹太教的关系

三者都是一神教。其中，犹太教最古老。公元前 20 世纪，亚伯拉罕就打破多神崇拜,只信仰耶和华,创始了犹太教。基督教在公元初年诞生。伊斯兰教在公元 7 世纪诞生。

伊斯兰教和基督教有一些共同的信仰,主要是:

(一)都认为只有一个神,基督教称上帝或耶和华;伊斯兰教称安拉。

(二)认为有世界末日的来临。到时候,死人都会复活,并受到审判,行善者上天堂,作恶者下地狱(或火狱)。

(三)基督教要求信徒爱上帝,爱人如己;伊斯兰教要求信徒信主行善。两者的精神是一致的。

伊斯兰教和基督教主要不同之处主要是:

(一)基督教的经典是《圣经》,伊斯兰教是《古兰经》。

(二)伊斯兰教认为耶稣只是神派来的使者之一,而穆罕默德是安拉派来的最后使者。基督教认为,耶稣是上帝的儿子(圣子),是唯一的救世主,并没有承认穆罕默德。

(三)伊斯兰教不承认耶稣的复活,认为是别人代替耶稣上十字架而死。

另外,犹太教、基督教和伊斯兰教都将耶路撒冷看成自己的圣地。

四、伊斯兰教的生死观与灵魂观

伊斯兰教的生死观和灵魂观有如下要点:

(一)伊斯兰教认为,人的一生有今世和后世两部分。今世是短暂的,后世是长远的、永恒不灭的。今世的行为决定后世的归宿和幸福与否。

(二)后世来临前,人类将面临世界的末日,万物都将毁灭,等待后世的来临。后世来临时,开始另一个世界。所有亡灵都要重新复活,接受安拉的审判和赏罚。今世信道而行善者,后世能进入天堂;今世不信道而作恶者,后世将进入火狱。至于后世来临的时间,没有人知道,只有安拉知道。

(三)关于灵魂,伊斯兰教肯定有灵魂的存在,但认为灵魂是一个深奥的问题。

他们问我灵魂(或译为"精神")是什么? 你说:"灵魂是我主的机密。"(《古兰经》,17：85)

(四)灵魂与人的生死的关系。

尽管伊斯兰教认为只有神知道灵魂的机密,但是伊斯兰教对于灵魂还是有如下的论述:"伊斯兰教认为,人活在世上,是因为人的躯体中有灵魂的存在。当阿兹拉伊勒天使奉安拉之命自人体取走灵魂后,人就死亡。"(《圣训基础简明教程》)

这段论述表明:1.人活着,需要有身体和灵魂的结合。2.人死亡后,灵魂会与身体脱离,而被天使奉安拉之命而取走。其意思是:身体虽死,而灵魂没有死。

(五)人死之后的"过渡阶段"。

伊斯兰教认为,人死之后,在世界末日来临之前,有一个过渡阶段。在这个阶段中,人进入坟墓。对于每个人来说,后世的赏罚就会开始。

在《伊本·哈巴尼圣训集》中,穆罕默德对于过渡阶段有这样的描述:"亡人埋入坟墓后,两位面黑目蓝的天使出现在他的面前,向他提三个问题。如能回答正确,两位天使就把他的坟墓展宽,使坟墓充满阳光,并祝福他睡得像新婚人一样舒适、香甜,直到复活日。而如果回答不正确,坟墓就立即变得黑暗、狭窄,以致把死者的肋骨挤为一团,直到复活日为止。"

上面穆罕默德的话表明:人虽然死了,但是人还是有意识的,他能讲话,能回答问题,并且有对幸福和痛苦的感觉。

应该说,这就是伊斯兰教对于灵魂的认识。也就是说,人死后,即使身体已进入坟墓,人的灵魂还存在,还能与天使对话,还有意识,有感觉。

3.3 佛教的基本教义和灵魂观

一、佛教的诞生、发展与传布

(一)佛教诞生的社会背景

佛教起源于古印度(天竺),公元前 6 世纪,由北天竺的迦毗罗卫国国王的长子乔达摩·悉达多(前 565－前 485)所创立。

佛教产生之前,雅利安人自中亚细亚进入印度河流域,征服了土著民族,创立了种姓制度。种姓制度把人分为四等,掌握祭祀的僧侣为最高的社会阶层,奴隶是最低阶层。非雅利安人受着残酷的阶级压迫和民族压迫。这种不平等的种姓制度,导致社会动荡,生产力下降,人民得不到温饱和安定。痛苦和无望成为当时普遍的社会情绪。

(二)释迦创建佛教

悉达多,生活年代大致与我国的孔子相同。因他是释迦族人,所以后来他的弟子又尊称他为释迦牟尼,意思为释迦的圣人。释迦牟尼简称释迦。

悉达多见到人间生、老、病、死的痛苦,非常同情,他不愿继承王位,而要出家寻道。他的父亲是国王净饭王,知道悉达多要出家的心愿后,大为吃惊。国王为他娶了妃子,还生了儿子,想尽方法让他在宫中享乐,但都没有能改变他的主意。悉达多在 19 岁时,决定出家修道。

他闭居山林静坐。经过几年的冥思苦想,一天他坐在一棵菩提树下,终于悟出了解脱苦难之道,得到了"正觉"。

所谓"正觉",主要是对以下两个问题,求得了答案:

1. 人的生、老、病、死的一切痛苦,都是从烦恼而来,而烦恼来自"无明",即不明白真正的道理。

2. 怎样能解脱"无明"呢? 要靠内心思维的禅悟。

释迦得到了"正觉",就知道众生都是平等的,应该破除种姓制度。他看到众生被"无明"所迷,沉沦于生死苦海之中,因此他决心要超度众生。

这就是他所宣告的信念。后来他到中天竺各地传布他的信念,组成僧侣集团,逐渐形成了佛教。因为他要普度众生,上自国王,下至乞丐、妓女,只要诚心接受他的信念的,愿意出家修道的,他都收为弟子。他的弟子数目非常多。男子出家叫"比丘",女的叫"比丘尼"。不出家而信奉佛教的,男的叫"优婆塞"(清信男),女的叫"优婆夷"(清信女)。

(三)佛教的发展与三藏的形成

释迦 80 岁灭度(去世)时,佛教在印度社会上已经有了相当大的影响。释迦灭度后,有阿育王等国王的提倡保护,又有马鸣、龙树、无著、世亲等高僧的积极传教,佛教不仅普及全印度,还推行到亚洲许多国家,包括中国。

释迦在世时,亲自指导信徒,说过许多话,但没有形成文字。释迦灭度后,大迦叶代替释迦统率信徒,为了要将释迦的遗教写成经典,永远作为教徒的行为指导,他召集了 500 名学德兼高的比丘,从事第一次结集。释迦灭度 100 多年后,有第二次结集;200 多年后,阿育王发起第三次结集。至此,佛教的"三藏"(经藏、律藏、论藏)得到完备。2世纪时,在迦腻色迦王主持下,有第四次结集,以解释三藏为主。每次结集的目的都是讨论、整理和解释佛教经典。

(四)佛教的小乘与大乘

释迦灭度一百年后,佛教分出保守和进取两派。保守派叫上座部;进取派叫大众部。4 世纪时进取派树立起"大乘教"的旗帜。保守派就被称为"小乘教"。"乘"是运载的意思。大乘教和小乘教的主要区别是:小乘教着重于超脱自己的生死之苦;大乘教则要求普度众生,达到自利和利他的结合。

(五)佛教的衰退与东传

佛教在 7 世纪时在印度达到顶峰,8 世纪后逐渐衰退。衰退的主要原因是婆罗门教的兴起。婆罗门教是印度最古老的宗教,一度被佛教压倒。后来该教出现了一个杰出人物——商羯罗阿阇梨,他用古代印度哲学来阐述婆罗门教的教义,又吸收了佛教的哲理。他游历四方,派弟子到全印度传教,而佛教当时没有杰出人物与他抗争。12 世纪时伊斯兰教又侵入印度,佛教受打击更大,从此在印度失势。

虽然佛教在印度本土失势,却在亚洲其他国家如锡兰、缅甸、爪哇(今印尼)、暹罗(今泰国)、安南(今越南)、中国、日本、朝鲜等地得到极大的发展。

(六)佛教传入中国

佛教在东汉明帝(公元初)传入中国。明帝派蔡愔等到天竺(即印度)请来两位高僧:摩腾、竺法兰,在洛阳建寺安置,但影响不大。到汉末桓帝时,安世高、支娄迦谶来中国,他们会汉语,翻译出多本佛教经典。安世高译出的大多是小乘佛经;支娄迦谶译的是大乘佛经。此后佛教在中国才有一定地位。

南北朝时,鸠摩罗什来到长安。他是一个天才,精通梵文和汉语,翻译出 300 多部经典,都是大乘教的。南方有高僧慧远,译出著名的《华严经》。

唐代对佛教传入中国贡献最大的是玄奘,他 13 岁出家,深通三藏。他看到佛经中有许多隐晦难懂的内容,决心亲往印度。他在印度留学 17 年,经历 110 国,将 657 部经典带到中国。在后来的几十年中,他陆续翻译出 76 部,共 1347 卷。

到宋代,佛经翻译已经完备,译经事业就终止了。

佛教各宗派都可以归于有宗和空宗两大部。龙树(2世纪)倡导的是空部,空部的观点是:世界的各种现象,都是虚妄的幻想,实际并不存在。

无著、世亲(4世纪)倡导的是有部,有部的观点是:世界的现象虽是妄想所生,但如能扫除妄想,真实(真如)就能显现出来。藏识(阿赖耶识)是心的根本,既表现人的身心,又表现出山河大地。

佛经进入中国后,形成许多宗派。属于空部的有:成实宗、禅宗、三论宗、天台宗;属于有部的有:俱舍宗、净土宗、法相宗、华严宗、密宗。

其中,禅宗最有中国佛教的特色。唐代高僧慧能是中国禅宗的开创者。他并不认为静坐敛心才算是禅,他提出在一切行、住、坐、卧时,都能体会禅的境界。

二、佛经的基本教义

(一)四谛

四谛就是:苦、集、灭、道。

1.苦谛:佛教的诞生是因为人受生老病死之苦。生老病死之苦就是苦谛。

2.集谛:是生老病死之苦的总的原因。其原因是惑和业。

什么是惑? 惑就是烦恼,就是:贪、嗔、痴。贪就是贪欲。嗔就是贪欲不能满足时的嗔怒。痴就是自寻烦恼的愚痴。

什么是业? 人有三业:身、口、意。人有贪得财货的意图,就是意业。为了这种意图,出口求人,就是口业。如果得不到手,就要有行动,或偷或骗或抢,这就是身业。

所有的惑和业集合在一起,就是集谛。

3.灭谛:就是要灭却苦谛和集谛,而达到涅槃。

4.道谛:就是要通过修道,达到灭谛的目的。

道有八种:①正见;②正思维;③正语;④正业;⑤正命;⑥正精进;⑦正念;⑧正定。

总的意思是:要明白四谛的真理(正见);要有正当的思维(正思维);不要妄言恶语(正语);要有正当的职业(正命);勤奋修道,努力前进(正精进);不起邪念(正念);禅定修道(正定)。

(二)十二因缘

十二因缘实际上是佛教的世界观和人生观,佛教用十二因缘来解释世界上各种事物和现象,也解释人的过去、现在和未来。

佛教的观点是:世界上一切事物和现象都是由内因和外缘而形成。并没有创建世界的主宰(上帝),也没有永远不变的本体。因缘在,事物就生;因缘灭,事物就灭。

十二因缘是:①无明;②行;③识;④名色;⑤六人;⑥触;⑦受;⑧爱;⑨取;⑩有;⑪生;⑫老死。

1.无明:就是烦恼。

2.行:就是身、口、意的作业。

3.识:就是人的心,或人的灵魂。当人的肉体去世,人的识是不灭的,会去转世投胎。

4.名色:名指心,色指身体。名色是指人在投胎后,身和心刚开始发育时的状态。

5.六人:眼、耳、鼻、舌、身、意的六根;是指胎儿尚未发育完全时的感觉系统。

6.触:感觉。指胎儿两三岁之前。

7.受:指从 4、5 岁到 15 岁的时候,以接受为主。

8.爱:从 12 岁到 17 岁时,人开始贪恋财色。

9.取:成人之后,人要有所取得,以满足自己的贪恋。

10.有:今世的造业,来世必然会有苦果。

11. 生：来世的投胎而生。

12. 老死：来世既然有生，又必然会老死。

总之，十二因缘总结了人的过去、现在和未来；人的往世、今世和来世。

无明和行，是过去的二因。

识、名色、六入、触、受，是现在的五果。

受、取、有，是现在的三因。

生、老死，是未来的二果。

(三)六度

六度是佛教的修道方法(法门)。通过这六个法门，可以从生死大海的此岸，渡到涅槃的彼岸。

六度是：

布施：财施，以衣服事物布施他人。法施，向他人传布法门。

持戒：佛教五戒包括不杀、不盗、不淫、不妄语、不饮酒。

忍辱：对他人的恭敬和辱骂都不动心，对自然灾害能忍受。

精进：勤奋诵经，勤行善事。

禅定：扫除杂念，专注正心。

般若：般若的意思是智慧，即求得智慧和正觉。

凡修得六度的就能达到涅槃，就叫菩萨。

三、佛经的灵魂观

根据上述佛教的发展历史和不同宗派，可以对佛教的灵魂观有如下的认识：

(一)原始佛教的灵魂观

人死后会轮回转世的思想，并不是佛教所特有的。凡是印度系统的宗教——印度教、佛教、耆那教、锡克教等都有生死轮回的思想。印度地处热带，天气炎热，疾病繁多，谋生困难，加上种姓制度，处在最底层的贫民和奴隶，生活非常艰苦，往往感到生不如死。因此他们向往死后能转世到富贵人家，或者不再做人，以摆脱人生的痛苦。这就是轮回转世思想产生的社会背景。

释迦牟尼同情广大贫民，他修道十多年，所得到的"正觉"，就是：世界的一切都是虚妄的，是人的幻想。人的"无明"，就是人不认识世界的虚妄性。人一旦认识到世界的虚妄性，就能达到不生、不死的涅槃。但是，在佛教中，只有佛和菩萨能达到涅槃的境地。对于一般信徒或人民来说，还是生活在十二因缘之中。人的往世决定今世，今世决定来世。释迦牟尼认为，往世、今世和来世，都是因缘关系。他并不承认有灵魂的存在。

（二）小乘佛教的灵魂观

小乘佛教中，有一些宗派是相信"断灭论"的。他们认为生命就是肉体，肉体结束了生命也就结束。也有一些宗派相信十二因缘，认为人因为"无明"，才有生死问题，如果除去"无明"，就超脱了生和死。因此，小乘佛教中也没有灵魂的概念。

（三）大乘佛教的灵魂观

大乘佛教来自佛教中的进取派或大众部。大乘佛教采纳了婆罗门教的为大众所接受的一些信念，承认轮回转世的思想。

他们认为，十二因缘中的"识"，特别是"藏识"，是一切意识的仓库，是万物的种子。因此，"识"就有人的灵魂的含义。

大乘佛教承认转世。它认为人的业力是不会消失的，会在这个生命或其他生命中传承。它认为，人在死亡时刻的思念特别重要，会影响转世的方向和轮回的目标。人在生命结束时，有三种引力：

一是"随重"。佛教有"六道轮回"的学说。认为宇宙间有六条道路：天道、阿修罗道（阿修罗是好人，但狂傲易怒）、饿鬼道、人道（人间道）、傍生道（畜生道）、地狱道。

人的一生中,如果善业比恶业重,便会生善道;如果善道中天业比人业重,便会进入天道,即可以上西天;而进入人道者,可以转世为人,而得到善报;如果人的一生中,恶业比善业重,便会进恶道,即进入地狱道或傍生道(转世为其他生物)。

二是"随习"。人的一生中虽然未作大善,却也没有大恶,而有某种习性者,在生命终止后,会随着这种习性而投生到特定处所。因此,经常念颂佛经者会有好的来世。

三是"随念",临终时的心念会决定来世的去处。因此临终时家属或和尚念诵佛经,会使他有好的转世。

(四)中国佛教的"六道轮回"说与"神不灭"论

华人佛教徒普遍地接受灵魂观念和六道轮回说。

中国当代著名的星云法师认为,世间万物都离不开轮回,宇宙星球的运转、四季的更替、昼夜的推移以及过去、现在、未来的流转,都是轮回。他是这样解释人的生死的:人死后,有形的躯体转化为无形的道心真性,可以自由自在地飞行,可以穿越三界时空。他的观点实际上承认了灵魂。

中国佛教徒一般都相信"六道轮回"的学说。所谓"六道轮回",就是指人死后的灵魂,会寄生到新的生命体中,依次巡经六道。佛教徒们相信:除了佛和菩萨外,一切众生都不能逃出轮回的命运。人死后49天内,灵魂会根据生前的业力(所作所为),决定轮回的去向。善行特别多,并得道的人,灵魂会走向天道;善行多的,会继续投胎做人;作恶多的人,灵魂会投胎为饿鬼、牲畜,或走向地狱。

佛教在印度的对手是婆罗门教。婆罗门教的特征是有神论,强调死后灵魂的存在。印度佛教的小乘或空部一般不承认灵魂。

但佛教传到中国后,情况很不一样。佛教的主要对手是儒家,而儒家基本上是无神论,特别关注今世而不关注来世。要在中国扎根,佛教必须要有自己的特色,为了争取信徒,佛教强调"神不灭论",强调灵魂的存在。

本书在第二篇第三章中介绍过中国南北朝时期的高僧慧远的"神不灭"论。

慧远说："神也者，圆应无生，妙尽无名，感物而动，假数而行。感物而非物，故物化而不灭；假数而非数，故数尽而不穷。"(《沙门不敬王者论》)

慧远将灵魂(神)的特点讲得很深刻。灵魂(精神)与身体是根本不同的。灵魂(精神)能支配身体各种活动，但它本身并不是身体；因此，当身体死亡时，灵魂(精神)是不灭的。

慧远用火和柴薪的关系来说明灵魂和身体的关系。如果以柴薪作为身体，以火作为灵魂，那么，火在薪与薪之间是可以传送的，因此，火并不随着薪而消亡。灵魂(精神)在人与人之间也是能传递的，灵魂也不会随着某人的死亡而消亡。

慧远关于"神不灭"的论述，达到了相当高的水平。尽管后来有范缜"神灭论"的有力争辩，但是，慧远的论述随着佛教的传播而深入人心，以致后来的儒家，如南宋的朱熹，也承认灵魂的存在。

3.4 道教的基本教义和灵魂观

一、道教的诞生与发展

道教是真正起源于中国本土的宗教。道教在中国文化中有相当重要的影响,鲁迅说过:"中国的根底全在道教。"

中国道教形成于公元2世纪的东汉末年,道教创立的标志是张道陵在四川创立"五斗米道"和张角等在中原创立"太平道"。

汉代到2世纪时走向衰败。驻守各地的将领们相互争战,天下大乱,水旱灾害不断,土地荒芜,饥民遍野。全国许多地方发生水灾和蝗灾,使几十万户农民倾家荡产。这种状况使得社会矛盾极为尖锐,农民起义长年不断。

农民起义需要有信仰的号召。这一时期,民间流传着一部《太平经》,它宣扬一个人人平等的"太平盛世"即将到来。最早出现的《太平经》,由齐国人甘忠可编撰。该书预言:汉王朝即将灭亡,一个太平的社会,将要兴起。甘忠可因此被官府逮捕入狱。到了东汉末年,一部名为《太平清领书》的书(也称《太平经》)在民间出现。《太平清领书》继承了老子《道德经》的学说,认为"道"是宇宙的本原。它宣扬"天人合一",认为人的生、老、病、死,都同天体的变化相通。它宣扬人可以长生不死,得道成仙,并提出了一套修炼方法。《太平经》基本上构成后来道教的信仰体系。

魏晋南北朝时,道教走向成熟,出现几位著名的道教领袖人物,有葛洪、寇谦之、陆修静、陶弘景等。

146

葛洪是东晋时的道教思想家,江苏句容人。他博学儒家著作,并有战功,但他在官场上深感世态炎凉,难尽抱负,决心去炼丹,寻求长生之道。他一生著作甚多,著名的有《抱朴子内篇》、《抱朴子外篇》等。葛洪提出了长生不死的论证和方法。他的主要方法是:内修外养。所谓内修(也称内丹),就是要清心寡欲,修炼元气。所谓外养,就是要服用丹药(也称外丹),包括丹砂、黄金、白银等。现代化学告诉我们,丹砂就是硫化汞。

陆修静,江苏吴郡人,是南朝刘宋时期的道教思想家。他的主要贡献是对道教经典的整理汇总。他将以《上清经》、《灵宝经》和《三皇经》为代表的道教各派整合成统一的新道教,称为"三洞"。《上清经》为"洞真",地位最高;次为《灵宝经》,为"洞玄";再次为《三皇经》,为"洞神"。

陶弘景是南朝齐、梁时期的道教思想家,丹阳秣陵(现在的南京)人。他隐居在句容茅山,创立了道教的茅山宗,成为南朝道教的代表人物。他的著作有《真诰》等。

但南北朝时,佛教的势力大大超过了道教。

到了隋唐时期,统治者对道教的重视超过佛教,特别是唐代,皇帝姓李,自称是老子的后代,道教就成为钦定的宗教。唐玄宗时,对道教的重视达到顶峰。玄宗要求每户必备《道德经》,自己每晚都要礼拜老子。中唐以后,道教的影响逐渐下降。唐代道教的著名人物有孙思邈,他在医学和养生方面成就很高。

宋代国力衰弱,皇帝希望借助道教来巩固皇权。真宗、徽宗都搞大规模的崇道活动。皇帝看中的主要是道教的祈福禳灾、除妖驱邪的功能;因此,道教中的符箓派得以发展。符箓派道教主要有:正一道(在龙虎山)、上清派(在茅山)、灵宝派(在阁皂山)。

北宋末期,王喆创立全真道,教风简朴刻苦,宣扬三教(道、佛、儒)合一。全真道全盛时期的著名道教思想家是丘处机。元代统一中国后,全真道传遍大江南北。全真道是主张内修的,要求"明心见性",认为人心具有"真性"(元神、元性),是不生不灭的。"全真"就有保全"真性"的含义。

明代皇帝重视正一道的祈福禳灾、除妖驱邪的功能,而对全真道不重视。明代皇帝相信外丹,有好几个皇帝服用丹药而死。明代对道教的一大贡献是编修了《正统道藏》,共1500种道书。

清代皇帝对道教采取严厉政策,道教走向衰落。

道教的主要经典是:《道德经》、《南华经》、《黄庭经》、《清静经》、《玉皇经》、《三官经》等。

二、道教的基本教义

(一)道教以《道德经》为最高经典

道教以"道"为教名,以老子的《道德经》为最高经典,认为道创生了天地世界,道是"先天地生","可以为天下母"。(《道德经》)

《清静经》说:"大道无形,生育天地;大道无情,运行日月;大道无名,长养万物。"完全是继承《道德经》的思想。这个"道"也称"玄道",又称"无上正真大道",是天地万物的本原、总体,也就是宇宙生成和社会演化的最高规律。

《道德经》中说:"道生之,而德畜之","是以万物尊道而贵德"。

因此,道教对于"德"也十分重视。道教提出:"以德养生"。道教经典《墉城集仙录》中说:"长生之本,惟善为基。"认为做善事是长生的根本。

道教要求信徒效法"天道",体会天地自然的规律,去除私欲、摒除杂念,淡泊宁静,滋养生息;多做善事,以德养生,以成就完整的人生。

(二)道教的长生不死与形神并重

道教早期的《太平经》中，就有"长生不死"的内容。东晋葛洪对于"长生不死"提出详尽的论证，并且提出完整的方法，即内修外养。内修就是要休养身心；外养就是要服用丹药。从此，"长生不死"成为道教最吸引人的教义。从皇帝到大众，他们信仰道教，就是为了追求"长生不死"。

但是，丹药的方法久试不灵。历代因服用丹药而死亡的不少，因此五代之后，"外养"的学说已经消退。

如果排除不合理的丹药方法，道教的长生不死的教义包含着一种以生为乐、贵生恶死的积极人生观。

葛洪在《抱朴子内篇·黄白篇》说："我命在我不在天。"意思是：生命的存亡，年寿的长短，决定于人的自我保护和自我修养，而不决定于天命。

道教主张的养生活动是：形神并重、性命双修（"性"是精神或心灵，"命"是身体），强调身体健康与道德修养双重，将心理修养和生理健康相结合，将德行和长寿相结合，这在各种宗教中是很有特色的。

(三)道教的得道成仙与仙境信仰

道教在五代之后，修道成仙的学说得到流行。人成神仙，进入仙境是道教的最高理想。这个问题在下一节中再谈。

(四)道教的善恶报应

善恶报应的思想，在早期道教经典中已阐述详明。

《太平经》中说："负者，乃先人负于后生者也。"意思是：前人的过失，将由后人承受过责；祸福的根源，循环不已。因此，今世积善成仁，后代子孙必能享受万福；今世为非作恶，后代必会遭受因果报应之苦。

道教对于善恶问题特别重视。《太上感应篇》中说："其有曾行恶事，后自改悔。诸恶莫作，众善奉行。久久必获吉庆，所谓转祸为福也。"

　　"诸恶莫作,众善奉行"是道教的基本教义。即使做了恶事,如果能够改悔,也能转祸为福,而长久地坚持做善事,必能得到吉庆。

　　这种善恶报应的观念在后来的很多道教经典中广泛地传播和发扬。道教的许多戒规,也是教导信徒们要多做善事,以为后人结福。

　　这里值得注意的是:道教强调前人和后人的善恶报应,而不只是强调每个人生前行为和身后灵魂的善恶报应。这与道教吸取了儒家祖先崇拜的思想有关。

　　(五)道教的"道法自然"

　　《道德经》说:"人法地,地法天,天法道,道法自然。"

　　"道法自然"的意思是:道是宇宙的最高法则,而道的形成,又是来自大自然。大自然是宇宙的永恒存在,而道就是大自然的内在本质或基本运行规则。

　　道教遵循"道法自然"的思想,因此,道教是热爱自然的。

　　道教经典《度人经》说"仙道贵生",意思就是:道教重视一切生命,尊重一切生命。历代道教都在这方面做出努力,形成了许多名观胜境,如道教著名的十大洞天、五岳仙境等。山东青岛的崂山、湖北的武当山、江西的三清山、四川鹤鸣山和青城山等,都是道教的著名胜地。到这些胜地去游览,你不能不感叹道教对于祖国山河保护之功绩,同时也能领悟到道教的伟大的对自然之爱。

　　对于自然生态环境的爱惜和保护,是道教的特色。

　　(六)道教是多神教,有复杂的多神系统

　　基督教和伊斯兰教是一神教,佛经可以认为是无神教(佛教的佛,是觉悟最高者,并不是创世者),而道教是多神教。

　　在道教早期经典《太平经》中,就有神仙的等级:"一为神人;二为真人;三为仙人;四为道人。"这里的道人是末等神仙。

　　南北朝时期的陶弘景写出《真灵位业图》,为道教建造了一个颇为复杂的神仙系统,共分七层。第一层是元始天尊,是最高层,位其左右有 29 名;第二层是玉晨玄皇大道君,左右有 104 名;第三层是金阙帝君,左右有 84 名;其余从略。在唐代,老子是道教的最高神。宋代以后则把玉皇大帝尊为道教最高神。

中国有许多民间信仰,如信仰天妃妈祖、关公、城隍神、土地神、财神、灶神等,它们的性质和信仰都和道教相似,都属于中国的多神信仰。

三、道教的灵魂观与仙境信仰

(一)《道德经》的生死观与永恒观

《道德经》中说:"有物混成,先天地生。寂兮寥兮,独立而不改,周行而不殆,可以为天下母。吾不知其名,强字之曰道,强为之名曰大。"老子讲的道,是宇宙的本体与规律。道是永远运行而永恒的(周行而不殆)。

《道德经》又说:"万物芸芸,各复归其根。"人当然是属于万物的,人最终也要回归自己的根本。意思是:人会回归到道,而走向永恒。

这是道家哲学的思想。老子和庄子对生死问题都看得很超脱。庄子在他妻子去世时"鼓盆而歌",认为他妻子从自然来,回归自然而去,是应该高兴的事。

唐代之前的道教追求长生不死,与道教哲学家的超脱生死的观念是不一样的。五代之后,道教要求淡泊宁静,以德养生,与道教哲学的思想殊途同归。

(二)道教的长生不死

怎样来看待道教追求长生不死的理念?

长生不死当然是不可能的。唐代之前的道教,用外丹(服用丹药)的方法希求长生不死,其失败是必然的。

但是，长生不死包含着人追求永恒的理念，这是人类的一种普遍性的心念，是东西方许多哲学家和宗教家共同探讨和寻求的问题。

基督教的天堂、佛教的涅槃、儒家的祖先崇拜、柏拉图的灵魂不朽，都是对永恒问题的回答。

因此，对道教的"长生不死"的理念，不必看成是完全的迷信或无知。它启示我们怎样来思考人们所普遍向往的永恒问题，也包括人的灵魂不朽的问题。

五代之后，道教着重于提倡用内修（修养身心）的方法，追求长寿。笔者认为这是一种积极的人生观，即使在当代的现代化社会，仍然有它的积极意义。

（三）道教的"精、气、神"

"精、气、神"是道教内修的术语，也称"形、气、神"。

"精（形）"的含义是健康的、有精神的身体。"气"是指运行于身体之中，沟通身体与自然之间的气体。"神"是指人的意识或灵魂。

道教认为，人的生命就是由"精、气、神"的三元结构所构成。道教要求人们"炼形，行气，存神"。

北宋末期创建的道教全真教，不提倡外丹，主张内修，要求信徒们"形神并重、性命双修"，就是要求"精、气、神"的共同修养的。

道教要求"性命双修"，道经中说："性者，神也；命者，气也。"性功在于清心、清静；命功在于调息、练气。心性修炼要达到人与道合一的本体状态，达到心中清静无为，就是功成。

也就是说，道教的修炼方法的重点是：通过专心的呼吸（调息练气），以达到心境的清静平和，从而使自己与道（大自然）合为一体，以达到生命的永恒。

道教的"神"有人的心灵和灵魂的含义。道教的"性命双修"，是通过身体中气息的调理，而达到心灵和灵魂的永恒。

这是一种独特的灵魂观。

(四)道教的"死后成仙"与仙境信仰

在道教用外丹实现长生不死的愿望屡遭失败后,"死后成仙"的理念在道教之中更受重视。

"死后成仙"实际上是道教早期就有的信念。

葛洪在《抱朴子内篇》中说:"上士举形升虚,谓之天仙;中士游于名山,谓之地仙;下士先死后蜕,谓之尸解仙。"

意思是:高级的人士可以直接上天成仙,称为"天仙";中级人士可以游览名山,成为"地仙";一般人士死后,尸体会化解而成仙,称为"尸解仙"。

总的来讲,所有人都有可能成仙,而进入仙境。

世界上存在着仙境,这是中国人一个很古老的信念。仙境信仰和长生不死的信念是联系在一起的。在仙境中,人就可以长生不死。燕昭王、秦始皇、汉武帝都以很大努力,派专人去寻找仙境。

但是道教创立之前的仙境信仰缺少学理依据,儒家是不讲仙境信仰的,佛教对于西天的描述也不具体。是道教,将仙境信仰作为自己教义的一个重要组成部分。

尸解仙是道教早期的一种普遍信仰,认为人死后,尸体会得到化解,而人会成仙而去。

可以认为,道教对尸解仙有两种解释。

一是承认人在死后,只留下某个物件,而身体可以复活。这样的信念与基督教的复活信念比较近似。但是它没有提到要到世界末日,经过最后的审判而复活。这又是与基督教有区别的地方。

尸解仙的另一种解释是:人的身体虽然死了,已死的身体还在(人形犹存);但灵魂没有死,灵魂可以离开身体(从旁出者),成为神仙而走向仙境。

不论是天仙、地仙或尸解仙,成仙之后,都会走向仙境。而道教的仙境信仰的独特之处是:仙境并不是在天上,而是在人间,在现实的世界中。

葛洪在《抱朴子内篇》中说:"合丹当于名山之中,无人之地,结伴不过三人,先斋百日,沐浴五香……成则可以举家皆仙,不但一身耳。"

这段话说明,道教的仙境是在名山之中,而不是在天上。他明确地说:在山中,一家都能成仙。

如青岛的崂山、湖北的武当山、江西的三清山、四川的鹤鸣山和青城山等,就是道教在人间所建造的五岳仙境。

仙境就在人间,而不是在遥不可及的天堂或西天,这是道教有别于基督教和佛经的独特理念。在本书建立的理性天堂观中将要引用这种思想。

第四篇 科学的理性信仰

本篇将在综述前三篇关于西方哲学、中国哲学与主要宗教的灵魂观的基础上，全面地介绍建立在科学和理性基础之上的"科学的理性信仰"，并提出：科学的理性上帝观、灵魂观和天堂观，重点是理性的灵魂观。

4.1 科学、哲学和宗教的关系

在阐明本书所介绍的科学的理性信仰之前，有必要澄清一些基本关系：哲学与科学的关系、哲学和科学与宗教的关系、理性和信仰的关系、宗教理性信仰和科学理性信仰的关系等。

一、哲学与科学

著名哲学家文德尔班(1848－1915)在他的《哲学史教程》中说："所谓哲学，按照现在习惯的理解，是对于宇宙观和人生观一般问题的论述。"

著名哲学家罗素(1872－1970)在他的《西方哲学史》中说："我们所说的哲学的人生观与世界观乃是两种因素的产物。"他说的两种因素是：宗教伦理与科学。

从这两位哲学家的论述中,可以认为,哲学就是研究人的世界观与人生观的学问。

《辞海》中对于科学的解释是:"科学是关于自然、社会和思维的知识体系;是实践经验的结晶;每一门科学通常只研究客观世界的某一种运动形式。"

因此,哲学与科学是两个既有联系又有区别的不同的学术领域。

哲学和科学的区别主要是在以下几个方面:

(一)哲学研究总体,科学研究局部。

哲学的基本内容是:本体论、认识论和价值论。本体论研究的是世界的本体或本原(世界是什么);认识论研究的是人类认识世界的根本方法(人怎样认识世界);价值论研究的是人生与社会的价值或意义(人应该做什么)。

这几个都是人的世界观与人生观中的根本性问题,没有任何一门科学(不论是自然科学或社会科学)能回答这些问题,只能由哲学来回答。

每一门科学只研究某一个具体领域中的问题。

(二)科学和哲学采用的方法是不同的。

由于科学的研究对象是具体领域的客观规律,它采用的主要方法是实验、观察、调查,加上逻辑推理。哲学的研究对象是世界与人生的根本性和总体性问题,它无法采用实验、观察、调查等方法,它的主要方法只能是经验的总结归纳、逻辑推理,加上人的理性思维。

(三)哲学研究无法得到人们的共识,科学研究是可以得到人们的共识的。

由于世界的根本性、总体性问题以及人生观问题是无法用实验来验证,也无法只依靠局部的观察、调查事实来验证,因此,不同的人必然会有不同的世界观、人生观或哲学思想。不能要求世界上所有的人都接受某一种哲学思想(不论是马克思的哲学或杜威的哲学)。

科学(特别是自然科学)的原理或知识是可以用实验来验证的,或者用该领域的大量观察或调查事实来验证。因此,经过反复验证的科学原理或知识,例如牛顿和爱因斯坦的物理学或达尔文的进化论,世界上几乎所有的人都能接受。

这些都是哲学与科学的不同之处。

哲学和科学又有相同之处,它们都是以客观经验为基础的;它们都需要依靠人类的理性思维;它们的基本方法都是经验归纳和逻辑推理。总之,它们都是理性的学问,而不是信仰。

虽然在哲学思想上,人们难以取得共识。但是并不能说哲学中没有是非之分。随着科学和哲学本身的进步和人类社会的推进,哲学的不同学说会逐渐地显示出合理与不合理之分,会逐渐地取得共识。

二、科学、哲学与宗教信仰

科学与哲学所要回答的问题,虽然范围大小不同,但基本上都是有经验基础的;科学与哲学所采用的方法都是经验归纳、逻辑推理和理性思维。

而宗教则不同,宗教所要回答的问题是超越经验的,例如上帝的存在、灵魂的不朽、天堂的有无等。这些都是属于"信仰"的问题。宗教的方法不是依靠理性,而是依靠信仰。信仰是不可能也不需要经过经验归纳和逻辑推理的。

宗教认识世界的方法是"以信求知"。"以信求知"的意思是:从信仰来得到知识。这是中世纪基督教哲学家奥古斯丁提出的认识方法,被基督教徒普遍接受。根据"以信求知"的方法,基督教信徒们的信仰是:上帝创造了天地万物,也创造了人。这样的信仰就成为他们的知识。

康德在他的《纯粹理性批判》一书中的《先验分析论》篇中,谈的是"知性"问题,即"自然科学是怎样可能的?"这个问题。在《先验辩证论》一篇中,谈的是"理性"问题。他在这里讲的"理性"(和一般的理性概念不同)就是指超越经验的问题。他提出的三个问题是:灵魂问题、世界的绝对知识、上帝问题。他要回答的是"形而上学是怎样可能的"这个问题。

康德详尽分析后的结论是:应用知性方法,或逻辑推理方法,都不能回答这几个"理性"问题。

事实上,康德所讲的"理性"问题,之所以用知性方法不能回答,就是因为它们都是超越经验的问题,都是属于信仰的问题。

但是,要求回答这类超越经验的问题(上帝、灵魂、天堂等),却是人类的本性。自古至今,人类始终都在寻求这些超越经验性问题的答案。既然知性(科学)不能回答,哲学也不能回答,人类只能在宗教中,依靠信仰而得到回答。

这也是从古至今,宗教始终存在的原因。

可是,随着科学的进步和教育(教育以传授科学知识为主)的普及,越来越多的人对于宗教的神谕产生怀疑。这样就形成了人类的信仰危机。这个问题到今天还没有得到完善的解决。

三、科学形而上学和哲学信仰

怎样用理性(或理智)方法来回答这几个超越经验的问题,如上帝、灵魂、天堂等,是若干近代和现代哲学家苦心探索的课题。

(一)康德的"科学形而上学"

近代哲学家中,康德对这个问题非常关注。他在 1781 年完成《纯粹理性批判》后,于 1783 年又写出《任何一种能够作为科学出现的未来形而上学导论》(以下简称《导论》),对于"科学的形而上学是怎样可能的?"这个问题,作了进一步的阐述。康德这里讲的"形而上学",就是指他所谓的"理性"问题,即上帝、灵魂、世界绝对知识等。

他的主要结论是：

1.尽管在他的时代,还不能产生"科学的形而上学",但他认为不能"一劳永逸地放弃形而上学研究"。他说:"这是一种因噎废食的办法。"

2.他认为形而上学是始终需要的。因为"每个人,尤其是每个善于思考的人都要有形而上学"。

3.但是,他指出:"这门科学还不存在。"(以上均引自《导论》)

也就是说,康德认为,用科学的方法研究这些超越经验问题的形而上学,是每个人都需要的。但是,到康德的时代,这样的科学形而上学还不存在。

4."理性"是知性的统一性。

康德在《纯粹理性批判》中说:"理性概念不会局限于经验之内,因为它涉及的那种知识,任何经验性的知识,都只是它的一部分。理性概念用来统握,正如知性概念用来理解。"

康德在《导论》中说:"这种知识的一个整体得出理念是唯一能够给予这种知识一种特殊种类的统一性,即一个体系的统一性的;没有这种统一性,我们的知识就是支离破碎的。"

这两段话相当重要,它们的意思是:"知性"来自局部性的经验,而"理性"是所有知性知识的统一性,也是一切经验的统一性。

总之,康德是认为,虽然科学的形而上学("理性")在他的时代还不存在,但是达到"理性"的方法是明确的,就是要实现一切知性(经验)的统一性。

(二)雅斯贝尔斯的"哲学信仰"

康德提出的这个问题,到 20 世纪时有重要的进展。德国哲学家雅斯贝尔斯(1883—1969)提出了"哲学信仰"的思想。

关于雅斯贝尔斯和他的哲学信仰,在本书的第一篇第四章中已有介绍。这里只想指出他的主要思想。

雅斯贝尔斯深刻地指出哲学、科学与宗教的关系。他认为,科学只能研究局部性的问题,而无法研究世界的整体性的存在。宗教和哲学可以提供人类所需要的整体性或根本性问题的认识。这些认识不能依靠科学证明,而需要有信仰。在宗教信仰和哲学信仰二者之中,哲学信仰是理性的思维,更容易为具有科学思想的人们所接受。

如果我们比较康德的思想(科学形而上学)和雅斯贝尔斯的思想(哲学信仰),我们会看出它们的相同之处是:它们都要求用理性(理智)的方法来认识信仰问题(上帝、灵魂、天堂等)。它们的不同之处是:康德要求的是科学信仰,而雅斯贝尔斯要求的是哲学信仰。

如果真能有科学信仰,当然是最符合人类需要的。但是在康德的时代,没有出现这种科学信仰。

所谓信仰,从其对象来说,就是指人类的超越性的追求(上帝、灵魂、天堂等)。这些都是关系到世界的总体和人的本性的问题,是科学无法研究也无法解决的。雅斯贝尔斯认为,哲学是可以研究并解决这些问题的。这就是"哲学信仰"。

雅斯贝尔斯对于科学和哲学的区别有进一步的阐述。他认为,科学是有不可跨越的界限的。他提出三条界限:

1.科学是有约束力的认识;每一种科学都只在一个局部范围内是有效的。

2.客观世界有无限性,科学无法克服无限性;科学无法认识人的终极目的问题(如上帝问题,自由问题)。

3.科学无法达到全部世界的统一性。(参见叔斯勒,《雅斯贝尔斯》)

至于哲学,雅斯贝尔斯说,哲学"筹划并提醒人向超越作出飞跃的思维,在关键时刻,它本身会作为完整的人的思维性行动而实现这种飞跃"。(《雅斯贝尔斯》)

总之,雅斯贝尔斯认为,由于哲学可以有超越性的、完整性的、飞跃性的思维,哲学是可以面向人类的信仰问题的。

当然,雅斯贝尔斯指出,哲学信仰与宗教信仰是不同的。宗教信仰建立在宗教的神谕和启示的基础之上,哲学信仰建立在理性思维基础之上。

雅斯贝尔斯是反对宗教的绝对性要求的,是反对"天启信仰"的。但是,他认为,哲学也需要有信仰。哲学信仰是超越性的、本质性的东西,虽然是出于理性的思考。

雅斯贝尔斯认为,哲学和宗教并不是完全对立的。宗教中存在一些核心因素,是哲学可以承认的真理。因此,哲学对宗教应持尊重的态度。

康德关于"科学的形而上学"思想和雅斯贝尔斯关于"哲学信仰"的思想,对于我们构建理性信仰和理性灵魂观,都有重要意义。

四、宗教与科学的理性信仰

雅斯贝尔斯的哲学信仰,可以认为是一种非宗教的理性信仰。

2009年安伦的《理性信仰之道》出版。该书所讲的理性信仰,是宗教的理性信仰。

该书对"理性信仰"提出的要求是:"对所有的宗教信念都运用科学和逻辑思辨进行理性的评判验证,以修正或调整可能的偏见、谬误和过时观点,避免盲信和迷信,在相应时代人们能力可及的范围内达到对神的相对正确认识。""理性认识论认为,除非有明确证据或运用逻辑可以证伪某宗教信念,人们就有理由继续相信从启示和宗教经验中获得的该信念;如果某信念已被证据或逻辑证伪,人们也应理性地予以放弃。"

该书提出,各宗教有许多共同点。

(一)信仰的目标基本相同,都是寻求人的救赎或解脱;都寻求人生的价值、意义和永恒;都寻求神的保佑。

(二)都有终极存在的信仰。

终极存在都是各宗教的最高的信仰对象。终极存在可以区分为人格与非人格两大类。

人格的终极存在有：基督教、犹太教的上帝，伊斯兰教的真主，印度教的雅赫维等。

非人格的终极存在有：佛教的"空"、"涅槃"，道教的"道"等。

虽然有人格与非人格之分，但信仰对象的实质是一致的。其一致性在于：

1.它们都是宇宙或世界的最高主宰。

2.它们都是人类命运的最高主宰。

3.它们都是人类不能亲眼看见的，而又是客观存在的。

4.它们都是人类不能完全认识，也不能完全表达的。

（三）各宗教有共同的伦理观念，都要求信徒从自爱出发，达到互爱。也就是要关爱他人，关爱邻居，关爱大众。

由于各宗教有如此多的共同性，该书提倡在理性信仰的基础上建立"宗教共同体"。

笔者认为，这种宗教性的理性信仰的思路是值得赞许的。当然，从客观现实考虑，要求实现"宗教共同体"的难度是比较大的。但至少，在各宗教之间进行对话是值得鼓励的，这也是当代世界和平发展的一个重要的环节。

本书的出发点和该书并不相同，本书将引用康德的"科学形而上学"和雅斯贝尔斯的"哲学信仰"观点，建立一种科学的理性信仰。这种理性信仰主要是应用科学知识和理性思维，面向广大的非宗教信仰者，帮助他们在理性的基础上，树立对于人类一些超越性需求（上帝、灵魂、天堂）的认识。

本书所阐述的"科学的理性信仰"是介于康德的"科学的形而上学"和雅斯贝尔斯的"哲学信仰"之间的一种思想，而比较接近于前者。

4.2　科学的理性信仰的理念与方法

在阐明科学的理性信仰之前,需要先交代一下树立科学的理性信仰的一些基本理念和基本方法。

一、科学的理性信仰的基本理念

(一)寻求超越性信仰是人类的本性

康德说:"每个人,尤其是每个善于思考的人都要有形而上学。"

为什么这样说?康德讲的"形而上学"指的就是他所谓的"理性",而不是"知性"领域的理念。形而上学(或"理性")是超越经验的。康德提出的"理性"问题主要是:上帝、灵魂和世界的绝对知识。

"世界的绝对知识"类似于老子说的"道"。老子说:"道可道,非常道。"意思是"道"是无法用语言表达的。因此,"道"也是超越经验的。

对于基督教信徒来说,最关心的超越性理念是:上帝、灵魂和天堂。人人都希望死后灵魂能进天堂,而不入地狱。

佛教徒关心的是:怎样在"六道轮回"中有好的来世?

道教徒关心的是:怎样长生不死或在死后成仙?

孔子说:"事死如事生,事亡如事存,孝之至也。郊社之礼,所以事上帝也。"孟子说:"存其心,养其性,所以事天也。"墨子说:"鬼神赏贤罚暴。"这里都有超越性的理念。在这些先哲的思想影响下,中国古代一般民众都希望能得到"上帝"或"天"的保佑;死后子孙能对自己"事死如事生";"上帝"或"鬼神"能帮助他们"赏贤罚暴"。

人们具有这类超越性的理念,就是他们的信仰。

康德说:每个人都要有形而上学。他的意思是:寻求超越性信仰是人类的天性。每个人在内心深处都有这样的要求。

任何动物都没有类似的信仰,因此可以认为,寻求超越性信仰是人类的本质特性。

在清明节时,我们见到中国人家家户户都会去先祖的墓地拜祭;西方人普遍地在吃饭前要先向上帝祷告;穆斯林在斋月时家家户户要去清真寺作祷告,学《古兰经》;这时你不会怀疑超越性信仰的广泛性与普遍性。

(二)信仰是人类的不容剥夺的自由权利

康德在《实践理性批判》中提出实践理性(或人类道德)的四个定理。其中第四定理是:"意志自由是一切道德法则以及合乎这些法则的职责的独一无二的原则。"意志自由是康德道德哲学的核心原则。

信仰自由(包括宗教自由)是人类意志自由的一个重要内涵。

但是,人类并不是一直都有宗教信仰的自由。在东西方历史中都有过严重的对异教徒的宗教迫害,宗教迫害都是违背人类的意志自由的。

中国秦代的焚书坑儒是帝王对儒家的残酷迫害。儒家是一种哲学,但它带有超越性的信仰,如对祖先和对"天"的崇拜。

隋唐时,佛、道两教都很兴盛。到宋代,开国皇帝赵匡胤对佛道两教都很严厉,曾经整顿两教,要求不合格的和尚、道士还俗。明代开国皇帝朱元璋多次下令整顿宗教,限制和尚、道士的斋醮法事活动,将和尚道士集中管理,不许他们与民混居;并规定男 40 岁、女 50 岁以下不准出家。

清代康熙时,儒家和基督教发生"礼仪之争"。罗马教皇不允许中国的基督教徒参与祖先崇拜。此事引起康熙帝的极大不满,他下令禁止洋人在中国传教。清代后期发生义和团运动,义和团在"扶清灭洋"的口号的煽动下杀害传教士与教民,焚烧教堂。

新中国成立后,总的政策是允许信教自由,但在 1966—1976 年十年"文革"中,发生严重的侵犯宗教自由的现象,寺庙教堂都遭受严重破坏,和尚、道士和神父、修女都被批斗。

西方历史中同样有多次宗教迫害的事件:

1.十字军东征:11—13世纪,在罗马天主教教皇的准许下,以夺回被穆斯林占领的耶路撒冷城为借口,欧洲国家发动了十次针对伊斯兰教穆斯林的征战。十字军东征的实际背景是:11世纪末,西欧社会生产力有了长足的发展,已有的财富已不能满足封建主贪婪的欲望,他们渴望向外攫取土地和财富。罗马教皇的目的则是要扩大势力,建立世界教会。十字军占领城市后,大肆掳掠抢劫,大批屠杀穆斯林。在穆斯林的抵抗下,十字军最终遭到失败。

2.天主教与新教的矛盾与斗争:15世纪时,西欧资本主义萌芽。罗马天主教教廷日益腐败,用赎罪券的名义获取财富,遭到宗教改革者马丁·路德和加尔文的反对,他们为此建立了新教。在英国,新教徒不能忍受天主教的严重迫害,不得不逃亡到新大陆,成为美国的第一批移民。英国在亨利八世后,以新教为国教。而爱尔兰北部的人多数仍然信仰天主教,于是遭到信奉新教的将领克伦威尔的残酷镇压。英国国王严厉限制天主教信徒的发展,由此形成北爱尔兰问题,至今尚未完全解决。

世界人民为宗教自由进行了长期的斗争。回顾历史,可以说,所有的宗教迫害都没有取得成功。

1941年,美国总统罗斯福发表著名演说,阐明"四大自由",其中就包括宗教自由。

1945年,《联合国宪章》指出:"在推动和鼓励尊重不论其种族、性别、语言和宗教有何不同的所有人的人权和基本自由的过程中达到国际间的合作。"

时代发展到今天,世界上多数国家在宪法中都已规定:人民有宗教信仰的自由。

《中华人民共和国宪法》(2004年修正本)第三十六条规定:"中华人民共和国公民有宗教信仰自由。任何国家机关、社会团体和个人不得强制公民信仰宗教或者不信仰宗教,不得歧视信仰宗教的公民和不信仰宗教的公民。"

每个人的信仰都出自他自己的内心。如果说,对于言论自由、出版自由、新闻自由,权势还有控制的可能,那么思想自由和信仰自由是在人的内心,任何权势都是无法控制的。它们是不可能被剥夺的人类权利。

前文提到《理性信仰之道》一书认为:"对所有的宗教信念都运用科学的和逻辑思辨进行理性的评判验证,以修正或调整可能的偏见、谬误和过时观点,避免盲信和迷信。"

该书所讲的"理性信仰"是"宗教的理性信仰",与本书所讲的"科学的理性信仰"(也可以称为"非宗教的理性信仰")是不同的。

笔者的观点是:宗教信念都不可避免地包含一些难以用科学和理性来验证的内容。由于每个人都有信仰的自由,只要他对这些不够科学或不够理性的内容是信仰的,那么并没有必要要求他进行修正或调整。例如对"上帝"的信仰,尽管很难通过科学或理性的验证,却是基督徒们的基本信仰,应该允许他们保留这种信仰。佛经的"六道轮回",也很难通过科学和理性验证,但只要是佛教徒们的信仰,就应该是允许的,因为信仰是自由的。

本书虽然介绍科学的理性信仰,但对于各种宗教信仰是完全尊重的,并不要求宗教信仰者修正或调整他们的信仰。

(三)信仰危机与当代中国的道德困境

在当代,信仰与道德危机的问题在中国尤其突出,其原因是历史性的。

中国自汉代到清代,从朝廷到民间,基本信仰是儒家、佛教和道教,而其中儒家又是主流性的。辛亥革命后,国民党政府也是提倡"礼义廉耻"的儒家思想的。

儒家思想有较重的道德性,它所宣扬的"仁爱"、"忠孝"、"三纲"(君为臣纲,父为子纲,夫为妻纲)、"五常"(仁、义、礼、智、信)等都是道德规范。

儒家思想基本上是哲学性的,但是它包含有超越性信仰。儒家提倡祖先崇拜和"事死如事生"。祖先已经去世,他们的肉体早已被埋葬,成为朽骨,为什么还要崇拜他们,还要像他们活着时一样地孝敬他们? 这就是超越性的信仰。

孟子说:"存其心,养其性,所以事天也。"存心、养性,都是为了"事天",而"天"是什么? "天"并不是指天空,而是指"上天"或"天道",这些都是超越经验的,是超越性的信仰。因此,儒家也是一种信仰,是一种哲学性和道德性的信仰。

中国两千多年来就是依靠以儒家思想为主体的信仰,维护着全社会和家庭的道德规范。中国历史上社会与家庭的基本稳定有序,是和儒家(也包括佛教、道教等)信仰分不开的。

新中国成立以后,马克思主义和毛泽东思想成为国家的指导思想。马克思的学说包括哲学(辩证唯物论)、历史哲学(历史唯物论)与政治经济学,而它也带有信仰的成分。共产主义是共产党人的一种"信仰",这是共产党人都承认的。

毛泽东接受马克思主义,并有发展。毛泽东思想的主要特点是突出"阶级斗争为纲",提出"斗争哲学"。

共产主义信仰是有道德规范的,那就是:"为共产主义奋斗终生"、"全心全意为人民服务","毫不利己,专门利人"等。1949－1966 年,共产主义信仰与道德规范在中国大地上有广泛的传播(如学习雷锋和焦裕禄等),加上那时实行的是计划经济,官员谋财的可能性也较少。因此,那个时期社会的道德风气,总的来说,还是比较好的。

但是在毛泽东的斗争哲学指导下,发生了 1954 年的反胡风运动、1957 年的"反右"运动。在这些政治运动中,一些正直敢言的知识分子被打成右派。知识分子当中的某些人为了逃避挨整,不得不违心地说假话,甚至对朋友落井下石。社会道德走向败坏。

1966—1976 年的十年"文革",是中国社会道德大破坏、大沦丧的时期。在疯狂的"阶级斗争"大环境中,提倡人人"六亲不认",儿子批斗父亲,妻子揭发丈夫。北京还发生了中学生将老师活活打死的恐怖事件。

中国实行改革开放以来,上述情况有较大的好转,但是又出现了新的问题。

尽管新的领导人对儒家思想比较宽容,但是经过新中国成立以来多年的对儒家的批判,儒家思想已经难以成为中国社会的主流思想。

新中国建立以来,自上而下地宣传无神论。至今,根据中国宗教白皮书——《1997 年中国的宗教信仰自由状况》记载,中国各种宗教的信仰者约有一亿多人。信仰各种宗教的人数不到总人口的 10%,90%以上的中国人没有宗教信仰。

在世界各国,宗教都起着规范人们道德的作用。而当代绝大多数中国人既失去对儒家的信仰,又没有宗教信仰,对于共产主义的信仰又有所减弱,因此就失去了道德规范,加上民主与法治体制的不健全,这是中国当代社会道德败坏问题严重的根本原因。

按国情问题专家胡鞍钢的估算,在 20 世纪 90 年代后半期,仅发生在税收、财政、国有经济单位和公共投资系统、垄断行业等部门的腐败所造成的经济损失和消费者福利损失,平均每年为 9875 亿至 12570 亿元,占全国 GDP 总量比重的 13.2%～16.8%。贪腐的官员几乎遍及各个级别、各个领域、各个地区。

腐败现象的原因很多,最主要是两方面:一是民主与法治体制的不健全。如果人民有充分的民主监督权利(包括舆论监督),如果国家有健全的法制与法治,腐败必然会得到抑制。二是全社会道德观念的丧失。西方国家的官员和各界人士普遍信仰基督教,这种信仰使他们知道,如果他们做危害民众的贪污、受贿、制造假药和毒奶粉等坏事,死后绝不可能进天堂,只能下地狱。信仰给予每个人出自内心的监

168

督,这是西方国家腐败较少的重要原因。

中国当代的情况是:民主与法治的监督功能不强,而社会上大多数人又丧失了信仰,人们缺少内心的信仰与道德的约束;因此,社会的道德沦丧,腐败之风无处不在,这就是当代中国的极大困境。

(四)科学的理性信仰的可能性和现实意义

根据上述情况,本书提出建立"科学的理性信仰"的问题。这里需要讨论:在当代中国,建立科学的理性信仰是否有可能? 是否会有效?

1.科学的理性信仰是有哲学依据的

科学的理性信仰并不是凭空提出的,也不是本书作者独创的,它有深厚的哲学依据。

科学的理性信仰在西方哲学史中的依据主要是三个方面:

(1)17世纪斯宾诺莎提出的"自然神学"。17世纪是启蒙运动的前期,当时基督教的势力还相当强。斯宾诺莎不可能否定神的存在,他提出的是"自然就是上帝"的理念。他指出:上帝的一切功能(永恒性、全能性、无限性、唯一性等),大自然都具备。"自然神学"可以说是理性信仰的开端。

(2)18世纪康德提出"科学的未来形而上学"。他的"科学的形而上学"所面对的问题,正是"信仰"所要面对的问题:上帝、灵魂、天堂、世界绝对知识等。既然是科学的形而上学,当然是理性的,因此是一种理性信仰。

(3)20世纪雅斯贝尔斯提出"哲学信仰"。雅斯贝尔斯要求在哲学信仰中有总体性的、超越性、飞跃性的理性思维,它既与宗教信仰有区别,又与单纯的具体的科学也有区别。

从中国传统哲学来说,老子的"道"、庄子的自然观、孔子与孟子讲的"天"都不是人格化的,与基督教的人格化的上帝很不一样,他们的学说中,都含有理性信仰的成分,即使不能说是科学的理性信仰,但也可以说是"非宗教的理性信仰"。

本书所讲的"科学的理性信仰"借鉴了前辈哲学家的思想。

2.科学的理性信仰是有科学依据的

以下几章将要具体地介绍"理性的上帝观"、"理性的灵魂观"、"理性的天堂观"。读者阅读了这几章后,会发现:它们都是建立在自然科学和社会科学的基础之上。那里没有人格化的上帝,没有鬼神化的灵魂,没有位于天上的天堂,而是用受过一定教育的人都能知道的科学知识,来解释"上帝"、"灵魂"和"天堂"等超越性的理念。

3.科学的理性信仰在当代中国有群众基础

前文提到,当代中国绝大多数人并不信仰宗教,但是在接受多年的义务教育后,他们一般都有初中或更高层次的文化水平,他们都有起码的自然科学和社会科学(包括中外历史)的知识。因此,科学的理性信仰在当代中国是有群众基础的。不需要高深的学问,不需要任何神谕、神的启示或宗教经典,他们也能理解和接受。

4.科学的理性信仰的现实意义

读者可能会怀疑:科学的理性信仰对于个人或社会会有效吗?

是的,只依靠本书所讲的科学的理性信仰,不可能让人们都来接受,更不可能立刻提高社会的道德水准,抑制当代中国普遍存在的腐败现象。

但是,本书所讲的科学的理性信仰是一种科学的、理性的陈述,它本身构成一种科学的、理性的信仰体系。因为它是科学而理性的,是让科学知识来说理,用理性思维来阐明。

科学发展的经验证明,任何科学原理或科学知识,只要它是有科学根据的,人们自然会加以认同。

笔者相信,本书所述的科学的理性信仰,会逐步地得到人们的认同。这样的理性信仰,会给予人们启发,会使人们提高对于人生的认识、对于生和死的认识,从而产生出自内心的道德信念和行动上的道德规范,因此对当代中国社会是有益的,是有积极意义的。

二、科学的理性信仰的基本方法

(一)科学与历史学、伦理学的汇总

"科学的理性信仰"虽然是科学的和理性的,但是它并不是一门科学。任何一门单纯的具体的科学(不论是自然科学或社会科学)都不可能单独解决人类的信仰问题,不可能单独满足人类的超越性信仰的要求。

在这个问题上,康德为我们指出了方向。

康德在《纯粹理性批判》中说:"我们的一切知识都开始于感官,由此前进到知性,而终止于理性。在理性之上我们再没有更高的能力来加工直观材料并将之纳入思维的最高统一性之下了。"

上面这段话表明,康德将人的认识分为三个水平,即感性、知性和理性。一般科学(自然科学与社会科学)知识都属于知性水平。在知性知识的基础上,形成一个统一性的整体理念,就是他所谓的"理性"。

而他的《纯粹理性批判》中所讨论的"理性问题",就是上帝、灵魂和世界绝对知识。

这里,康德告诉我们的是:单凭某一门知性知识(科学知识)是不可能解决"理性问题"的,必须是知性知识的高度统一,才能达到"理性"的认识水平。

本书下面所述的理性上帝观、理性灵魂观和理性天堂观,都不仅依靠某一门科学,而是依靠多门科学的综合,主要是依靠自然科学(宇宙学、天文学、人类学等)、历史学、伦理学、心理学等的综合。

(二)超越性、总体性与飞跃性的理性思维

怎样才能从知性知识提升到理性知识,康德主要提到:要依靠知性知识的综合或统一。

但是,知性知识是建立在感性经验之上的,理性知识是超越经验的。从知性知识到理性知识,从经验水平到信仰水平(或超越经验水平），依靠一般的科学方法是做不到的。在康德时代（18世纪），一方面因为知性知识（科学知识）还没有足够的积累，另一方面是还没有找到一个从经验水平到信仰水平的适当方法。

到20世纪，雅斯贝尔斯提出"哲学信仰"，他指出：在哲学信仰中要有超越性、总体性和飞跃性的哲学思维。"哲学信仰"的含义与我们所说的"科学的理性信仰"是接近的。

笔者认为，雅斯贝尔斯的观点是对的，要从知性知识上升到理性知识，不能依靠一般的科学方法，而要依靠哲学方法或哲学思维。因为只有哲学思维能够跨越知性知识和理性知识的界限，只有哲学思维能够从经验水平跃进到信仰水平（或超越经验水平）。

事实上，斯宾诺莎的"自然神学"就是一种超越性的、总体性的、飞跃性的哲学思维，而不是一种科学。

本书所讲的理性上帝观、理性灵魂观和理性天堂观，既吸取康德的思想，建立在多种科学的综合的基础之上，又采纳雅斯贝尔斯的思想，依靠超越性的哲学思维。

（三）东西方哲学思想的采纳

人类的思想发展都是继承性的，人类只能在前人思想成就的基础上继续前进。

本书在前面三篇较详细地介绍西方哲学、中国哲学和各主要宗教的灵魂观，既是为了厘清中外灵魂观的发展历史，同时也是为了在建立科学的理性信仰时，能采纳它们思想中的有益因素。

本书在阐述科学的理性信仰时，采纳的西方哲学思想主要有：

1. 柏拉图的灵魂不朽的思想

2. 亚里士多德的灵魂是人的形式（或本质）的思想

3. 笛卡尔的人是由心灵和肉体组成的二元论思想

4. 斯宾诺莎的"自然神学"思想

5. 康德思想：

（1）"理性"是"知性"的综合

（2）科学的形而上学思想

（3）灵魂不朽是德与福结合的必要条件

6.黑格尔的灵魂是生命的概念的思想

7.柏格森的"直觉"思想

8.胡塞尔的"意向性活动"理论

9.雅斯贝尔斯的"哲学信仰"

本书所阐述的科学的理性信仰，采纳的中国哲学思想主要有：

1.老子的"道"的思想

2.庄子的回归自然的思想

3.孔子的"仁爱"思想

4.孟子的"存心、养性、事天"思想

5.儒家的祖先崇拜思想和三立（立德、立功、立言）思想

6.慧远的"神不灭"思想

7.韩愈的"博爱"思想

8.张载的"为天地立心"思想

9.梁启超的"新民"和自由思想

10.陈独秀的科学和民主思想

（四）东西方宗教思想的吸取

本书所阐述的科学的理性信仰，吸取了主要宗教的若干有益的观念，如：

1.基督教的"爱人如己"思想和"上帝在你心中"的思想

2.伊斯兰教的"弃恶扬善"的思想

3.中国佛教的善恶报应的思想

4.道教的长生思想和现实世界中的仙境思想

4.3 科学的理性灵魂观

（本章是全书的重点，内容较多，因此先列出其内容大纲）

本章内容大纲

一、灵魂问题的重要性

二、中外哲学家对于灵魂的理解

三、什么是科学的理性灵魂观

（一）人是由肉体和灵魂（心灵、精神）两者所组成

（二）灵魂是不随人的肉体死亡而消失的人的精神实体

（三）人的灵魂是人的心灵的延续

（四）人的灵魂是人的道德和爱心的延续

（五）人的灵魂是人的贡献和影响的延续

（六）人的灵魂是人的思想或创作的延续

（七）人的灵魂是人的形象与神态的延续

四、关于理性灵魂观若干问题的的讨论

（一）灵魂是实体吗？怎样理解"精神实体"？

（二）灵魂究竟在何处？

（三）灵魂是可见、可感受的吗

（四）亲人灵魂能相守吗？

（五）怎样构建对亲人灵魂的认识？

（六）怎样构建自己的身后灵魂？

五、灵魂不死的重大现实意义

（一）对人类道德的意义

（二）对思想、文化与科学进步的意义

一、灵魂问题的重要性

在人类的信仰中，灵魂是一个核心问题。基督教徒们当然祈求上帝保佑他在生命期间的幸福，但他们对上帝更重要的祈求是：死后灵魂的好的归宿。

"生与死"是世界上任何人都要面临的问题，不论他的民族、国籍，也不论他的财富多少、地位高低。古今中外，没有任何人能逃脱死亡的必然性。

人死后，究竟是什么情况？

没有宗教信仰的人可能会说：人死后，就什么都没有了；人死后，就是一小堆骨灰，就变成虚无。也就是说：人活着时，是生活在一个阳光明媚的、丰富多彩的大千世界；人死后，就进入一个一团漆黑、一无所有的虚无世界。人死后，他与现实世界的一切联系全部终止了，他与他的亲人永远地别离了。

现代社会中，有这样认识的人可能相当多。他们可能认为，这是对于死亡的唯一的、科学的、理性的理解。

由于有这样的理解，在亲人死亡时，人们会感到极大的悲痛；而在自己临近死亡时，他会感到极大的恐惧。

死亡所带来的悲痛或恐惧，是任何科学或医学都无法帮助解脱的。当然，医学可以延缓人的死亡，但是医学绝对不可能阻止人的死亡。

当死亡到来时，任何科学、任何财富、任何地位、任何权力、任何名誉，全都是无效的。

因此,死亡不能不是每个人都要面对的一个普遍性的重大问题。

针对这样一个每个人都要面临的重大问题,在古代,人类就产生了灵魂不死的观念。灵魂不死的观念是:人是必然会死亡的,但是,人的死亡只是肉体的死亡,人的灵魂并不死亡,灵魂是不朽的。

世界各主要宗教,几乎都相信灵魂是不死的。至于灵魂的去向,不同宗教有所不同。基督教、伊斯兰教都认为:信主者和行善者,灵魂能进天堂;不信主者和行恶者,灵魂会进地狱(伊斯兰教认为是火狱)。基督教认为,在世界末日到来时,人人都会复活而接受上帝的审判。有人能进天堂,有人会进地狱。中国的大乘佛经认为,人死后会有"六道轮回"。好人会进天道或人间道,恶人会进饿鬼道、畜生道、地狱道。(详见本书有关各章)

灵魂不死的思想给予人们极大的安慰,使人有可能摆脱死亡所带来的巨大悲痛和恐惧。这是宗教能吸引大批信徒的重要原因。这种情况,即使在 21 世纪的今天,也没有根本性的改变。

但是随着科学的进步和教育的普及,更多的人对于宗教教义的信任产生了动摇或怀疑。特别是在中国这样一个以无神论为主的国家,多数人没有宗教信仰,但又有一定科学知识。究竟人是不是有灵魂?灵魂向何处去? 这就成为一个社会上普遍存在的、人们所关注的问题。

本章试图用科学的、理性的观点来解释灵魂问题。

二、中外哲学家与不同宗教对于灵魂的认识

在本书的前三篇,已经对西方和中国哲学关于灵魂的认识,世界各主要宗教的灵魂观进行了综述。归纳起来,对于灵魂大体有以下几种认识:

（一）西方文化

1.西方古代的早期认识是:灵魂是人的一股气。

2.柏拉图的观点是:人的肉体会死,而灵魂是不朽的。灵魂有三个部分,即理性、欲望和激情。

3.亚里士多德的观点是:灵魂是人的形式或本质。

4.阿奎那的观点是:灵魂是人的精神形式,是纯形式,它没有质料。

5.波纳文图拉的观点是:灵魂由人的精神形式和精神质料所组成。

6.笛卡尔的观点是:人由心灵和肉体两者组成。

7.康德的观点是:从知性来看,无法证明灵魂的不朽;但从实践理性(道德)来看,必须承认灵魂不朽。

8.黑格尔的观点是:灵魂是生命的概念。

（二）中国文化

1.上古时期比较流行的观点是:灵魂是有人形的鬼魂,它来去无影踪。

2.儒家十分重视祖先崇拜,他们认为祖先的灵魂还存在,应该"事死如事生"。儒家认为:人能够通过三立(立德、立功、立言)将自己的精神与影响传至后世。

3.西汉时《淮南子》的观点是:人由神(精神)、形(骨骸、身体)与气(志气)所组成,并且精神是高于身体的。

4.南北朝时慧远提出"神不灭"论:火并不随着薪而消亡;神也不会随着某人的死亡而消亡。

（三）世界主要宗教

1.基督教认为,人死后,人的灵魂会根据人的善恶,暂时地进入天堂或地狱;到末日审判时,人会复活而永远地进入天堂或地狱。

2.伊斯兰教认为,人死之后,在世界末日来临之前,有一个过渡阶段。在这个阶段,安拉对于每个人的灵魂的赏罚就会开始。

3.佛教(大乘)认为,人死后灵魂会进入"六道轮回"。有人会进天道或人间道;有人会进饿鬼道、畜生道、地狱道。

4.道教有尸解仙的信仰,认为人死后灵魂会随尸体化为神仙。

三、什么是科学的理性灵魂观

以上中外哲学与宗教所理解的灵魂,虽然对于我们认识灵魂问题都有启发,但是,有的理解偏于抽象,如认为灵魂是人的形式,是生命的概念等,一般人不容易领会;有的认识(宗教认识)偏于离奇,如认为灵魂会进天堂或地狱、六道轮回、尸解仙等。这样的认识,有一定科学知识的人是难以接受的。

正因为这样,使许多非宗教信仰者,对于究竟是否真有灵魂的存在感到怀疑。而如果没有灵魂的存在,人们会对亲人的死亡感到极大的悲痛,对于自己的终将死亡,又会感到极大的恐惧。

因此,建立一个有科学根据的理性的灵魂观,有其客观的需要。

在古今中外哲学的启示下,并采纳各宗教的灵魂观的较为合理的因素,本书提出科学的理性灵魂观。

科学的理性灵魂观有如下七方面的内容:

1.人是由肉体和灵魂(心灵、精神)两者所组成。

2.灵魂是不随人的肉体死亡而消失的人的精神实体。

3.人的灵魂是人的心灵的延续。

4.人的灵魂是人的道德和爱心的延续。

5.人的灵魂是人的贡献和影响的延续。

6.人的灵魂是人的思想或创作的延续。

7.人的灵魂是人的形象与神态的延续。

现分述如下：

（一）人是由肉体和灵魂（心灵、精神）两者所组成

灵魂，绝不能将它理解成鬼魂。从科学的眼光看，鬼魂肯定是不存在的。各种关于鬼魂的描述或故事，都是虚幻的，都是人所编造的。

对于灵魂的正确理解是：人的灵魂就是人的心灵或精神。

灵魂、心灵、精神这几个词，在西方文字中，有不同的词汇。如在英文中，灵魂可以用 soul，心灵可以用 heart，精神可以用 spirit。

然而，这三者也可以用一个词（soul）来表示。在《英华大词典》（商务印书馆）中，soul 的中文解释，既是灵魂，又是心灵、精神。

因此，这三个词基本上是相通的，有非常相似的含义。

在西方哲学的发展中，古代哲学家都用"灵魂"这个词；近代哲学家，有的用"心灵"（如笛卡尔），有的用"精神"（如黑格尔），有的仍然用"灵魂"（如康德）。由于"灵魂"这个词有一定的宗教色彩，现代哲学家很少用"灵魂"，而用"心灵"、"精神"、"意志"或"生命"等词。

中国古代哲学家常用"神"这个词，表示人的心灵、精神或灵魂的意思。

许多中外哲学家都认为，人由肉体和精神两者所组成。这个观点，曾经被批评为"二元论"。

但是，即使到今天来看，二元论还是正确的。难道你认为，人只是由肉体组成，没有精神的存在？或者人只是由精神组成，没有肉体的存在，这种"一元论"观点才是正确的吗？

科学早已证明：人是最高级的动物。人与动物的区别主要在于，人有发达的大脑以及由此而产生的高级的感情与理智能力，这两种能力的结合形成了人所特有的心灵或精神活动。人的精神活动之于人的肉体活动，不但具有独立性，并且有主宰的作用。因此，人就是由精神和肉体两者所组成。

人的肉体和精神两个方面，当然是有密切联系的。在人的生命期

179

间,人的精神活动需要有肉体的支撑。认为肉体和精神两者完全没有联系的观点是不对的。

但是,肉体和精神两者有它们的独立性,它们是可以分开的。

在生活中,我们可以见到身体虚弱而精神非常健康的人。当代思想家顾准就是一个例子。在"文革"期间,他身患肺癌,已在死亡的边缘线上挣扎,但是他依然写出了许多篇当时非常少见的闪耀着理性光芒的文章。

当然我们也会常常见到身体健康而精神堕落的贪官或奸商。

肉体和精神的独立性,在人死亡时表现得最明显。当人的肉体死亡时,人的精神并不跟随着死亡,精神是不死的。

你说:孔子死了吗?对,孔子的肉体早已死了,但是孔子的精神并没有死,它不仅在中国,而且正在全世界通过几百家孔子学院在传播着。

你说:耶稣死了吗?根据《圣经》记载,耶稣早已被钉在十字架上而死。即使我们不考虑耶稣是否后来又复活,耶稣的精神和教诲难道不是在全世界无数的教堂中传播着吗?

毛泽东在北京天安门纪念碑上的题词是:"人民英雄永垂不朽"。他讲的"不朽",绝不可能是肉体的不朽,只能是精神的不朽或灵魂的不朽。

从古今中外哲学家的论述,从对于人体和人脑的科学理解,从各种常见的事实,人们不能不承认,人的肉体和精神是可分的,肉体会死,而精神不死。

精神的作用和精神的表达是多方面的。下面将要谈到,人的道德、爱心、思想、学说、贡献、功绩等全都是人的精神的产物。这些精神产物或其影响都不会随着肉体而死亡。

(二)灵魂是不随人的肉体死亡而消失的人的精神实体

从理性的观点来认识灵魂,可以给灵魂下如下的定义:人的灵魂是不随人的肉体死亡而消失的人的精神实体,它会在世上长存,在人们的心中长存。

这个定义中需要说明的是:

1.什么是人的精神实体?

人的精神实体是每个人的精神活动、精神因素、精神产物、精神影响等的总称。

人的精神活动就是人的意识活动或心理活动,这是一个完全可以进入科学研究的自然现象。

心理学的研究对象就是人的心理活动。

心理学是研究人的心理活动本身的规律;在人的生前,所谓人的心灵或灵魂就是人的心理活动或精神活动;人活着时,每时每刻都有心理活动或精神活动,例如平时的喜怒哀乐;另外还包括人的行为、谈话、作品等。这些平时的精神活动,在人死之后,不可能全部保留下来。但是,在每个人的精神活动的产物与影响中,有一些最重要的,在人死后,仍然能保留下来。

在人的肉体死亡后,能够保留下来的精神产物主要是:

(1)人的道德和爱心;

(2)人的贡献和影响;

(3)人的思想和创作;

(4)人的形象和神态。

凡是人的不随着肉体死亡而消失的精神产物、精神影响等,都可以归结为人的精神实体,即灵魂。儒家提出的"立德、立功、立言",实际上就表达了前三方面。除此之外,人的精神实体或灵魂还可以包括人的形象、人的气质与神态,这些也是精神性的,而不是肉体性的。

2.灵魂将在世上长存,和人心中长存

按照上述灵魂的定义,灵魂可以在世上长存,灵魂也将在人心中长存。

理性灵魂观的这个认识是受到基督教的启示的。按基督教的教义，上帝不在别处，他就在你心中。笔者认为，基督教这个教义是相当理性的，也是很有说服力的。

中国古人心目中的鬼神，忽来忽去，来去无影踪。这样的鬼神使人感到害怕，因此，缺少科学知识的人往往怕鬼。

理性灵魂观认为，你亲人的灵魂就在你心中，你已故的父母、配偶，他们永远活在你心中。这样的灵魂观不但不会给你害怕的感觉，并且是给予你极大的安慰。

（三）人的灵魂是人的心灵的延续

心灵和灵魂，英语中是同一个字：soul，这说明了两者的同一性。人们一般的理解是：心灵是生前的，灵魂是死后的。（当然"灵魂"这个词也可以用于生前）

从两者的关系来看，可以认为，人的死后灵魂是人的生前心灵的延续。

前文谈到在人的肉体死亡后，能够保留下来的精神产物主要是：

（1）人的道德和爱心；

（2）人的功绩和贡献；

（3）人的思想和创作；

（4）人的形象和气质。

前三者构成人的灵魂的主要部分，而这三者都是来自人的心灵。

（1）道德和爱心来自人的心灵是不言而喻的。

（2）人在一生中，要做出功绩和贡献，当然也需要一定的身体条件，但主要地还是依靠人的心灵。

（3）人的思想和创作，主要也依靠人的心灵，而不是肉体。

人的灵魂是人的心灵的延续，而不是人的肉体的延续，当人的肉体死亡时，人的心灵的延续体——灵魂，就可能长期地延续下来。

正因为人的灵魂是人的心灵的延续，每个人，生前有怎样的心灵，身后就会有怎样的灵魂。你生前是一个有爱心的人,你身后的灵魂必然是有爱心的,会使你的亲人、朋友永远地感受到你的爱心。如果你在生前只有贪心、野心而没有爱心,做了许多损人利己的罪恶的事,你的身后,在人们的心目中,你的灵魂仍将延续你的贪心和野心。

(四)人的灵魂是人的道德和爱心的延续

在儒家的"三立"中,将"立德"放在第一位,笔者认为是正确的。

对于任何人来说,他的生命价值、生命意义首先在于他的品德。即使是一个权位很高的人,或是很富有的人,如果他的品德低下、损人利己、漠视他人或民众的利益,那么他就不会有真正的生命价值。相反,即使是他是一个最普通的农民或工人,如果他对待亲人和他人都充满爱心,他就有高贵的生命价值。

每个人的道德和爱心,不但在他生前会放出光和热,在他身后,仍然会得到延续。

当然,一些具有道德和爱心的伟人,他们身后在人民心中会留下广泛而深刻的影响。古今中外,这样的伟人很多。在中国,有老子、孔子、墨子、孟子、屈原、杜甫、范仲淹、孙中山、胡耀邦等。在国外,有释迦牟尼、柏拉图、耶稣、南丁格尔、居里夫人、华盛顿等。他们的道德和爱心在全中国或全世界得到广泛的传播,在一代又一代人的心灵中延续下去。

道德和爱心是世界上最普通的人都可以具备的。每一个普通人,如果他对亲人、子女、朋友有爱心,他的爱心都会在他身后,一代一代地延续下去。

用笔者自己的亲人来举例。

我的岳母张美林有四个女儿,一个儿子。在新中国成立初期,她的丈夫另组家庭,离开了她。她是一个小脚妇女,没有工作,只能变卖家中很有限的财物来维持一家生活。最困难时,她不得不出去卖血。她在这种极为困难的条件下,让她的子女都能坚持读书,获得一定学历,有较好的工作,建立了各自的家庭。

她的伟大的母爱,延续到她的子女。我妻子张立中,以同样的爱心关爱自己的子女。她长期在郊县气象站工作,每个周末她都急急忙忙赶回家来,一刻不停地为子女洗衣服、缝补衣服,献出她对子女的爱心。她时刻为她的子女的学业、婚事和孙辈子女的事操心。

当我们的女儿、儿子有了自己的子女后,她(他)们又以同样的爱心关怀她(他)们的子女。她(他)们恪尽当父母的责任,为子女的成长和求学创造最好的条件。

从我自己的切身体会看,人类的爱心是会代代相传的。岳母在1991年因肺癌去世,妻子立中于2009年也因肺癌去世,但是她们的灵魂与爱心将永存。她们的爱心将一代一代地延续下去。

(五)人的灵魂是人的贡献和影响的延续

任何人在他一生中都会有所作为。有些伟人会有很大的功绩,对国家或人类做出很大的贡献。他们的功绩和贡献都不随着肉体的死亡而消失。

伟人的一生作为,可能有积极的一面,也可能有消极的一面。这两方面的影响都会延续下去。例如秦始皇,统一中国是他的积极的贡献,而建立严酷的专制统治和焚书坑儒,对后世又有消极的影响。

功绩和贡献,并不只是伟人才有。世界上任何人都会有大小不等的贡献或影响。

一位农民,他生产了稻谷、蔬菜、水果或畜禽,就是他为社会、为农业做出了贡献,而农业是国家经济的基础。

一位工人,他生产了棉布、衣服、钢材、水泥、电子产品,就是他对社会的贡献,而工业是国家现代化的栋梁。

一位营业员,他为社会的市场流通做出了贡献。

一名教师,他为培养人类的下一代做出了贡献。

他们的贡献,与伟人相比,可能微不足道,但那是社会和国家的大厦的绝不可缺少的砖和瓦。

他们的贡献,虽然很难单独地见诸于历史,但是已经融合在国家和人类的历史之中,因此是永存的。他们的灵魂的光芒也是永存的。

与有巨大消极影响的大人物相比,这些普通的农民、工人、营业员、教师的灵魂始终是积极的,始终是推动社会前进的。

(六)人的灵魂是人的思想或创作的延续

学者、文学家、画家、书法家、音乐家、雕塑家、建筑师、导演、演员等都是有创作的。他们的作品往往有长期的影响,一些最杰出的作品是不朽的。

创作是构成人的灵魂的重要部分。

如果你的亲人有作品,那么在他去世时,你不必过于悲伤,因为他的精神并没有死,他的灵魂伴随着他的作品,将长期地存在于人世。

如果你自己有作品,在你临近死亡时,你也不必有所恐惧,因为你的精神不会死,你的灵魂将通过你的作品,为人们所铭记。

灵魂不死的事实,在这里特别明显。

孔子死了吗?是的。但是他的《论语》还在,他的精神没有死。

司马迁死了吗?是的。但是他的《史记》还在,他的精神没有死。

曹雪芹死了吗?是的。但是他的《红楼梦》还在,他的精神没有死。

鲁迅死了吗?是的。但是他的《阿 Q 正传》还在,他的精神没有死。

莫扎特死了吗?是的。但是他的《费加罗的婚礼序曲》还在,他的精神没有死。

我的二哥高望之是一位资深的历史学家和宗教学家,他于 2007年在美国去世。我们四弟兄从小生活在一起,感情至深。他的离去当然使我和其他的亲人非常悲痛。后来美国的弟妹们找到他的一部遗著《儒家孝道》(英文版)。我和弟弟高翼之花了 3 年时间将此书翻译成中文,又经过亲人们的共同努力,终于使此书在中国正式出版,并且得到国家有关部门的重视,其外语版推广到国际上发行。

这样,我们对他离去的悲痛有了较大的和缓,因为他的精神或灵魂将随着他的书而得到永存。

当然,并不是每个人都会有自己创作的作品。但是每个人都会有自己的思想、言语、爱好或行动。所有这些也是无形的创作,它们会影响到你的子女和后代。

每个人都可以回顾一下,你的一些性格、爱好、特长等,可能都和你父母或祖父母、外祖父母有关。他们的身传言教潜移默化地影响了你。在你自己身上,你会感受到他们灵魂的永存。

(七)人的灵魂是人的形象与神态的延续

灵魂是否有形象? 这是人们心中的一个疑问。

中国古代的鬼魂是有形象的,它们有的比较吓人,甚至是青面獠牙,使人感到害怕;有的又很美丽,如《聊斋》中的记载。但是在实际生活中,可怕的鬼魂或美丽的鬼魂都遇不到,这使人对于灵魂的形象感到茫然。

哲学家对灵魂的阐述都比较抽象,例如认为灵魂是人的形式(亚里士多德)、灵魂是生命的概念(黑格尔)等,可以说这些思想所认识的灵魂都是没有形象的。

基督教或伊斯兰教所认为的灵魂,应该说是有形象的。因为按照教义,有的灵魂要进天堂,有的要进地狱(或火狱);如果连形象都没有,就不能想象他们怎样进天堂或地狱。但是究竟是怎样的形象? 有关教义中并没有交代得很清楚。

佛教的"六道轮回"中,灵魂的形象比较具体。例如进入人间道、饿鬼道、畜生道的灵魂,其形象肯定是不同的。

对于理性灵魂观来说,灵魂的形象应该是怎样的?

理性灵魂观认为,人的灵魂是人的心灵的延续。在生前,人的心灵与人的肉体是结合在一起的,人的形象是由肉体和精神共同组成的。人的形象既有物质性,又有精神性。人的肉体死亡后,物质性的形象不再存在,但是精神性的形象可以保留下来。

理性灵魂观认为,人的灵魂的形象是人的生前形象的延续。你的亲人生前是怎样的形象,他的灵魂还保留着原来的形象,只不过是精神性的,而不是物质性的。

人类有许多方法来保留已故亲人的形象,古代主要是依靠绘画。中国家庭中往往挂着先人的画像。

到了现代,照片是最常用的方法。今天在中国或外国的家庭中,几乎无一例外地会有已故亲人的照片。照片使亲人的灵魂与你生活在一起。每当节日,人们都会在亲人的照片前献花或点香,以表达对亲人的怀念,与亲人进行心与心的对话与沟通。

时代发展到当代,由于信息科学的发展,人们保留亲人形象的方法更多了。人们可以用录像的方法动态地保留亲人的生活情景,亲人们的形态、面貌、表情、声音、气质等完全可以做到栩栩如生地保留下来。这种影像制品,完全可以永远地保留,真正地做到了"灵魂永存"。

四、关于理性灵魂观若干问题的讨论

为了深入地理解本书所谈的理性灵魂观,有必要对以下问题作进一步的讨论。

(一)灵魂是实体吗? 怎样理解"精神实体"?

前文给出理性灵魂的定义是:"人的灵魂是不随人的肉体死亡而消失的人的精神实体,它会在世上长存,在人们的心中长存。"

在上述灵魂的定义中,用了"实体"两字。

灵魂是不是实体? 这是灵魂观中一个关键性的问题。

有的哲学家给灵魂的定义过于抽象,如黑格尔说:灵魂是生命的概念。"概念"一般来说,是一种思维,而不是实体。

中国古代,在"形神"争论中主张"神灭论"的学者,如桓谭、王充、范缜等,他们就认为,人死后,人的神将随之而灭亡,灵魂不可能是独立的实体。

实体是一个哲学概念。亚里士多德对于"实体"有一个经典的定义:实体只能用作主语,而不能用作宾语(或谓语)。

我们可以说:张三是好人(A)。

而不能说:好人是张三(B)。

在 A 句中,张三是主语,好人是宾语。这句话是合理的。

在 B 句中,张三是宾语,好人是主语。这句话是不合理的。

因为张三是一个实体,他只能用作主语,而不能用作宾语。

因此,亚里士多德的意思是:实体是一个个体性的、独特的、唯一的存在,它不能被其他实体所替代。张三是一个独特的、唯一的人,他不能由李四来替代。同时,实体还是具体的、完整的存在,而不是抽象的概念。

前文提到,人的灵魂是不随肉体死亡而消失的人的精神实体,是人的道德、爱心、功绩、贡献、思想、创作、形象、气质等的总体。

这样理解的灵魂必然是个体性的、独特的、不能替代的。每个人的灵魂(他的精神及其产物和影响)都是个体性的、独特的、唯一的、不能替代的,也是具体而不是抽象的。因此按照亚里士多德的对于"实体"的定义,它就是一种"实体"。

孔子的灵魂体现于他的思想和学说中,"孔子思想"是一个实体,它是独特的、唯一的。孟子虽然继承了孔子思想,但是,孟子思想不能替代孔子思想。而且"孔子思想"是有具体内容的,并不是抽象的。

当然,本书认为,灵魂虽然是实体,但它是一种精神实体,而不是物质实体。灵魂的性质和物质实体是不一样的。灵魂不可以被触摸,灵魂也没有重量,这些特性使它不能被称为"物质实体"。但是,灵魂都是可以被人感受的,灵魂是有具体内容的。每个人的灵魂是独一无二的,是不能被替代的,这些特性使它成为"精神实体"。

(二)灵魂究竟在何处?

灵魂究竟在哪里? 不同宗教有不同的回答。(详见本书第三篇)

基督教认为,人死后,人会根据他生前的信仰与行为而有不同的去处,信教者与行善者会上天堂,不信教者或行恶者会入地狱。

大乘佛教对于灵魂的去向比较明确,那就是"六道轮回"。每个人根据生前的行为,会有六种不同的去向:天道、阿修罗道、饿鬼道、人间道、畜生道、地狱道。

本书对于这些观念不作评论,因为宗教信仰是自由的,信徒们完全有权利保留自己的信仰。

但是,对非宗教信仰者来说,往往难以接受上述观念。

根据理性灵魂的定义,人的灵魂,一是会留在世上;二是会留在人们的心中,或者说,留在精神世界中。

这里先解释一下"精神世界"。精神世界是客观存在的,并且是人们经常意识到的。历史世界实质上都是精神世界。中国的春秋战国、秦汉唐宋、辛亥革命等,都属于历史世界,而不属于现实世界。它们都不是在我们今天亲眼看见的范围之中,而是在我们的知识或记忆之中,也就是在精神之中。因此对今天的人来说,这些都是属于精神世界。

人的灵魂由人的道德、爱心、功绩、贡献、思想、创作、形象、气质等精神因素所构成。这些因素都会留在现实的世界中,也会留在人们心中,留在精神世界中。

(三)灵魂是可见、可感受的吗

有些哲学家认为灵魂是不可见的,无法感受的,例如黑格尔讲的"生命的概念"等。

中国人讲的鬼魂是可见的,但是鬼魂的形象大多是可怕的,使人不敢接近，更不敢亲近。

各种宗教中的灵魂形象也并不是很明确。

基督教的《新约》中，灵魂用"psyche"一词，中文翻译都是"魂"。"psyche"有多重意思，如呼吸、欲求、心绪、血、死后生命、尸体等（《灵魂面面观》），这些都不是明确的形象。

佛教中的灵魂有"六道轮回"，进入不同的"道"的灵魂，形象应该是不同的，但与人的生前形象有怎样的联系，这并不清楚。

理性灵魂观的灵魂有明确的形象，那就是人的生前形象。

你亲人灵魂的形象就是你所熟悉的他（她）的生前形象，并且不只是你亲人临死前的形象，而是你亲人一生（少年、青年、中年、老年）的形象。这些形象都可以通过照片或录像长期地留在亲人的家中和心中。

伟人灵魂的形象会通过绘画、电影、电视剧的渠道长期地、广泛地留在全世界。如林肯、罗斯福、居里夫人、莫扎特、毛泽东等，都已经有电影或电视剧问世。

我的妻子——立中在2009年离去。我们两人在2007年，我们结婚50周年时，特地在照相馆照了十多张金婚合影照。这些合影照十分生动而逼真地显现了我们相敬相爱的感情和神态。立中离我而去后，我时常观看这些照片，从中感受到立中对我的爱。

照片留下的，就是立中灵魂的形象、感情和气质。

（四）亲人的灵魂能相守吗？

我的一个朋友王韵声写了一篇怀念她已故的丈夫徐型仪的文章。文章最后，她写道：

"一年又一年，春秋又冬夏，我与你渐行渐近，到你一百岁，我也九十岁了。我离开人世时，与你欢乐重逢。去年今日，我的心给你发出的信息：请安睡等我。"

这些语言深情地表达了作者对她丈夫的真挚感情。

对于很多老年人来说,他们夫妻在生前情深意笃,一起走过了漫长的人生道路,一起经历了欢乐和艰辛。他们对于身后没有别的奢望,只希望能够与自己的深爱的伴侣在天堂相会,继续相守在一起。

这样的愿望非常朴实,也非常高尚。

根据本书所讲的理性灵魂观,他(她)能否实现自己的愿望呢?

是的。他(她)一定能。其理由是:

1. 根据理性灵魂观,当恩爱夫妻的一方先离去后,另一方必然会时刻想念他(她)的爱侣。这是一方的心灵和另一方灵魂的相爱和相守。

2. 当恩爱夫妻双方都离世后,他(她)们的灵魂都进入一个精神世界。根据理性灵魂观,灵魂是心灵的延续。那么,这一对相爱的心灵必然会延续到他们的身后。他们的灵魂必然将长期地在精神世界中继续相爱并相守。

当子女观看父母在世的亲密合影时,他们会感受到父母的在天之灵会永久地相爱、相守在一起。这些照片所反映的就是精神世界,正像历史是反映精神世界一样。父母相爱是永恒存在的,正像历史事实是永恒存在的一样。

3. 想象是人类认识世界的一个重要方法。古代的亚里士多德、现代的萨特都指出过想象方法的重要性。胡塞尔的现象学是西方哲学中认识论的突破,根据现象学的原理,人类对于灵魂的认识也是一种"意向活动",依靠的就是想象的方法。

因此,人类的想象是从古至今的哲学家共同承认的人类的认识方法。

相爱的夫妻,在一方离去之后,另一方依靠想象,相信在自己离世后能与爱侣重新相处在一起。这是对于自己极大的安慰。这种想象并不是没有根据的,它是建立在夫妻深厚的感情基础之上的。

在灵魂问题上,应该允许人们采用想象的方法。想象是人类的大脑的产物,因此也是大自然对于人类的恩施。

根据上述理由,相爱夫妻的一方可以相信,在自己离世后可以和先离世的伴侣相会重聚。这对于每一个老年人来说,都是极大的安慰。

(五)怎样构建对亲人灵魂的认知

由于至今为止,人们对于灵魂没有明确的认识。如果有人问你:"你能见到你所爱的亲人的灵魂吗?"你可能无法回答,或者只能回答:"很遗憾,我见不到。"

其实,你是完全有可能见到,甚至感受到你亲人的灵魂的。这里就有一个"怎样构建对亲人灵魂的认知"的问题。

正如同在你没有关于空气的科学认知之前,你并不知道自己始终生活在空气之中,你亲人的灵魂是客观存在的,但是你没有认识这个事实,因此你以为你亲人的灵魂根本不存在。

如果你相信亲人的灵魂是存在的,那么,你就需要构建对亲人灵魂的认知,正如同你需要构建对空气的科学认知一样。

根据前文所述的理性灵魂观,你要构建对亲人灵魂的认知,可以通过以下一些方法:

1.经常回忆亲人的生平和事迹,特别是与你有关的事迹,最好是写成回忆文章。

2.认真地整理亲人所写作的书籍、文章、论文、日记、书信等。如有可能,可以出版成书。如果是纪念性文集,可以征集亲人的亲戚、朋友、学生对于他(她)的回忆文章。

3.认真地收集亲人一生的照片,整理成册,作为你对亲人的永远怀念。时时翻阅亲人的照片集,你必然会感受到亲人的灵魂与你永远同在。

4.为亲人建立美好的墓地。重要的节日(清明节或亲人的忌日),你会携带鲜花去会见你的亲人。

如果是配偶,你会愿意与他(她)合葬在一起;在你自己离世后,你的灵魂将与他(她)的灵魂永远在一起。

如果亲人要求海葬(或其他形式的葬礼),你应该尊重他(她)的意愿,让他(她)的灵魂永远和大自然同在。

做了这一切(或其中一部分)之后,亲人的灵魂必将永远地伴随着你,你会时时刻刻地见到并感受到亲人的灵魂与你在一起。

对于每个人来说,这是人生的最大安慰和幸福。

(六)怎样构建自己的身后灵魂?

构建亲人的灵魂是一个感情的问题,而构建自己的身后灵魂则是一个人生观的问题,两者有较大的区别。

构建自己的身后灵魂是每个人都会有的一个愿望,不论是伟人,还是普通人,都有这个愿望。

中国古代的"立德、立功、立言"的思想就是古人对于身后灵魂的构建。

南宋后期抗元英雄文天祥(1236－1283)被元军俘虏后,在监狱中写出感动天地的《正气歌》:"人生自古谁无死,留取丹心照汗青。"

"留取丹心照汗青",就是文天祥对身后灵魂的构建。

根据本书所讲的理性灵魂观,人的灵魂是人的不随肉体的死亡而消失的精神实体,而不消失的精神实体是人的道德、爱心、功绩、贡献、思想、创作、形象、气质的总体。那应该怎样构建自己的身后灵魂呢?

1.道德和爱心方面

你对亲戚和朋友的爱心,你对人民和国家的爱心,将使你的精神和灵魂深深地植根于他们的心中。

爱心是会代代相传的,可以说是"精神的遗传"。你的爱心会使你的子女和孙子女同样具有爱心,从而传给他们的后代,直至永远。

爱心所导致的各种道德品性,是你身后灵魂的最主要内涵。

2.功绩和贡献方面

你对家人和人民具有爱心,你就会在自己的工作岗位上尽心尽责,做出最好的业绩,甚至有创造性的成果或成绩。你的功绩和贡献将融合在你的单位或事业中,永远地闪耀着光辉。

3. 思想和创作方面

这里讲的"思想",并不一定要达到哲学家或思想家的思想高度。任何普通人都有自己的思想。例如父母对子女平时的朴实教诲,他们"做一个正直的人"的以身作则的身传言教,都是"思想"。

至于创作,如果你有自己的文章、著作、绘画、书法、音乐或其他作品,它们将代表你的精神(灵魂)长期地在你家中和社会上流传下去。

其实,对于每个人来说,你的子女,就是你最重要的创作。你的灵魂必然会保留在子女心中和子女的人生之中。

4. 形象和气质方面

在现代社会,每个人都会有自己的照片或家庭的合影。请不要轻视这些照片,在你身后,它们将会长期地在你家中保存下去。子女们和孙子女们通过这些照片,会感受到你的爱心、你的气质、你的品性。你的灵魂将随这些照片而永存。

五、灵魂不死的重大现实意义

灵魂不死的思想并不只是一个哲学问题或宗教信仰问题,它有重大的现实意义。

(一)对人类道德的意义

从西方古代到现代的哲学家,都对灵魂不死的重要的道德意义有所阐述。

柏拉图借苏格拉底之口说:"如果灵魂是不死的,我们就必须关怀它,不但关怀它的这一段称为今世的时间,而且关怀它的全部时间。如果死是摆脱一切,那对于坏人是一大鼓励,因为他们死时就既能摆脱了身体,也把邪恶连同灵魂抛到九霄云外了。可是现在既然把灵魂

看成不死的,它要想远离罪恶而得救,就没有别的办法,只有变得尽可能善良明智才行。"(《裴洞篇》)

柏拉图说得非常清楚:肯定灵魂是不死的,坏人才不得不有所收敛;因为死亡并不能摆脱一切,坏人的罪恶将使他的灵魂得到惩罚。

康德在纯粹理性范畴内没有证明灵魂的不朽,但是他在实践理性范畴内,对灵魂不朽给予完全的肯定。康德将"至善"作为他的实践理性的最高原则或最高追求。

什么是"至善"呢?康德说:"德行和幸福一起构成了一个人对至善的拥有。"(《实践理性批判》)

康德的意思是:至善就是道德和幸福的统一。一个至善的社会,必须使有道德的人得到幸福。

但是,康德认为,在现实世界中,道德和幸福往往是不统一的,好人往往得不到好报,坏人往往得不到惩罚。

因此他说:"至善只有以灵魂不朽为先决条件在实践上才是可能的。"

必须承认灵魂是不朽的,才能达到至善的目标。其意思是:有道德的人,即使在世时没有得到幸福,但他的灵魂会得到幸福;没有道德的坏人,即使在世时没有得到惩罚,他的灵魂必然要得到惩罚。

而在中国古代,墨子也是相信鬼神的,他相信鬼神能"赏贤罚暴"。

从本书所讲的理性灵魂观来看,柏拉图、康德、墨子的思想是符合历史事实的。

前文谈到,灵魂是生活在精神世界的,而历史世界就是精神世界。每个人的灵魂都会在历史中接受检验和评判,每个人一生的善恶,都会在历史上得到公正的评价和报应。

现举中国当代历史中两个人的生前和身后事实来说明。

中国当代有一位高级领导人康生(1898-1975),他在 20 世纪 20 年代在苏联留学时,在 40 年代延安抢救运动中,以及 60-70 年代在

"文化大革命"中,以他的极左的思想和手段,迫害了无数的革命同志。他是 1975 年 12 月去世的,"文革"还没有结束。别人为他写的悼词中是一片赞扬之声。但是不到一年,"文革"结束了。他一生的罪行被完全地揭发出来,终于被开除党籍,与"四人帮"一样,为中国人民所唾弃,他的一生罪行被永远绑在历史的耻辱柱上。

相反的例子是顾准(1915－1974),1935 年他参加中共地下党,担任过山东省工商总局副局长、财政厅长以及上海市财政局局长兼税务局局长。他一生正直,坚持群众的利益,不惜触犯有关领导。在 20 世纪 50 年代的"三反"运动中,他被撤销党内外一切职务,1957 年被打成右派。"文革"开始后,他第二次被戴上极右分子帽子。1974 年,他没有等到"四人帮"的覆灭就与世长辞了。

他在逆境中坚持学习哲学、经济学、历史学,写出许多篇闪耀着理性光辉的文章。他是在当代中国提出市场经济的必要性的第一个经济学家。他被中国的学术界评为中国当代伟大的思想家,受到中国人民的广泛赞誉。

从这两个人的生前和身后的事实来看,确实,人的灵魂是不死的。康生在生前是风光的,而他的身后灵魂遭到全中国人民的唾弃。顾准在生前受到严重的打击和折磨,而在身后,他的灵魂受到全国人民的尊重。

任何人都不能逃脱历史的审判,有德行的人,在历史的长河中,必然会得到人们的赞誉,而行恶的人,必然会受到人民的批判与历史的惩罚。

如果不承认灵魂的不朽,如果认为人一死就一了百了,那么社会上就一定会有很多人认为康生的道路是值得仿效的。他们就会放心地干坏事。这种认识,可能是当前中国不少人道德沦丧的思想原因。

但是他们错了,客观实际是:人的灵魂是存在的,并且是不死的。任何人做坏事,他的灵魂必然会受到后人的责难。

当然,在现代法治社会,对坏人的惩罚,主要依靠人民的监督和法律的惩处。但法律往往难以监管所有的人，因此，在道德和信仰层面，让人们认识到每个人的灵魂都逃不过历史的公正评判和奖惩，也是很必要的。

(二)对思想、文化与科学进步的意义

根据本书所讲的灵魂的定义，灵魂是人的不随肉体的死亡而消失的精神实体，是由人的道德、爱心、功绩、贡献、思想、创作、形象、气质等精神因素组成的总体。

在人类思想和文化发展中，前人的思想、学说和创作，有着巨大的贡献。

拿对中国影响最大的儒家思想来说，它有两千多年的前后继承的发展历史。

孔子的年代是前 551－前 479 年。

孟子的年代是前 385－前 304 年。

韩愈的年代是 768－824 年。

朱熹的年代是 1136－1200 年。

王阳明的年代是 1472－1528 年。

戴震的年代是 1723－1777 年。

熊十力的年代是 1885－1968 年。

这几位中国儒家的主要思想家、哲学家都不是同一时代的人。当他们在世时，他们的前辈尊师都已经是精神世界中的人，或者说，他们只能从前辈的灵魂中来继承前辈的思想和学说。

现代科学是从 15－16 世纪欧洲的科学革命开始的，以哥白尼发表他的《天体运行论》为标志。从那时到今天，科学已经有了突飞猛进的巨大发展。

在科学的发展中，我们可以注意一个事实：重大的科学发展往往是隔世代的。

以天文学和物理学为例，几个关键性的科学家的年代如下：

哥白尼的年代是 1473—1543 年。

伽利略的年代是 1564—1642 年。

牛顿的年代是 1642—1727 年。

爱因斯坦的年代是 1878—1955 年。

他们都不是同时代的人。

因此,科学的重大发展,都是在继承前辈科学家的精神财富的基础上而有所前进的。当他们有重大发现时,他们的前辈科学家已经去世,他们是踏着前辈科学家灵魂的足迹而前进的。

以上事实说明,人类灵魂的继承与发展在科学进步中有重大意义。

(三)对每个人人生的意义

科学的理性灵魂观对于每个人来说,有多方面的意义:

1. 提升人的道德修养,激发人的爱心和善心。

理性灵魂观认为,人的灵魂的最主要内涵是人的道德和爱心。

你的爱心将随着你的灵魂长远地活在人们心中。这样的认识必然会提升你的道德境界,使你愿意为你的父母、配偶、子女、兄弟姐妹以及你的朋友、学生、服务对象(民众、顾客、病人等)付出更多爱心。

你的爱心的付出又会给你带来最大的愉悦和幸福。

2. 激励人生的积极进取精神。

理性灵魂观认为,每个人生前所做出的贡献,将构建他的身后灵魂。

这样的认识必然使他更愿意尽心尽责地做好自己的本职工作;有才能的人会要求自己做出创造性的贡献;有更大才能和特殊机会的人会促使自己做出对国家或对人类的重大贡献。

3. 在亲人离去时,你不会过分悲痛,因为亲人的灵魂会与你同在。

对于世界上任何人来说,自己亲人(父母、配偶、子女)的离去,都是人生最大的悲痛。

而理性灵魂观告诉人们,亲人的离去,只是他(她)肉体的离去,他(她)的灵魂并没有离去,他(她)的灵魂还将与你同在,他(她)的爱心会始终伴随着你,他(她)的音容笑貌还将活在你的心中,也会长期地留在你们共同的影集之中。并且,当你自己离世时,你一定会与他(她)在精神世界中重逢,你们将从此永远地在一起。

因此,当你亲人离去时,这种理性的灵魂观,会帮助你缓解悲痛,帮助你能冷静地对待亲人的丧事,让他(她)得到安息。

理性灵魂观会帮助你平静地、安心地度过亲人离去之后的生活,你不会感到过分孤单。亲人的照片挂在你的房中,他(她)天天陪伴着你。你家中可以有亲人的灵堂,逢年过节时,你都可以献花点香,与你亲人有心灵的沟通。

4.当你面临死亡时,你并不会有恐惧感,因为你的灵魂将要长存。

死亡是世界上每个人都要共同面对的人生归宿。

每个人在临死之前的痛苦心情不完全一样。有人痛苦的是与自己亲人的最后离别;有人是担心自己未成年子女的命运;有人是痛惜自己未竟的事业。最值得同情的是有人受到不公正待遇,受冤含屈,至死都未能昭雪。

不论你是谁,理性灵魂观告诉你,人的死亡只是肉体的死亡,你的灵魂、你的精神并没有死亡,它将在你的亲人的心中永存。你的灵魂(精神)仍然将和你的亲人在一起,永远地生活在他们的心中。你的爱心、你的贡献、你的思想、你的作品、你的形象和气质,都将长期地保留在世上,保留在人们的心中。

对你的一生,你的亲人、朋友、学生和社会都会有最公正的评价。你的贡献不会被埋没,你的道德和人品会永远地印刻在他们心中。

死亡只是你的肉体与人们的离别,死亡将使你的灵魂继续地、长期地发射光辉,死亡将使你的灵魂与自然和人类融合一体,从而得到永存。

因此,死亡不值得你伤悲。

4.4 科学的理性上帝观

（由于本章内容较多，为便于阅读，先列出内容大纲）

本章内容大纲

一、人类的终极信仰

二、上帝是人格化的人类终极信仰

三、科学的理性上帝观的必要性

四、科学的理性上帝观之一：自然及其大爱

（一）自然是东西方哲学公认的终极存在

（二）自然对人类的大爱之一：地球与人类受到大自然极其稀见的宠爱

（三）自然对人类之大爱之二：自然创造了人类

（四）自然对于人类之大爱之三：自然养育了人类

（五）自然对人类的大爱之四：自然赐予人类以"真"：科学是自然赐予人的无价珍宝

（六）自然对人类的大爱之五：自然赐予人类以"爱"与"善"：爱心和道德是自然赐予人类的最大财富

（七）自然对人类的大爱之六：自然赐予人类以美：自然美是一切艺术的源泉

五、科学的理性上帝观之二：人类及其大爱

（一）人类（人）是东西方哲学共同的终极存在

（二）人类及其大爱之一：人类是人类的直接创造者

（三）人类及其大爱之二：人类是人类的直接养育者

（四）人类及其大爱之三：人类是一切真理的发现者

（五）人类及其大爱之四：人类是一切爱与善的创造者

（六）人类及其大爱之五：类是一切美的创造者或欣赏者

六、自然、人类、大爱的三位一体

（一）三位一体中为什么必须有"大爱"？

（二）自然－人类－大爱的内在一致性

七、科学的理性上帝观对于人的现实意义

（一）科学的理性上帝是值得人所敬爱的吗？

（二）科学的理性上帝能够为人赎罪吗？

（三）科学的理性上帝能够保佑人免于灾祸吗？

（四）科学的理性上帝能够让人进入天堂，得到永生吗？

本书重点是谈灵魂问题，但是人的信仰，除灵魂问题外，还有上帝问题与天堂问题。本书所谈的"科学的理性信仰"，包括理性的灵魂观、理性的上帝观与理性的天堂观三方面。本章是谈理性的上帝观。

一、人类的终极信仰

所谓人类的终极信仰，就是指人类的最高信仰。

古代人类没有掌握科学知识，人类的力量在大自然面前是非常渺小的。各种自然灾害（水灾、旱灾、风灾、地震等）都会造成严重的饥馑和很多人的死亡。古代人类也没有先进的医学，不少疾病（特别是传染病）都会夺去许多人的生命。即使没有灾害与疾病，由于生产工具的落后，人类的谋生也非常艰辛。人类的家族、社群或民族之间还经常有争斗与杀戮，又会造成巨大的伤亡。

在这样的生存环境中，人类对大自然无比敬畏。从日月星辰的运转、冬夏季节的交替、天灾与人祸等，人类都会联想到有伟大的天上的神在掌控这一切。

当人类在灾害与疾病中痛苦地挣扎时，他们自然地会盼望天上的

201

神会救援自己。

天上的神就是人类的最早的终极信仰。人们相信父母,或者相信医生,但那不是终极信仰,因为父母或医生的力量都是有限的。只有天上的神的力量是无限的,可以作为人类的最高或最后的依靠。

这是世界各地的人类都具有终极信仰的历史背景。

终极信仰是人类宗教和哲学的共同追求。如果我们从各种宗教的信仰本质来考察,那么,我们会发现:所有宗教都有一个共同的信仰,即"终极存在"。对于终极存在的信仰是人类的本性。

终极存在是各宗教的最高的信仰对象。

宗教的终极存在可以区分为人格化的与非人格化的两大类。

人格化的终极存在有:基督教、犹太教的上帝,伊斯兰教的真主等。

非人格化的终极存在有:儒学的"天"、佛教的"空"、"涅槃",道教的"道"等。

虽然有人格化与非人格化之分,它们的实质是一致的。其一致性在于:

(一)它们都是宇宙或世界的最高主宰;

(二)它们都是人类命运的最高主宰;

(三)它们都是人类不能亲眼看见的,而又是客观存在的;

(四)它们都是人类不能完全认识,也不能完全表达的。

终极存在的概念,事实上不仅是宗教的,也是哲学的。哲学上的本体论所讨论的也就是终极存在问题。现代科学正在寻求能解释宇宙间各种力的统一理论,这也有终极存在的含义。

二、上帝是人格化的人类终极信仰

古代人类,由于文化程度的限制,对于抽象化的终极存在是难以理解和接受的,因此他们比较普遍地信仰人格化的终极存在。上帝就是被普遍接受的人格化的终极存在。

有人可能认为:"上帝"的概念,西方用得很多,中国人一般不用。其实中国古代就有"上帝"这个词。

《书经·舜典》中有:"(舜)肆类于上帝。"意思是:舜帝继承王位后,向上帝做了报告。

《中庸》中有:"子曰:'郊社之礼,所以事上帝也'。"

英语中,"上帝"是用"God"。汉语用"上帝"这个中国古有的名词作为"God"的译名是很恰当的。

基督教的上帝是完全人格化的。

欧洲中世纪宗教哲学家奥古斯丁提出"三位一体":圣父(上帝)、圣子(基督耶稣)和圣灵这三者是一体的。意思是:耶稣的所作所为,他所做出的牺牲(钉上十字架),都体现着上帝对人类的爱。圣灵是在人心中的上帝与耶稣。

三者之中,上帝本身是人格化的,如《旧约·启示录》记载:"看哪!上帝的帐幕在人间。他要与人同往,他们要做他的子民。上帝要亲自与他们同在,作他们的上帝。上帝要擦去他们一切的眼泪。"

至于耶稣,更是具体的历史人物。基督教认为,他是上帝派到人间的使者,或救世主,他完全可以代表上帝。

在基督教题材的绘画中,上帝和耶稣都是慈祥的长者,似同人类的父亲。

这样的人格化的上帝,使人们感到非常可亲可敬,非常容易接近。自己的任何苦难,都可以向他倾诉。平时,也可以经常向他祷告或求助。

有这样一个人格化的上帝,是基督教在全世界获得众多信徒的一个重要原因。

在伊斯兰教的《古兰经》中,真主也是人格化的。

佛教是没有创世主的,也可以说它是没有上帝的宗教,但是,佛教有教主,是最高的觉悟者,就是"佛",其次是"菩萨"。

佛教的佛有释迦牟尼佛,他是人间世界的教主;有阿弥陀佛,他是西方极乐世界的教主。

传到中国的大乘佛教有四大菩萨,即:文殊菩萨、普贤菩萨、观音菩萨、地藏菩萨。

因此,佛教虽然不提上帝,但是,佛和菩萨与上帝有相似的性质。人们完全可以通过念经或念咒的方式,敬拜他们,祈求得到他们的保佑。

道教是多神论宗教,但它也有最高的神,或是玉皇大帝,或是太上老君。教徒们可以祈求他们的保佑,或除妖驱邪。

这些都是人格化的神(或上帝)。

三、科学的理性上帝观的必要性

对于基督教徒来说,上帝是他们最大的精神寄托。他们相信自己的生命来自上帝;自己的一切幸福都来自上帝的恩施;自己有疾病或有困难时,只要祈祷上帝,上帝就能解救自己;在自己生命终止时,上帝会将自己召唤到无比美好的天国去。

对于佛教徒来说,他们相信,只要经常念诵佛的名字(阿弥陀佛),或经常到观世音菩萨面前去烧香磕头,就能去灾避难,转祸为福。

佛教的佛,与基督教的上帝,对于人的重要性是相似的。我们为讨论的方便,统称为上帝。

因此,上帝所能给予人的期待与希望,是没有其他人或其他事物可以代替的。

欧洲启蒙运动的一个有重大历史意义的影响是宗教和政权的逐步分离,即"政教分离"。当代世界大多数国家(包括中国)都实行政教分离，即不能以国家的权力来推进某一种宗教。

政教分离的最大影响是在教育方面。除非是教会办的学校，一般公立或私立学校都不能在学生中强制推行任何一种宗教。现代教育的内容基本上都是科学知识。

在这样的社会背景下，许多年轻人不再信仰任何宗教。这个情况在当代中国特别突出。这是当代中国 90％以上的人不相信任何宗教的重要原因。

前文已经谈到，在当代中国，对许多人来说，儒家与马克思主义的信仰都已经淡薄，又没有宗教信仰，因此形成了社会性的信仰与道德危机。

在这种缺乏信仰的情况下，人们失去了精神寄托，失去了崇拜与希望的对象。

从国家层面来说，中国政府还是要求以"共产主义"作为人们的理想。共产主义是一种社会发展的目标，对于人们是一种鼓舞的力量。

但是，很难要求用共产主义的理念来完全代替上帝的理念。基督徒们相信上帝是人类的创造者；即使是非基督徒，也不能说是共产主义创造了人类。

因此，需要有一种科学的理念，可以在非宗教信仰者心中，代替上帝的理念。

这就是本章要讨论"科学的理性上帝观"的原因。

"科学的理性上帝观"将与"科学的理性灵魂观"、"科学的理性天堂观"一起，构成"科学的理性信仰"。

斯宾诺莎在《笛卡尔哲学原理》中提出了神（上帝）的许多属性，如永恒性、唯一性、创造性、全知性、无限性、圆满性、公正性、是一切事物的第一因等。

根据斯宾诺莎对于上帝的基本属性的分析，如果以至今为止的科学知识来思考，笔者认为人类的终极存在，或"科学的理性上帝观"，只能是:自然、人类、大爱的三位一体。

"自然、人类、大爱的三位一体"可分三个方面介绍。

1.自然及其大爱;

2.人类及其大爱;

3.自然、人类、大爱的三位一体。

四、科学的理性上帝观之一:自然及其大爱

(一)自然是东西方哲学公认的终极存在

所谓"终极存在",就是世界上最高的存在物,其他存在物都在它的统辖之下。

不同宗教对于终极存在的认识,其根据是它们的终极信仰。例如基督教的信徒们认为:上帝就是终极存在,世界万物都是上帝创造的,也是上帝管辖的。

西方与中国的哲学家也有自己对于终极存在的认识。但中外哲学家对于终极存在的共同认识是:自然,或大自然。

1.西方哲学中的自然

古希腊哲学就是从自然哲学开始的,哲学家们都在大自然中寻找世界的本体。如泰勒斯认为万物的本原是水,阿那克西美尼认为万物的本原是气,赫拉克利特认为万物本原是火。

柏拉图提出理念论(相论),是哲学家对于大自然诸多现象的第一次理性的抽象。

亚里士多德既是哲学家,又是科学家。他提出的"实体论",指明了研究自然的出发点。

近代唯物论的倡导者是培根(1561－1626)与霍布斯(1588－1679)。培根提出:世界的本原是物质的,物质是永恒的。霍布斯提出:"宇宙是万物的总和。"他们所谈的物质或万物,首先是自然界的

物质。

17 世纪哲学家斯宾诺莎提出著名的"自然神学"，他认为，自然就是上帝。

18 世纪的启蒙哲学家康德，他的"先验综合分析"的认识论首先是针对自然界的。他的"先验感性论"中的"时间"和"空间"，都来自大自然，而感性是一切认识的起点。

19 世纪哲学家孔德提出"实证哲学"，他认为，实证哲学的目的就是要探究"自然关系的不变性"。实证哲学为 19－20 世纪的自然科学发展提供了重要哲学基础。

2.中国哲学中的自然

中国哲学在源头上就是面向大自然的。

中国最早的哲学著作是《易经》，其诞生时间大约比老子、孔子早四五百年。《易经》的基本概念是"阴阳"。"阴阳"完全是从大自然现象（天地、日月、昼夜、男女等）中总结出来的原理。《易经》中的"八卦"的图像表示是：乾（天）、兑（泽）；震（雷）、巽（风）；坤（地）、艮（山）；离（火）、坎（水）。"八卦"所表示的完全是自然现象。

老子哲学中的"道"，是指自然本身和它的运行规律。

儒家哲学中的"天"，基本上是指人力不能控制的自然规律与历史规律。

宋代理学家的"理"，既指自然规律，也指道德伦理。理学家认为这两者是一致的。

中国现代哲学家熊十力提出："宇宙实体，是复杂性，非单纯性。"他所讨论的就是自然与宇宙问题。

上述介绍可知，不论是西方或中国，"自然"始终是哲学和人类思考的根本性问题，是世界和宇宙的本体，是非宗教的或理性的终极存在。

3.自然就是上帝

斯宾诺莎在 17 世纪提出：自然就是上帝，这个观点不论在当时，或在现在,都是一个非常大胆而深刻的见解。

在斯宾诺莎关于上帝属性的分析中,提到了创造性、永恒性、唯一性、全知全能性、公正性等。这些属性实际上都是自然的属性。斯宾诺莎从来不提上帝的人格性。因此斯宾诺莎所讲的上帝与自然没有区别,而与《圣经》中人格化的上帝形象有较大的区别。他因此而受到教会的严惩,被驱逐出教会。

由于斯宾诺莎不提人格化的上帝,在他的著作中,也没有过多地谈论上帝的大爱,或者说上帝的"神爱"。"神爱"就是上帝(和耶稣)对于人类的爱,这是基督教的非常重要的教义。

基督徒们相信上帝是爱他的信徒的,在信徒们遇到困难时一定会伸出援手。

如果我们要建立理性的上帝观,如果我们如斯宾诺莎所说,认为自然就是上帝,我们就要回答一个问题:自然对于人类有爱吗?

这个问题,需要用宇宙学、天文学、人类学、气象学、历史学等多方面的科学知识来回答(即用康德讲的"知性的综合"的方法)。

(二)自然对人类的大爱之一:地球与人类受到大自然极其罕见的宠爱。

宇宙学和天文学都证明:存在着人类的地球是宇宙的一个极其罕见的现象。

宇宙究竟有多大呢?天文学上计算距离的单位是 1 光年＝90000 天文单位,而 1 天文单位＝1.5 亿千米,这是地球到太阳的平均距离。

20 世纪 80 年代,阿西莫夫在《最新科学指南》中说:天文学家已经能辨认出 100 亿光年的天体。可见,宇宙之大已经超出了人们的想象能力。

天文学家 W.赫歇耳认为,银河系内大约有 1 亿颗恒星,太阳仅仅是其中之一,而地球只是太阳系中的一个较小的行星。

在如此庞大的宇宙中,至今为止,只在宇宙尘埃里发现一些简单的蛋白质,而没有发现高级生命。

由此可见,至今为止的天文学的认识是:地球是大宇宙中独一无二的有高级生命的星球;人类是大宇宙中独一无二的高级生命。

是什么原因使得高级生命难以在其他星球上生存呢?

生命,特别是高级生命的存在,需要非常严格的环境条件。

(1)适宜的温度条件。人类生存的最适宜温度是 0～30℃。低于零下 50℃,高于零上 50℃,人类就难以生存。

(2)适宜的太阳辐射条件。太阳辐射是植物光合作用的能量源泉,因此也是一切生命(包括人类)的能量源泉。适宜的太阳总辐射量在 1000～10000 兆焦耳/平方米。过低则植物的光合量不足,过高则会给植物以灼伤之害。

(3)水。水是生命的必不可少的环境与物质条件。

(4)空气中有足够的氧气和二氧化碳。氧气是任何动植物呼吸作用所必需;二氧化碳是植物光合作用的必要物质资源。

(5)氮、磷等元素。它们是构成蛋白质和 DNA 的必需元素。

要求在同一星球上同时满足以上这些必要的物质或环境条件,其概率非常非常之小。至今为止,宇宙间只有地球同时具备以上所有的条件,因此允许有高级生命与人类的存在。

因此,我们不得不承认,大自然对于人类有非常特殊的宠爱。这就是自然对人类的大爱。

(三)自然对人类之大爱之二:自然创造了人类。

根据古人类学家的研究,人类的起源已经有 500 万年的历史。

(1)早期猿人。距今 500 万年前到 160 万年前,有最早的肯尼亚的土根原初人、南方古猿阿法种、南方古猿非洲种等。他们的平均脑容量在 300 万年前是 400 毫升,后来发展到 500～800 毫升。

(2)晚期猿人。距今 160 万年到 20 万年前,有元谋猿人(170 万年前)、蓝田猿人(115 万年前)、北京猿人(约 50 万年前)、南京猿人(20

万－58万年前)等。他们的脑容量约为1200毫升。

(3)早期智人。距今10万年前,有欧洲的尼安德特人,中国陕西大荔、广东马坝等地发现的早期智人等。

(4)晚期智人。距今1万－3万年,有中国周口店的山顶洞人等。

(5)现代人。公元前8000年以后。人的平均脑容量是1350～1400毫升。

大脑的逐步发达是人类从其他动物中脱颖而出的最主要特征。可以设想,在500多万年以来的漫长岁月中,在大自然的各种环境中以及与各种自然灾害和其他动物进行的斗争中,人类所依靠的主要不是体力,而是智力。凡是能生存下来的都是智力较强的人,也就是在基因组成上能使大脑较为发达的人。这些人的后代,大脑就较发达,智力也就较强。这样,一代一代地遗传下去,就使人类的大脑越来越发达,因此而诞生了现代人类。

达尔文的学说和人类学的发现已经充分地证明:人类的起源是来自自然界的生存竞争,是自然自身的创造,而不是来自上帝的创造。

基督教相信人类是上帝创造的,上帝就是全人类的父亲(圣父)。这是基督教的教徒们要感恩上帝的一个重要原因。

既然现代科学已经证明:人类是自然创造的,那么没有宗教信仰的人们是不是应该对大自然有感恩之情?

(四)自然对于人类之大爱之三:自然养育了人类。

大自然不仅创造了人类,并且养育了人类。人类的生存一刻也离不开自然的恩赐。人类的衣食住行,无不依靠大自然提供的资源。

衣:人类衣着的原料是棉花、麻类、蚕丝、皮毛,它们全都来自动植物。即使是化学纤维,其原料也来自自然界提供的石油或天然气。

食:人类的食物(粮食、水果、蔬菜、肉、乳、蛋等)全部来自自然界。

住:人类建造房屋所需的木材、钢材、水泥等,原料全都来自自然界。

行:汽车、火车、飞机、轮船等交通工具,其原料全都来自自然界。

(五)自然对人类的大爱之四:自然赐予人类以"真",科学是自然赐予人的无价珍宝。

什么是科学(指自然科学)?科学就是自然的真相与规律。

自然现象包罗万象:天文、地理、地质、气象、动物、植物、微生物、人类本身等。

人类天性要追求世界的"真"。自然在人类面前是不掩饰的,自然给予人类各方面的"真"。但是,"真"并不是很容易得到的。自然赐予人类最宝贵的礼物是人的智慧——人的高度发达的大脑和理智能力。

科学就是人类依靠自己的理智能力,逐步地揭示自然的"真"的智慧结晶,因此科学是自然所赐予的,是自然给予人类的无价珍宝。

自然现象五彩纷呈,令人眼花缭乱,要将自然界理出头绪,例如在天文现象中认清每一个星球的性质、大小、距离等,或对无数的动植物进行分类辨认,就需要科学的研究。

大自然呈现在人眼前的只是现象,它的内在的运行规律是什么?这需要科学的研究。

人类的历史证明,人类的许多需求,例如人类物质生活的改善与提高、人类各种疾病的防治、各种自然灾害的防御、人类寿命的延长等,都可以也只能依靠科学的进步。

宗教的教徒们经常对上帝(或其他的神)有所祈祷,例如祈求上帝能保佑自己或亲人治好病。事实证明,依靠上帝,不如依靠科学,依靠医学和医生的帮助。

(六)自然对人类的大爱之五:自然赐予人类以"爱"与"善",爱心和道德是自然赐予的最大财富。

人类的爱心与善行,对人类社会生活和精神生活有极为重要的意义。

科学已经证明,人类的爱与善都来自自然。在笔者的另一部著作《爱的哲学》中,对这个问题有详尽的论述。

简要的解释是:在动物的长期进化过程中,人类的大脑形成一种"三位一体"的结构。人类的大脑由三部分组成:(1)爬行动物脑(RB);(2)边缘系统脑(LB);(3)新皮层系统脑(NB)。

只具备 RB 脑的动物(如爬行动物的鳄鱼等)在亲子之间都是没有感情的,他们会以自己的后代为食。动物进化到哺乳动物后,哺乳动物在亲子之间产生感情。哺乳动物在后代尚未成熟前,会尽心地保护后代。

动物进化到人类,人类大脑的特点是不仅有高度发达的 LB 脑,并且有高度发达的 NB 脑。后者的功能主要是理智;前者的功能主要是感情。因此,人类的特点是:既有高度的感情能力,又有高度的理智能力。这就是人类之爱心和善行的生物学基础。

爱心和善行就是人类道德的来源。

因此,人类的爱心、善行和道德,归根到底,都来自大自然。

(七)自然对人类的大爱之六:自然赐予人类以美,自然美是一切艺术的源泉。

中国古代哲学家庄子在他的《齐物论》中谈到"天籁"(自然的音乐),这是子綦和他的学生子游的对话。

子游说:"地籁是从各种洞穴发出的声音,人籁是各种竹管乐器发出的声音。请问什么是天籁?"

子綦说:"天籁有万般的不同,却全都是大自然自己发生的音乐,没有谁是发动者。"

庄子借子綦之口说:最好的音乐是自然界自身产生的声音和节奏。

如果你懂得欣赏清晨的鸟鸣、秋夜的虫声、流水的淙淙、泉水的叮咚,你会同意庄子的意见。

事实上,人类的音乐、绘画、书法、舞蹈等许多艺术,它们内在的艺术美的源泉都来自大自然。

以上关于自然及其大爱的论述,我们可以得到的结论是:大自然就是人类所寻求的终极存在。自然及其大爱就是上帝。

五、科学的理性上帝观之二:人类及其大爱

(一)人类(人)是东西方哲学共同的终极存在

从基督教的经验来看,人的宗教信仰并非只能是单一的。基督教信仰的是"圣父、圣子、圣灵"的三位一体。它的终极信仰既是三个,又是一个。

科学的理性终极信仰也是一样,它的终极信仰是:自然—人类—大爱。

人类(人),与自然一样,也是东西方哲学所关注的本体和主题。

1. 西方哲学中的人类或人

苏格拉底在哲学上的创举,是将哲学从自然带回到人。他说:"我将哲学从天上拉回来,引入城邦甚至家庭之中,用它来考虑生活和道德、善和恶的问题。"(西赛罗《Academic》)

柏拉图的哲学对于人类有极大的关注。他关于爱、关于道德的论述都是从人类出发的。例如对于爱,他说:"爱是人类幸福的来源。"

亚里士多德的哲学是非常全面的,而伦理学在他的哲学中占有重要位置,他完成了三部伦理学著作:《尼各马科伦理学》、《欧德谟伦理学》和《大伦理学》。伦理学正是以人类为主题的科学。

中世纪时,宗教势力过强,严重地抑制了人类的天性与个性。14—16世纪时的文艺复兴,促进了人性的大解放。

17—18世纪的启蒙运动,又促进了人类理智的大解放。

卢梭在他著名的《社会契约论》中说:"每个人都生而自由、平等。"

从此，人类回到了自我，这是西方文明进步的根本性因素。

马克思的最高理想是全人类的解放，是建立一个"自由人的联合体"，这也是他的共产主义的理想。

西方现代哲学中，人本主义始终是一个主流。叔本华的意志哲学、柏格森的生命哲学、海德格尔和萨特的存在主义都是以人（人类）为本体的。

2. 中国哲学中的人

虽然《易经》中的八卦的图像是表征自然现象，但是各卦的爻辞全都与人有关。爻辞中的"吉"或"凶"，就是指对人有利或不利。

老子的哲学以道为中心，道既是自然规律，也是人类的道德准则。

他说："道生之，而德畜之；是以万物尊道而贵德。"道创造了万物，德养育了万物。他的"德"主要指人类的道德。

孔子哲学以"仁"为中心。他的学生问他：什么是仁呢？孔子的回答是：爱人。

孟子的哲学是："仁也者，人也。"（《孟子·尽心下》）"爱人者，人恒爱之。"（《孟子·离娄下》）

唐代韩愈说："博爱之谓仁。"（《原道》）

宋代张载说："为天地立心，为生民立命。"（《张子语录》

五四时期，陈独秀引进德先生（民主）和赛先生（科学），他说："这两位先生，可以救治中国政治上道德上学术上思想上的一切黑暗。"（《〈新青年〉罪案之答辩书》）。他的目的完全是为了中国的广大民众。

综上所述，在西方和中国哲学中，人类或人民或人，始终是哲学家探求的本体；人类的幸福始终是哲学的根本出发点，是人所追求的终极存在。

人类对于人有多方面的意义。人类天性有善的一面，也有恶的一面。

人类对于人类自身是有大爱的，下面将要详细地论述。

但同时,人类在族群之间、民族之间、国家之间、阶级之间往往有非常残酷的争斗,造成人类的无穷苦难。这就是人类之恶。

作为人类的终极信仰,只能是人类对于人自身的大爱。在人类的大爱中,逐步地克服人类之恶、人类的自我残害和人类的苦难。

关于人类对于人的大爱,现分述如下:

(二)人类及其大爱之一:人类是人类的直接创造者。

自然是世界万物的根本创造者,而各种生物是该生物的直接创造者。人类是人类的直接创造者。因此,人类是自然与人类共同创造的。

为什么说人类是人类的直接创造者? 因为根据遗传学,人类的一切性能是由人类的全套 DNA 所控制与表达的,而人类的全套 DNA 只能由人类自身所遗传。子女的 DNA,只能是来自父母双亲的 DNA。

人类可以说是"天之骄子",他是地球上最高级的动物,他的 DNA 组成决定他具有动物界最高级的理智能力和最高级的情感能力。

当见到自己的孩子智力发育迅速时,有人会感谢上帝的恩惠,而从科学的角度来认识,人们不能不感谢人类本身的恩惠,因为只有人类本身的 DNA,才有可能给予孩子高度的智慧能力。

(三)人类及其大爱之二:人类是人类的直接养育者。

大自然供应着制造人类衣食住行各种物品的原始资源,例如水稻、小麦、棉花、树木、石油等,而这些原始资源的发现、栽种、开发、利用,却都需要人类的体力和脑力劳动。

从野生水稻演变到栽培水稻,就是一个经历了几万年的漫长过程,其中包含无数代农民的辛勤的劳动和选育。

从棉花到棉布,从蚕的发现到丝与绸的形成,需要无数代农民和手工业者的劳动和智慧。

从石油原料到化学纤维,更需要化学家、化工学家、石油学家和工人们的研究、发明和劳动。

大自然给予人类生存的环境和条件,是人类自己通过自己的劳动和智慧养育了人类自己。

总之,自然和人类是人类共同的创造者和养育者,它们犹同人类的父亲和母亲。

基督教徒们对于上帝有无限的崇敬与感恩,因为上帝是他们的缔造者。不是宗教信徒的人们,应该有科学的、理性的思考,对于自然和人类感到崇敬和感恩。

(四)人类及其大爱之三:人类是一切真理的发现者。

自然的真理(真相和规律)要依靠科学来探求和揭示。而自然本身不能产生科学,只有人类能产生科学和科学家。

不论是在西方还是在中国,在古代社会就诞生了最早的科学。在西方的希腊化时期(前300-前30),阿基米德创立的"浮力定律"、欧几里得创立的几何学,可以说是最早的科学。中国古代的墨子(前468-前376)和他的学生对于光学有精辟的论述。(可惜中国的科学后来被中断了)

欧洲在文艺复兴后,从哥白尼(1473-1543)和培根(1561-1626)开始,科学有了很快的发展。

后来的几个世纪中,人类在自然科学中创造了骄人的成绩。

物理学中的突出成就有:牛顿的万有引力定律、法拉第的电磁感应定律、爱因斯坦的相对论等。

化学中的突出成就有:拉瓦锡的氧化论、门捷列夫的元素周期表、维勒人工合成尿素、居里夫人发现镭等。

生物学的突出成就是:达尔文的进化论、孟德尔的遗传定律、摩根的基因学说、沃森和克里克的DNA结构的发现等。

与人类的命运特别有关的医学上的重大进展是:巴斯德发现微生物、科赫分离出结核杆菌和霍乱杆菌、弗莱明发现了青霉素等。

科学为人类生活水平的提高、疾病的防治、寿命的延长做出了巨大的贡献。

（五）人类及其大爱之四：人类是一切爱与善的创造者。

人类是一种社会性的高级动物，它在同类之间天生地有互助互爱的爱心和善心。因此，人性基本上是善的。

但人性也有恶的一面，所谓"恶"，主要是指损人利己。当生活资源匮乏时，有人为了争夺资源，会损害他人的利益，以满足自己的利益。这是兽性的残余表现。

随着社会的进步、教育的普及、法治的健全，爱与善的人性会得到更大的发扬，而恶的兽性会得到逐步的克服。

在人类历史上，人类本身所创造的哲学、宗教、艺术（特别是文学）都在发扬人类的爱心和善心方面发挥了重大的作用。

西方哲学中，最早提倡爱与善的是柏拉图。他说："爱是一切神祇中最爱护人类的，他援助人类，给人类医治一切疾病，治好了，人就能得到最高的幸福。"（《会饮篇》）

中国古代哲学中，老子和孔子都有关于爱与善的重要论述。

老子说："既以为人，己愈有；既以与人，己愈多。故天之道，利而不害；人之道，为而弗争。"（《道德经》，八十一章）

意思是利己和利他是结合的，你越是为他人，自己得到越多。天道是对人有利而不害人；人道是做好事而不替自己争利。

孔子的思想是："仁者爱人。"

近代以来，西方哲学比较强调个人，强调自由。在政治或宗教的专制统治之下，维护个人利益和自由，是人类之善的极为重要的因素。

中国传统哲学比较强调维护集体的秩序和利益（忠孝、礼仪等）。近代以来，引进西方文明，有远见的思想家如梁启超、孙中山、陈独秀、胡适等，提倡自由、民主（或民权）与法治，使中国人对于爱与善有了较全面的认识。

各种宗教的共同教义就是爱，例如基督教的"爱人如己"、佛教的"普度众生"。

中国和世界历史上都有一些杰出的诗人、文学家为传播人类之爱与善做出了伟大的贡献。如诗人屈原、杜甫、但丁等，文学家曹雪芹、莎士比亚、托尔斯泰等。

人类依靠自己的本性，又通过自己的哲学家、宗教家和文学家创造和培养了人类的爱与善。

（六）人类及其大爱之五：人类是一切美的创造者或欣赏者。

大自然是一切美的源泉，但自然之美还不能满足人类对美的要求，人类通过自己的文学家，美术家，音乐家，雕塑家，戏剧、电影、电视剧的编辑、导演和演员创造了各种精彩的艺术美。

文学：人类有曹雪芹的《红楼梦》、托尔斯泰的《战争与和平》等。

音乐：人类有使孔子三日不知肉味的《韶》乐、莫扎特的《小夜曲》、贝多芬的《第九交响曲》等。

美术：人类有黄公望的《富春山居图》、张择端的《清明上河图》、达·芬奇的《蒙娜丽莎》等。

雕塑：人类有中国云冈石窟、龙门石窟中的佛教雕塑，古希腊的雕塑《维纳斯》等。

戏剧：人类有汤显祖的《牡丹亭》、莎士比亚的《罗密欧和朱丽叶》、曹禺的《雷雨》等。

人类既是美的创造者，又是美的欣赏者。一切优秀艺术的欣赏者只是人类自己，而不是其他动物。

综上所述，人类是人类与自然的共同产物，人类本身是人类的直接创造者。

人类与自然共同养育着人类，人类本身是人类的直接养育者。

人类与自然共同赐予人类的最高需求：真、善、爱与美。

因此，我们可以得到的结论只能是：人类与自然一样，是人类所寻求的终极存在,没有更高的存在。

如果基督教将上帝看作人类的终极存在,那么,从科学和理性的观点看,人类及其大爱,与自然及其大爱一样,就是理性的上帝。

六、科学的理性上帝观之三:自然、人类、大爱的三位一体

基督教给予我们一个很大的启发是:终极存在并不是单一的,圣父(上帝)、圣子(耶稣)和圣灵,三者都是终极存在,而三者又合为一个整体。这就是基督教中著名的"三位一体"的学说。

从科学的、理性的观点来看,科学的理性的终极存在也有三位一体的情况,即:自然-人类-大爱三者都是终极存在,而又是一个整体。

(一)三位一体中为什么必须有"大爱"?

斯宾诺莎的自然神学认为自然就是上帝。他并没有说自然及其大爱是上帝。为什么本书要提出自然及其大爱是上帝、人类及其大爱是上帝,理由如下 :

1. 自然与人类,对于人类来说,都有善与恶的两面性。自然的恶,如水灾、旱灾、地震、海啸、传染病等都会给人类造成巨大伤害,造成无数人的死亡。人类的恶,如阶级的奴役和剥削、种族或国家之间的战争、专制统治对人民的残暴和屠杀等,都会造成人间的惨痛悲剧。

自然与人类的恶的一面,与人们对于终极信仰(上帝)的信念是不符合的。我们说自然及其大爱、人类及其大爱,就是排除其恶的一面,突出其善与爱的一面。

2. 自然是巨大无比的大宇宙,人类只是生活在宇宙亿万星球中一个小星球——地球上的高级生物。这两者按它们的性质来说是不对称的。是什么因素将这两者联系在一起呢? 是两者对人类的共同的大爱。

3. 基督教的三位一体中,"圣灵"有特殊的意义。因为上帝在天

上,耶稣是历史人物,离开当代的人都很远,而圣灵是人心中的上帝和耶稣,圣灵与人民的心灵直接相通。人们通过圣灵,在自己心中感受到上帝和耶稣。笔者认为,这是基督教的非常有价值的独特创见。

大爱与圣灵有相似的意义。与个人相比,自然与人类都是极为巨大的存在,个人在自然和人类之中,只是大海之中的极为渺小的一滴水。许多人来说,他们可能会感到自然和人类太浩大了,太遥远了,因此与己无关。

但是,自然与人类的大爱,是在人们心中的。人们在日常生活中,在一日三餐中,在家庭的温暖中,在朋友的感情中,在周围的草木花卉中,都会从内心感受到自然与人类的大爱。

因此,科学的理性上帝观,只有自然或只有人类,还是不够的,它只能是"自然－人类－大爱"的三位一体。

(二)自然－人类－大爱的内在一致性

自然－人类－大爱的内在一致性表现在以下方面:

1.自然对地球和人类的特殊的大爱,导致人类有可能有大爱。

前文已述,银河系有 1 亿颗恒星,太阳只是其中之一,而地球只是太阳系中一颗较小的行星。而就在这颗不起眼的小行星上,却有着宇宙间极为罕见的特殊条件,使高级生命得以生存,以致有人类的诞生。

这就是大自然对于地球和人类的非常特殊的眷爱。而人类由于同时具有高度发达的情感能力和理智能力,也形成了人类对于人类自身的大爱。

因此,是自然对于人类的大爱,促成了人类自身的大爱。

自然对于人类既有爱,也有恶(各种灾害)。正是人类的大爱,在人类文明的进步中,逐步地克服了自然的恶,保留并发展了自然的爱。

因此,人类的大爱,同时又保证并促进了自然的大爱。

2.自然的大爱必须与人类的大爱相结合,才能创造人类并养育人类。

人类的诞生与进化,是自然的大爱与人类自身的大爱共同推动的。从早期哺乳动物进化到古猿,是自然的进化过程;而从古猿进化到猿人,再从猿人进化到现代人类,除了自然的作用外,更重要的是人类自身的生存与繁衍的欲望和努力所推动的,或者说,是人类对于自身和他们的后代的爱所推动的。

人类的生存和繁衍,依赖于自然所供给的环境与资源;同时,也依赖于人类自身为了生存和繁衍所做出的巨大努力。

因此,人类得以诞生,人类得以生存与繁衍,人类得以发展到今天,所依靠的就是自然和人类两者。自然和人类就是人类的父母亲,自然更像人类的母亲,人类自身则更像人类的父亲。

3. 自然的大爱与人类的大爱,共同创造出人类的最高愿望:真、善、美与爱。

真:各种自然科学真理,就是自然的真相和规律的揭露和总结。没有自然,就没有自然科学;而没有历史上自然科学家对于人类与科学的热爱和艰辛的探索,也就没有自然科学。而人类特别是科学家之所以有高度的智慧,又是依靠自然的恩赐。因此,是自然与人类共同创造了"真"。

爱与善:前文已经谈到,人类作为最高级的动物,具有高度发达的三位一体(爬行动物脑 RB、边缘系统脑 LB、新皮层系统脑 NB)的大脑结构。这是人类具有大爱的生理学基础。这样的大脑结构是自然所赐予人类的。因此,归根到底,人类的大爱来自自然对人类的大爱。

同时,人类的一切善心和善行当然也都来自人类自身的大爱。

美:大自然是人类所喜爱的各种美(形象美、意境美、色彩美、声音美等)的天然源泉,而人类之所以有美的需求与感情,也是自然的大爱赐予人类的。

各种艺术美(文学、美术、音乐、雕塑、戏剧、电影等)都是人类,特别是艺术家对于美的热爱、对于人类本身的热爱所创造的。

综上所述，自然的大爱与人类的大爱有内在的一致性。"自然、人类、大爱"构成一个整体，成为人类所寻求的终极存在，成为人类的终极信仰。

这就是建立在科学基础上的理性上帝观。

七、科学的理性上帝观对于人的现实意义

(一)科学的理性上帝是值得人所敬爱的吗?

任何宗教都要求它的信徒们对于该宗教的终极存在(上帝、真主、佛等)既有崇敬，又有热爱。

对于非宗教信仰者来说，理性的终极存在(自然－人类－大爱)是值得崇敬和热爱的吗?

前文已述，自然与人类是人类的共同的创造者和养育者。自然好像是人类的母亲，人类好像是人类的父亲。对于自己的父母，我们当然应该崇敬和热爱。

热爱自然、爱护地球、爱护环境，事实上已经是全世界人民的共同心愿。上至联合国秘书长和各国领袖，下至小学生，都懂得要爱护我们的家园——地球。中国的中央和各级领导人要求发展资源节约、环境友好型的经济，就体现着对于自然环境的重视和爱护。

至于人类，对于社会来说，人类就具体化为人民;对于国家来说，人类就具体化为公民;对于家庭来说，人类就具体化为家人;最后，人类具体化为每个人自己——个人。

总之，人类也可以用一个"人"字来表达。

从联合国到各国政府，都以"人"作为自己工作的根本对象。联合国的《世界人权宣言》、《公民权利和政治权利国际公约》等，都是"以人为本"的。

当代中国领导人也把"以人为本"作为基本的治国理念。

每一个人,把自己的家人和自己作为首要的关注对象,是合乎人的本性的思想。

因此,正如基督徒会感恩与敬爱上帝一样,"自然－人类－大爱"的三位一体是值得所有人感恩与敬爱的。

(二)科学的理性上帝能够为人赎罪吗?

基督教的教义中有一个独特的内容:由于人类的祖先亚当和他妻子夏娃在蛇的诱惑下,偷吃了禁果,人类就有了原罪。人间的一切罪恶与痛苦都与这个原罪有关。只有上帝才能赦免人类的原罪。

耶稣是上帝的儿子,他被上帝派来人间,目的是救赎人类。耶稣被钉在十字架而死,就是为人类赎罪。

这个故事非常感人。基督教徒们信仰上帝、热爱上帝,很大程度与这个故事有关。

如果我们有科学的理性上帝观,科学地、理性地来看人的原罪问题,我们会感到:原罪的说法对于人的心理负担太重了。

现代社会是法治社会,罪或无罪都有法律的规定。社会上是会有人犯这样、那样的罪,但是绝大多数人在一生中并不犯罪。他们凭着自己的良心做人,他们在法律允许的范围内做事,他们愿意爱人如己。他们的一生可能平平淡淡,但他们与罪行无缘。

当然,由于外界的多种诱惑(例如金钱、财富、地位、女色等),人是可能犯罪的。

为了防止自己犯罪,基督徒们会经常祷告,佛教徒们会经常念经,祈求上帝或菩萨的保佑,不让自己犯罪。在人犯罪之后,基督徒们可以请求上帝的赦免,佛教徒可以请求佛或菩萨的宽恕。这些方法也许有效,也许无效。

从科学的理性上帝观来看,要使自己不犯罪,最好的方法是:相信社会,相信道德,相信法律,相信自己。

社会是人类所组成的,道德是出于人类的天性的,法律是人类社会所制定的。每个人自觉地接受人类社会的道德制约,自觉地遵守人类社会的法律规定,是防止犯罪的根本方法。

即使在犯罪之后,如果有出于良心的真正悔改,也能得到社会的谅解和法律定罪的减轻或赦免。

(三)科学的理性上帝能够保佑人免于灾祸吗?

人类所会遇到的灾祸主要来自两个方面:一是自然性的,如各种自然灾害,各种疾病等(即天灾);二是社会性的,如战争的破坏与杀戮、专制统治的暴行与迫害等(即人祸)。

世界各主要宗教的起源,都与天灾与人祸有关。天灾人祸使人无法生存,使人无比痛苦,因此不得不寻求宗教的庇护和救赎。

但是,人们通过实践认识到:人类要真正减少或避免天灾人祸,除了依靠科学进步和社会进步,没有其他方法。

各种天灾,不论是水灾、旱灾、地震、海啸,都是自然现象。依靠科学,人类才能掌握各种灾害的自然规律,才能有有效的防御方法。事实上,人类经过几千年,特别是近几百年的科学发展,对自然灾害规律的认识已经有很大的提高,防御各种灾害的能力大为加强。即使人类目前还不能防止某些灾害(如地震)的发生,但是对于灾后的救援已经积累了许多经验,从而明显地减轻了灾害造成的损失。

关于人类的疾病,依靠医学科学的不断进步,人类已经能够控制许多以前无法控制的严重传染病,如霍乱、鼠疫、疟疾、肺结核等。依靠科学的进步,人类终将能控制和治愈各种威胁人类生命的疾病。

至于人祸问题,20世纪人类经历了两次世界大战,造成几亿人的伤亡。惨痛的教训使人类认识到和平对于世界每个国家、每个人的重要性。世界各国通过联合国制定了多种公约,防止大规模战争的发生。正如邓小平所指出的,和平和发展已经是世界的主流。

关于专制制度的暴行,20世纪,人类有德国法西斯主义的教训,世界各国对于建立民主、自由、平等、法治社会,越来越取得共识。这是防止人祸的根本方向。

科学就是揭示自然的真相与规律,科学进步又要依靠大自然所给予人类的智慧,因此,归根到底,科学是自然赐予人类的珍宝。

社会的进步只能依靠人类自身的努力。

因此,人类要避免或防止天灾人祸,唯一的途径是依靠科学进步和社会进步,依靠"自然－人类－大爱"的理性上帝。

(四)科学的理性上帝观的人格化问题

在宗教信仰中,上帝或佛的人格化对于教徒们有很大的吸引力。一个人格化的上帝,能给人父亲般的亲切感,是你可以随时倾诉的对象。

在科学的理性上帝观之中,"自然、人类、大爱"的三位一体,确实难以人格化。

但是,笔者认为,"自然、人类、大爱",虽然难以人格化,却并不是抽象的概念,也不是过于宏大的、使人感到遥不可及的对象。

自然就在你身边。如果你居住在郊区,或者你的住宅小区的环境比较优美,那么,你天天都能见到自然的美景,呼吸到自然的清凉空气。不论你居住在哪里,你在夜晚都能见到宇宙天空的美妙夜景。当你外出旅游时,更能见到祖国的壮丽山河。

人类也不是一个抽象的概念。你的情侣、你的父母、你的子女、你的朋友、你的同学和同事,他们全都属于人类。因此你与他们在一起,你会感受到温暖的、浓郁的亲情与友情。你的国家中,还有人数众多的同胞与人民,是他们养育着你,供应你的衣食住行的一切需求,他们也是你工作与服务的对象。

对于一个非宗教信仰者来说,你天天生活在自然与人类之中。这不比一个虚妄的人格化的上帝更值得你信赖、更使你感到亲切吗?

科学的理性天堂观

本章内容大纲

一、主要宗教的天堂观

(一)基督教的天堂

(二)佛教的极乐世界

(三)道家的仙境

二、中外哲学家的理想世界

(一)中国哲学

(二)西方哲学

三、理性天堂观之一:地球就是人类最好的天堂

四、理性天堂观之二:天堂是人类的理想世界

人类理想世界的共同原则:

自由、仁爱、理性、平等、民主、

法治、和谐、正义、富裕、文明。

五、理性天堂观之三:人类的天堂是人类自己创造的世界

◎"科学的理性信仰"的综合观点

一、主要宗教的天堂观

什么是天堂?

天堂是人们信仰中的重要内容。如果说上帝是人的终极信仰,是人的灵魂的最大依靠,那天堂就是人的灵魂的理想归宿。在各种宗教信仰中,都有与天堂有关的内容。但不同宗教对于天堂的称呼不同。

在基督教和伊斯兰教的教义中,人的灵魂的最终的理想归宿就叫"天堂"(英文"Heaven");佛教中与"天堂"对应的名称是"极乐世界"或"净土";道教中则是"仙境"。

(一)基督教的天堂

基督教关于天堂的观念,归结起来有以下几方面:

1. 天堂是来世与今世的重合。

《圣经》中说的天国或神的国,并不完全是来世的事,也是今世的事。

建立"神的国",就是建造一个耶和华做王的国。这是当时的以色列人对今世的盼望,并不只是对来世的希望。

但《圣经》中也有今世和来世之分。今世和来世是两个世代的关系,而不是空间的关系。这两个世代以基督再来和死人复活为界线。

这两个世代截然不同。今世充满罪恶,充满肉体的情欲,亏欠上帝的荣耀;而来世是上帝完全掌权的世代,人活在光明和爱之中。

但是,基督教认为,今世和来世并不是隔绝的。基督教的观点是:天堂虽然是属于来世的,但并不是与今世无关。天堂已经来到今世,今世的人有可能体验天堂的幸福。

2. 天堂非常美好,是一个乐园。

以色列人心目中的天堂是精美、华丽的,只有光明,没有黑暗。它有纯净的水,有丰硕的果子,有能治病的树叶,供人们的生活需要。最重要的是,在那里,人与神同在。

3. 天堂没有罪恶,只有爱。

基督教的天堂中是没有罪恶的,只有欢喜与快乐。人们有自己的房屋、财产,别人不能侵犯。恶人将弃恶从善。对儿童和老人都有爱的关怀。

4. 天堂是公正、和平、喜乐的。

基督教对天堂的理想,主要不在物质方面,而在精神方面。天堂

227

中有公正,有正义,有和平,有快乐。天堂中,没有地位、权力、财产的区别,只要你能服事基督,你就能得到上帝的喜爱。

5.天堂中,人与上帝同在。

基督教的天堂,其主要的含义是:人与上帝同在。人能见到上帝,上帝的光照耀着人。

6.天堂在人心中。

天堂究竟在哪里呢?《圣经》中的回答是:天堂就在你心中。

"天堂就在你心中。"这是基督教一个非常重要的教义。

(二)佛教的极乐世界

佛教的极乐世界,也称净土或西天净土,是佛教徒所信仰的理想世界。小乘佛教已经有净土的思想,大乘佛教则形成了关于极乐世界的系统思想。

《华严经》中说:"唯此愿王不相舍离,于一切时,引导其前;一刹那中,即得往生极乐世界,到已即见阿弥陀佛,文殊师利菩萨、普贤菩萨、观自在菩萨、弥勒菩萨等。……其人自见生莲华中,蒙佛授记。"

以上经文表明,佛教的极乐世界有几个特点:

1.要进入极乐世界,必须有"愿王"。所谓"愿王",就是最高的愿望。《华严经》中提出十大愿望,如礼敬诸佛、称赞如来、广修供养、忏除业障、随喜功德等,也就是要敬仰和供养佛和菩萨,要戒除贪念和恶习,要多做各种善事等。做到这一切,你才能进入极乐世界。

2.极乐世界中,你能与佛和菩萨同在。

3.在极乐世界中,你会坐在莲花之中,听取佛的传授。

《无量寿经》《阿弥陀经》中,描述了阿弥陀佛的净土,由此建立了净土宗。该宗认为人们只要通过念佛、修观的方法,就能在生命终止时往生极乐世界。

佛教认为:佛土无穷无尽,非常遥远。《阿弥陀经》说,极乐世界距离人们居住的"娑婆世界"有"十万亿佛土"之遥。

在这个极乐世界中,有菩萨无数。讲堂、精舍、宫殿、楼观、宝树、宝池等的装饰都很精美。百味饮食随意而至,演出万种伎乐。极乐世界中,人的智慧高明,颜貌端严;只有快乐,没有痛苦。大家都信佛的正道。

而中国佛教的禅宗对天堂有另一种解释。禅宗认为,心净当下即是净土。因此极乐世界和我们这个世界是融为一体的。什么是佛?觉悟者就是佛,如果我们每个人都能觉悟真理,弃恶从善,人人皆可是佛。禅宗认为,"是心是佛,是心作佛",极乐世界就在心中。

(三)道教的仙境

道教以仙境作为理想世界。道教的仙境信仰的独特之处是:仙境并不是在天上,而是在人间,在现实的世界中。

葛洪在《抱朴子内篇》中说:"合丹当于名山之中,无人之地,结伴不过三人,先斋百日,沐浴五香……成则可以举家皆仙,不但一身耳。"

因此,道教的仙境是在名山之中,而不是在天上。他明确地说:在山中一家都能成仙。这是道教有别于基督教和佛经的独特理念。

道教所建造的名山胜地,如青岛的崂山,湖北的武当山,江西的三清山,四川的鹤鸣山、青城山等,就是道教在人间所建造的五岳仙境。

从各宗教的天堂观来看,宗教的天堂、极乐世界、仙境,都是教徒信仰的理想世界。在这样的理想世界中,人们可以摆脱痛苦,能够享受快乐,能够得到最好的住所和饮食,而最重要的是:能够与上帝或佛和菩萨在一起。因此,天堂(或极乐世界或仙境)是人及其灵魂的最理想的归宿。

二、中外哲学家的理想世界

一些中国和西方的哲学家也提出过关于人类的理想世界的设想。与宗教的天堂相比,哲学家的理想世界较为理性,他们提出的理想世界并不是在天上，也不是在"十万亿净土"之外，而是在地上，在人间。虽然是这样，他们提出的理想世界仍然并不是很现实的。现分别简述如下：

（一）中国哲学

中国哲学中对理想世界论述得最详尽而系统的，一是《礼记》，一是近代康有为的《大同书》。

《礼记·礼运》："大道之行也，天下为公，选贤与能，讲信修睦。故人不独亲其亲，不独子其子，使老有所终，壮有所用，幼有所长，矜、寡、孤、独、废、疾者皆有所养，男有分，女有归。货恶其弃于地也，不必藏于己；力恶其不出于身也，不必为己。是故谋闭而不兴，盗窃乱贼而不作，故外户而不闭，是谓大同。"

《礼记》是儒家经典之一，上述关于"大同"的论述代表了儒家的理想世界。

其要点是：

1. 大同世界推行大道，天下是为了人们大众的，而不是为少数人的私利。

2. 选择管理者，只问德行和才能，而不管出身或关系。

3. 人与人之间讲究信用，和睦相处。

4. 老人有好的晚年，壮年能发挥其所长，少年能培养成才；老而无妻的人、老而无夫的人、幼而无父的人、老而无子的人、残疾人都有人供养。

5. 男人都有职业，女人都有归宿。

6. 对于财富不浪费，但也不据为己有。有能力都能发挥，而不是为自己。

7. 没有奸邪阴谋的事，没有盗窃作乱的事，（家家户户）都不用关大门。

这就是"大同"的理想世界。

康有为的《大同书》的要点是：

1. 去国界合大地：大同世界中无国家之分，全世界建立一个公政府。

2. 去级界平民族：大同世界无阶级之分，一律铲除奴隶制度。

3. 去形界保独立：提倡女性的解放，以保证女子的独立人格。男女一律平等。设立女学，女子可以当进士、博士，可以选举为官，甚至当总统；婚姻由女子自主。一切有害于女子的陋习，如缠足、细腰等一律废除。男女交好有限期，不得为夫妻。

4. 起产界公生业：实行公农、公工、公商。实行以上各条的根本在于"天予人之权也"，也即在于人人都有天赋的人权。

5. 去苦界至极乐：大同世界即为人类的极乐世界。

(二)西方哲学

西方哲学中关于理想世界的论述，最早是柏拉图和亚里士多德，近代有《乌托邦》。马克思的共产主义也是一种理想世界。

柏拉图在他的《理想国》一书中阐述了他的"理想国"的理念。理想国要由统治者的德性、军人的勇敢、人民的节制三方面组成。理想国应由哲学家担任最高的统治者。

亚里士多德提出：国家应由两部分人组成，一是天生有理智的公民(主人)，一是有体力而少理智的奴隶。而公民也由三部分组成：富有阶级、中产阶级、贫穷阶级。而以中产阶级最优秀、最稳定，应由他们组成政体。

16世纪时，英国空想社会主义家托马斯·莫尔写出《乌托邦》一书。"乌托邦"有"乌有之乡"的含义。

莫尔的乌托邦所憧憬的美好社会的要点是：

1. 一切生产资料归全民所有，生活用品按需分配。

2. 人人从事生产劳动，而有充足的时间从事科学研究和娱乐。

3. 没有酒店、妓院，没有堕落和罪恶。

4.婚姻自由,尊重女权。

5.宗教多元。

19世纪时,马克思、恩格斯提出的共产主义思想,实际上也是一种人类的理想世界。它的要点是:

1."消灭私有制。""资本变为公共的,属于社会全体成员的财产。"但"共产主义并不剥夺任何人占有社会产品的权力"。(《共产党宣言》)

2.社会财富充分富裕,人人可以"各尽所能,各取所需"。(《共产党宣言》)

3."使教育摆脱统治阶级的影响。"(《共产党宣言》)

4.劳动时间大为缩短,使每个人"有可能随自己的兴趣今天干这事,明天干那事。上午打猎,下午打渔,傍晚从事畜牧,晚饭后从事批判"。(《德意志意识形态》)

5."各国人民之间的民族分隔和对立日益消失。"(《共产党宣言》)

6.共产主义社会"将是一个联合体,在那里,每个人的自由是一切人的自由发展的条件"。(《共产党宣言》)

以下,笔者参考宗教和哲学的理想世界观,讨论科学的理性天堂观。

三、理性天堂观之一:地球就是人类最好的天堂

如果天堂是人类的理想世界,那么,天堂究竟在哪里?是在天上,还是在地球上?科学与理性天堂观的回答是:天堂只能在地球上,不可能在天上。

基督教是公元1世纪创立的,当时现代天文学没有建立,而地球上的生活非常痛苦,人们自然会想象:美好的世界只能在天上。中国人传统上对于月球也是充满了幻想。《史记·天宫》中说:"月者,天地之阴,

232

金之神也。"将月亮看作是高贵的金神,因此中国民间有拜月、祭月的传统。"鹊桥相会"的传说,是喜鹊在天上的银河架桥,帮助牛郎织女在七月七日相会。

天堂的思想和中国人的传说都说明,人们将最美好的理想寄托在天上。

但是,自哥白尼以来,天文学又经过了500多年的发展,我们对于太阳系和宇宙已经有了比较充分的了解。天文学告诉我们,根据到目前为止的科学知识,地球是人类已经发现的天体中最理想的栖息地。

1. 地球与太阳有最适当的距离:1.5亿千米。这样的距离使地球上有对于生命和人类最适宜的太阳辐射(1000~10000兆焦耳/平方米)和温度条件(主要的温度范围是在0~30℃)。

2. 地球的自转轴与垂直轴(垂直黄道面的轴)保持适当倾角:23.45°。这个倾角使地球上有四季的交替,而四季的交替是地球上绝大部分地区植物生长发育的基本条件。动物依靠植物而生存,因此这也是动物和人类生存的基本条件。

3. 由于地球上有最适宜的温度条件(0~30℃),地球上存在大量的液态水,有广阔的海洋和众多的湖泊、河流。而水是生命和人类生存的必不可少的条件。

4. 地球上有适宜的太阳辐射和温度条件,因此有可能产生绿色植物;而绿色植物才有可能通过光合作用形成碳水化合物,碳水化合物是一切生命的物质基础。光合作用又能产生氧气;而氧气又是几乎所有的动植物生存的必要条件。

由于拥有这么多概率极低的巧合,地球的环境条件可以说是得天独厚,因此它能拥有无数种类的植物、动物与微生物,并且有可能诞生出人类。

与地球相比,其他星球的环境条件是非常严酷的。

月球没有任何水和空气,因此也没有生命。

水星是离太阳最近的行星。水星上没有大气，没有云层，更没有生命。

金星与地球的大小相仿，它的表面覆盖着一层极厚的云层（3公里厚），云层中有大量侵蚀性的硫酸雾。金星上的温度超过水的沸点，生命无法生存。

火星是与地球的距离较近的行星。自1964年开始，人类已经多次发射出火星探测器。探测发现，火星上的大气主要是二氧化碳，找不到氮、氧和水蒸气的痕迹，因此也难以存在生命。

当你有一定的天文学、气象学、生物学知识，你不能不承认：地球，是宇宙间唯一的天堂。到目前为止，宇宙学家、天文学家都没有能发现比地球更适合于生命和人类生存的星球。

当你在春天见到鸟语花香；当你在夏天见到草木茂盛；当你在秋天见到稻棉丰收；当你在冬天见到美丽雪景，你不能不由衷地赞叹：地球这个人间天堂，实在是太美了！

能生活在地球上，就是人间最大的幸福！

四、理性天堂观之二：天堂是人类的理想世界

哲学家追求的是地上的理想世界，而不是天上的理想世界，这是比较理性的思想。

但是，不论是中国古代《礼记》中的大同世界，或者近代康有为提出的大同世界，还是西方古代哲学家柏拉图提出的"理想国"以及西方近代思想家莫尔提出的"乌托邦"，都是空想的成分居多。

相比之下，康德对于人类未来世界的设想是比较合理的。

康德说："在最严谨的理论上仍然可以成立的命题是：人类一直是在朝着改善前进的并且继续向前。"（《重题这个问题：人类是在不断朝着改善前进吗？》）

康德并没有提出未来"理想世界"的具体构想,或者说,他没有提出具体的人类社会的终极目标。他只肯定:人类必然会朝着改善的方向不断地前进。

笔者认为,这是从古至今的哲学中,最为科学而理性的对于人类未来社会的构想。也就是说,人类的未来并不存在一个终极目标,人类只能向着"改善"的方向不断前进。

至于什么是改善的方向,只能根据人类自身的历史实践而逐步地明确。

西方历史中,曾经有过短暂的古希腊的民主制度,有过庞大的罗马帝国,有过中世纪长达一千年之久的教会和封建贵族的专制统治。在 15—19 世纪时,经历了文艺复兴、启蒙运动和工业革命,人性得到伟大的觉悟,资本主义经济得到快速发展,逐步地形成一系列关于人类合理社会的建构原则,如自由、平等、民主、法治、博爱、正义等。遵循这些原则,人类社会在朝着改善的方向不断前进。

在中国,古代哲学家(以儒家为主)提出过一系列合理社会的原则,如仁爱、仁义、和谐、中庸、礼仪、廉耻等,对于中国社会的长期稳定有序发挥了积极作用。然而,中国从秦汉以来,直至清代,有两千多年之久的帝王专制统治,对于政治、经济、思想实行严厉的垄断和控制,以致使中国在进入近代后,明显地落后于西方国家,造成一百多年来被侵略、被欺凌的困境。经过辛亥革命、抗日战争、新中国成立、改革开放等一系列重大历史事件,中国吸取了与西方国家相同或相似的原则,而又保留自己的特色,正在建立一个自由、平等、民主、法治、仁爱、和谐、正义的社会。

世界的历史已经或正在展现出:人类合理(或理想)社会存在着一些基本原则。这些原则,虽然不能说是人类的终极目标,但是确实如康德所说,是朝着"改善"的方向而前进的。现代历史证明,这些原则是全世界共同适用的,因此,可以简称为"共同原则"。共同原则并不只是来自西方的思想,也包括了来自东方和中国的思想。

人类理想世界的共同原则的要点包括:

1. 自由

自由是人类合理社会的第一原则,这是因为,自由是人类的第一天性,是人类有别于其他动物的主要特性。

高等动物进化到人类,具有了高级感情和高级理智。高级感情使人类具有对事物的不同倾向性;高级理智使人类具有对事物的不同判断力;这两者就构成人类所特有的自由意志。

卢梭对人的自由问题说过一段精辟的话:"自然支配着一切动物,禽兽总是服从;人虽然也受到同样的支配,却认为自己有服从或反抗的自由。而人特别是因为他能意识到这种自由,因而才显示出他的精神的灵性。"(《论人类不平等的起源和基础》)

马克思提出,共产主义社会是:自由人的联合体。

17—18世纪欧洲的启蒙运动以后的历史发展证明:人类的自由是人类进步的首要因素。正因为人类有思想自由,才有启蒙运动后科学和文化的巨大进步,正因为人类有了经营和贸易的自由,才有后来直至今天的经济的巨大发展。可以说,自由是人类一切进步的前提。

人类的理想世界,首先必须保证人的自由。

2. 仁爱

人类是社会性的高等动物,这是在从古猿到人类的进化过程中所形成的人类特性。社会性带给人类比其他动物更强的群体生存能力和竞争能力。

正因为人类有社会性,人类天生就具有在同类之间的仁爱的特性。

孔子说:"仁者爱人。"(《论语·颜渊》)

孟子说:"恻隐之心,人皆有之。""恻隐之心,仁也。"(《孟子·告子上》)"无恻隐之心,非人也。"(《孟子·告子上》)

恻隐之心,就是人与人之间的仁爱之心。

仁爱是中国传统哲学的重要原则。博爱与仁爱的意思是相通的,博爱有更广泛的爱的对象。

韩愈对仁的含义有所发展,说:"博爱之谓仁。"(《原道》)

博爱是西方哲学和文化的重要思想,法国大革命的口号就是:自由、平等、博爱。

人类的理想世界中,仁爱与博爱都是必不可少的重要内涵。

3. 理性

人类与动物的重要区别是:人类有发达的大脑和高级的理智能力。

理性是建立在人类的理智能力之上的。理性使人类有判断客观真理的能力,使人类能摆脱一切不管来自何方的神话、迷信或教条。人类根据理性判断真理的标准只能是:在自然科学领域中,只看理论是否符合客观事实(包括实验事实);在社会科学中,只看理论是否符合人民大众的根本幸福和社会进步的方向。

理性是开启人类进步大道的启蒙运动的主要原则。

恩格斯对于启蒙运动有这样一段话:"宗教、自然观、社会、国家制度,一切都受到了最无情的批判;一切都必须在理性的法庭面前为自己的存在做辩护,或者放弃存在的权利。"(《反杜林论》引论)

理性是各种科学(包括自然科学和社会科学)发展的基本源泉,因此也是人类进步的基本推动力。

人类的理想世界,只能在人类理性的基础上逐步地建立。各种宗教的天堂观,各种哲学的终极目标(包括大同世界、乌托邦或共产主义)都需要得到理性的验证。

4. 平等

平等是中国和西方哲学家、思想家自古就有的理想。

《礼记·礼运》说"大道之行也,天下为公",就有天下是大众的,而大众是平等的意思。

基督教也是有平等思想的。

"按着定命,人人都有一死,死后并有审判。"(《新约·希伯来书》,9:27)

"在亚当里众人都死了,照样,在基督里众人也都要复活。"(《新约·哥林多前书》,15:22)

"人人都有一死","众人也都要复活",因此人人都是平等的。

但是在世界历史中,不论中国或外国,人们却被划分为等级分明的阶级或阶层。即使在今天的中国,贫富差距十分严重,既存在不法地享受巨大财富和特权的阶层,同时也存在着广大的贫困群众。

人类的理想世界,并不要求人们的所得绝对平均(绝对平均主义不利于人类的进步),而要求人人机会的均等。即使是最低收入家庭的青少年,也与富裕家庭的青少年一样有平等的接受教育的机会,使他们的才华得以发挥与发展。

卢梭说:"每个人都生而自由、平等。"平等和自由一样,都是人类的天赋特性。在人类的灵性世界中,必须是人人平等的。任何人都不能有特权。

20世纪美国著名哲学家罗尔斯提出"正义论"。他的正义论认为,社会不应停留在机会平等上,还应该追求实质的平等。为达到这个目的,要引导和鼓励富人自愿地多付出,以支持政府实行各种福利与保障政策,对低收入者与最困难者(残疾人、孤寡人等)给予帮助。

笔者认为,罗尔斯的思想是至今为止,对于公平、平等问题的最为完善的学说。

5.民主

在古代,除了古希腊有过短暂的民主制度(也只限于奴隶主和自由民的民主,奴隶是没有民主权利的),不论中国或西方,都存在着相当长的专制统治的时期。

人类是社会性动物,人类需要有社会,需要有政府的管理。但是在历史发展中,由于社会被划分为不同阶级或阶层,处于上层的某个个人、某个家族或某个阶层会独占统治权力,并形成专制制度。从整体和长远来说,专制制度不可能真正地为人民大众谋利益,并且往往成为压制与剥削人民大众的暴政。

这是一个世界性的历史现实。专制制度是经济和思想进步的严重障碍。欧洲17-18世纪的启蒙运动所批评的,主要就是神权和君权的专制统治。在启蒙运动中,孟德斯鸠提出"三权分立"的思想,洛克与卢梭提出"社会契约"的主权在民的思想,都是为反对专制制度而提出的。

主权在民的思想,推动了美国的独立和民主建国,掀起了法国大革命。从那时开始,直至今天,民主思想被全世界越来越多国家所采纳。孙中山的"三民主义"是采纳了民主思想的。新中国采用"人民共和国"的国名,也是接受民主思想的。今天,中国的领导人庄重地宣告:"民主是社会主义的本质。""没有民主,就没有社会主义。"虽然在中国,要真正地实现民主,做到"主权在民",还有很长的路要走。

在人类的理想世界中,人类社会还是需要有管理机构的,而管理机构必须由人民所选择、所监督,真正地做到"主权在民"。

6.法治

虽然中国在战国时期就有法家思想,西方在罗马时期也有较完备的法律,但是真正现代的法治思想是从17世纪英国的洛克开始的。

洛克在《政府论》中说:"在有政府的情况下,人的自由就是遵守由立法机关制定的,全社会都承认的,长期有效的法律。"

"法律的目的是为了保护和扩大自由,而不是取消和限制自由。在有能力使用法律的一切状态里,哪里没法律,哪里就没有自由。因为自由是免受他人的限制和暴力,在没有法律的地方,这是不可能的。"(《政府论》)

洛克认为,法治的目的只是指导并保护每个人的自由和权益。

因此,法治、民主、自由是相互联系、密不可分的。法治是自由和民主的保证;而民主(民主选举、民主监督、民主问责、民主罢免)又是法治的保证。而自由既是民主和法治的目的,又是民主和法治的前提。如果人们没有履行民主的自由,就不可能实现民主和法治。

在中国,实行法治的最重要的举措是要落实宪法所规定的公民的各项民主权利,即《中华人民共和国宪法修正案》(2004 年通过)35 条中的"中华人民共和国公民有言论、出版、集会、结社、游行、示威的自由"。

人类的理想世界,必然还是由人类社会所组成的,而不可能像佛教所设想的那样人人坐在莲花之中听经。既然是人类社会,就需要有管理,需要有能保证人民的自由和民主的法治。

7. 和谐

和谐是中国传统哲学所提出的理想社会的原则,也是当代中国领导人所积极提倡的治国理念和对外政策的理念。

在中国,孔子最早提出和谐思想:

"君子和而不同,小人同而不和。"(《论语·子路》)

"和为贵。"(《论语·学而》)

和谐必须有和平。在国际争端中,采用和平的方式,反对侵略和战争,现在已经是国际公认的原则。

《联合国宪章》在"宗旨"中关于"和平"的规定是:

维持国际和平及安全;并为此目的:采取有效集体办法,以防止且消除对于和平之威胁,制止侵略行为或其他和平之破坏;并以和平方法且依正义及国际法之原则,调整或解决足以破坏和平之国际争端或情势。

在国家内部,中国当代领导人已经摒弃了"阶级斗争为纲"的错误方针,而采取建立和谐社会的正确方针。

在人类的理想世界中,"和谐"应该成为一个重要的原则。在国与国之间,民族与民族之间,宗教和宗教之间,在社会不同阶层之间,在家庭之间都应该提倡和谐。

和谐或和平,都是人类的长期的努力目标。在当代,在世界上,还远远谈不上已经实现了世界和平的目标。在中国国内,也还与真正的和谐社会差距较远。

8.正义

人类社会,不论未来发展到哪个阶段,总难免有强势与弱势之区别。这种区别,在一定的社会发展阶段,可能是制度所造成的,例如当前中国有严重的贫富阶层的区别,就是和体制改革的不到位有关。而有一些强势和弱势的形成,与人的年龄、体质、婚姻和子女状况有关。这个情况在相当长的时间内(可能是永远)都难以避免。这里就需要正义的原则。

正义就是要使社会上每个人都得到关怀,特别是使弱势群体得到更多的关心和照顾。

《礼记》中所说:"使老有所终,壮有所用,幼有所长,矜、寡、孤、独、废、疾者皆有所养。"就有社会正义的思想。

20世纪美国政治哲学家罗尔斯提出两条正义的原则。

第一条原则:每个人都有平等的权利去拥有可以与别人的类似自由权并存的最广泛的基本自由权。

第二条原则:对社会和经济不平等的安排应能使这种不平等不但(1)可以合理地指望符合每个人的利益,而且(2)与向所有人开放的地位和职务联系在一起。(《正义论》)

他的两条原则的精神是:

(1)在自由权方面,必须是人人平等的;不能允许有特权的存在。

(2)而在经济方面,有条件地允许一定的不平等,而又应保障弱势者的利益。

在当代世界各国,这两条原则都应该是适用的。

在人类的理想世界中,应当贯彻社会正义的原则。

9.富裕

这里讲的富裕,不只是指人类物质财富的富裕,同时也指人类生存环境的完美和自然资源的富足。

人类的理想世界必须是物质财富充分丰富的。这是马克思的共产主义的前提。只有物质财富充分地丰富了,才能做到"各尽所能,各取所需"。

物质生活的不断改善是人类永远不会停止的理想。但是,时代发展到 21 世纪,一个突出的问题摆在全世界人民面前,那就是:随着人类物质财富的增加,人类的家园——自然环境遭到越来越严重的破坏,自然资源正在加快枯竭。当前,由于工业化的排放量的不断增多,全球气候正在加快变暖。

人类如果不及时制止环境的破坏、资源的枯竭、气候的变暖,人类不仅不能实现理想世界,并且终有一天将遭受巨大的灾难。

人类不能无限制地"各取所需",而应该对人类的需求有所控制和限制,以保护人类唯一的家园。

在人类未来的理想世界中,必须是人类的物质财富和地球自然资源环境的双重富裕。

在人类未来的理想世界中,人类物质财富的富裕,绝不是少数富人的富裕,必须是人人的均富。

10.文明

人类与其他动物不同,人类不仅有物质需求,还有精神需求。因此,人类的理想世界需要有高度发达的精神文明,包括科学、艺术、道德等方面。

科学是人类文明的核心内容之一。科学发展是无止境的,在当代,科学的现有水平还远远不能满足人类的需求。其中最明显的不足是在生物科学和医学方面。至今为止,还有许多疾病是医学没有完全征服的,例如癌症、艾滋病、糖尿病、心脏病、慢肺阻、老年痴呆症等。

在未来的理想社会，人类应该不再受疾病的折磨，不再因为疾病而早逝，人人能尽享天年。

人类要求享受各种艺术创作：文学、音乐、绘画、书法、戏剧、电影、雕塑、园林、建筑等，这些艺术构成人类辉煌的精神文明。

人类的理想世界，必须有更多、更美、更自由、更大众化的艺术创作，人人都可以根据他的爱好，成为业余的艺术家。

人类的理想社会中，人人都会有高尚的道德修养和操守。孔子的"己欲立而立人"，孟子的"老吾老以及人之老，幼吾幼以及人之幼"，基督教的"爱人如己"在全社会得到普遍的推行。

以上共同原则，互相是密切联系的。没有民主和法治，就不可能有人民的自由，而人民没有充分的自由，就不能实现全社会的富裕和文明。因此，人类的理想世界是一个整体。

在人类未来的理想社会中，以上共同原则构成的整体，应该能达到完美的程度。至于当代世界，与完美的理想世界还有很大的差距。

即使在当代经济、科学最发达，民主制度较完备的美国，离开人类理想世界的要求还是很远。笔者 2010 年前往美国，亲眼见到美国大城市中，还经常能见到无家可归的人，当前美国还有 9%～10% 的失业人口。尽管美国失业者都能拿到救济金，但是失业者的生活水平只能维持在最低的温饱水平，无法享受许多现代文明。

至于当代中国，离开人类理想世界的要求也还很远。

尽管如此，仍然必须指出，上述共同原则的整体并不能说是人类的终极目标。笔者同意康德的观点：人类并没有所谓的终极目标。人类只能根据人类自己的实践，不断探索人类前进的方向。在今后的很长时期中，人类肯定会不断修正和充实人类社会的共同原则，对于人类的理想世界会有更为合理、更为完美的构想。

这就是人类理性的天堂观。

五、理性天堂观之三：人类的理想世界只能是人类自己创造的世界

基督教称"天堂"是神的国，或上帝的国，或上帝主宰的国。

佛教说，极乐世界是阿弥陀佛所造的一个世界。

理性的天堂观是认为，人类的理想世界只能是人类自己创造的世界，是人类所主宰的世界。

上一节所谈的人类理想世界中共同原则的构想，事实上是总结人类的历史，特别是近代以来的历史而总结的。

欧洲在5－15世纪，是教会和封建贵族双重控制的专制体制；15－18世纪的三四百年间，是西方国家的伟大变革时期。中国的帝王专制有两千多年的历史，到1911年的辛亥革命和1919年的五四运动后，开始走上民主化和现代化的道路，但是步履是艰辛的。

从世界范围看，近代以来，在向上述共同原则（自由、仁爱、理性、平等、民主、法治、和谐、正义、富裕、文明）前进的过程中，最重要的历史进程是以下几件大事：

1. 15－16世纪的欧洲文艺复兴

2. 16世纪由哥白尼开始的科学革命

3. 17－18世纪的欧洲启蒙运动

4. 17－18世纪的英国"光荣革命"和工业革命

5. 18世纪的美国独立战争和民主建国

6. 18世纪的法国大革命

7. 19－20世纪的欧洲社会主义运动与苏联的建国

8. 20世纪的全世界反法西斯主义的战争

9. 第二次世界大战后联合国的建立和世界性的殖民地人民的解放运动

10. 20世纪末期，苏联解体，俄罗斯与东欧各国走向民主化

11. 20世纪中国的辛亥革命、新中国的建立和改革开放

12. 18－20世纪世界科学技术的迅速进步

13. 20－21世纪的世界性的民主化运动

在上述这些影响世界的重大的变革、革命或运动中,人民付出了巨大的牺牲和代价。

上述重大事件,并不都是推动社会前进的。其中也有后退或严重的教训。例如法国大革命带来了雅各宾专政;苏联的建国带来苏联模式的专制;新中国的前三十年也走了很大的弯路。

但是,世界总的方向是前进的。

正是依靠人类自身的努力和牺牲,今天全世界范围内,大多数国家才能建立民主体制;科学技术才能得到高度发展与普及;人类的物质和精神生活水平才能得到相当大的提高;自由、民主、法治等观念才能在全世界得到越来越多的人的认同。

因此,从科学的理性天堂观来看,人类的理想世界(人间天堂)的建立,只能依靠人类自身的努力,一代一代地推向前进。既不能依靠神,也不能依靠阿弥陀佛。

从科学的理性天堂观来看,并不是人在死后进入天堂,而是人在生前已经在参加人间天堂的建造。当然个人的力量是非常有限的,但是人间天堂是依靠一砖一瓦建造起来的。每个人只要尽心尽责地工作,他就在人间天堂的建造中做出了一份贡献。

4.6 "科学的理性信仰"的综合观点：

一、科学的理性上帝观："自然—人类—大爱的三位一体"是人类的理性终极存在。

自然与人类与它们的大爱，共同创造、养育了人类，为人类提供了真、善、美与爱。

自然与人类天天与你同在。当你有困难时，你唯一能依靠的，只能是人类所创建的合理社会、家人和朋友的帮助以及你自己的努力。当你有疾病时，你唯一能依靠的，只能是人类所创建的医学、家人的关怀和你自己的调养。

因此，"自然—人类—大爱的三位一体"就是你理性的上帝。

二、科学的理性天堂观：不必将希望寄托于天上的天堂。人类的天堂只能是在地球上。

在茫茫宇宙中，地球就是人类最理想的天堂。在相当长时间内（也许是永远），你不可能找到比地球更适合于人类居住的星球。

人类经过一万多年的艰苦奋斗，经过无数次的战争与革命，经过思想家、哲学家的苦心思考，特别是17、18世纪以来到今天，已经提炼出若干人类合理社会的共同原则，它们是：自由、仁爱、理性、平等、民主、法治、正义、和谐、富裕、文明。朝着这些共同原则的方向前进，人类就能逐步地实现人类的理想社会。社会的进步并没有终极目标存在。

三、科学的理性灵魂观：需要树立对于灵魂问题的科学的理性认识。

灵魂是不随人的肉体死亡而消失的人的精神实体，是人的心灵的延续，是人的道德和爱心的延续，是人的贡献和影响的延续，是人的思想或创作的延续，是人的形象与神态的延续。

因此，你不需要为你亲人的离去而过分悲伤，因为他（她）的身体虽然死亡，但是他（她）的灵魂并没有死。他（她）的道德、贡献与影响会长远地活在世上，他（她）的爱心与形象会长远地活在你和他（她）的其他亲人的心中。

当你自己面临离世时，你也没有必要担忧或害怕，因为尽管你的身体会死亡，但是你的灵魂、你的道德与爱心、你的贡献与影响、你的著作或作品，会长远地留存在世上，你会长久地活在你的亲人、朋友、学生的心中。

如果有更多的人树立科学的理性灵魂观，他们必然会更加努力提高自己的道德修养，对亲人和他人付出更多的爱心，更加愿意为社会多做贡献。因此，科学的理性灵魂观有利于全社会。

参考文献

西方哲学

柏拉图,柏拉图全集,王晓朝译,北京:人民出版社,2003年。

柏拉图,柏拉图对话集,王太庆译,北京:商务印书馆,2004年。

柏拉图,巴曼尼得斯篇,陈康译,北京:商务印书馆,1997年。

亚里士多德,形而上学,吴寿彭译,北京:商务印书馆,1996年。

亚里士多德,亚里士多德文集,苗力田等译,北京:中国人民大学出版社,1990年。

奥古斯丁,上帝之城,王晓朝译,北京:人民出版社,2006年。

奥古斯丁,论自由意志,成官泯译,上海:上海世纪出版集团,2010年。

奥古斯丁,论灵魂及其起源,石敏敏译,北京:中国社会科学出版社,2004年。

徐弢,托马斯·阿奎那的灵魂学说探究,上海:上海人民出版社,2007年。

刘玉鹏,自净其心:普罗提诺灵魂学说研究,杭州:浙江大学出版社,2008年。

笛卡尔,第一哲学沉思集,庞景仁译,北京:商务印书馆,1998年。

笛卡尔,探求真理的指导原则,管震潮译,北京:商务印书馆,1991年。

笛卡尔,谈谈方法,王太庆译,北京:商务印书馆,2000年。

斯宾诺莎,知性改进论,贺麟译,北京:商务印书馆,1986年。

斯宾诺莎,笛卡尔哲学原理,王荫庭译,北京:商务印书馆,1997 年。

斯宾诺莎,伦理学,贺麟译,北京:商务印书馆,2007 年。

康德,纯粹理性批判,蓝公武译,北京:商务印书馆,2003 年。

康德,纯粹理性批判,邓晓芒译,北京:人民出版社,2004 年。

康德,实践理性批判,韩水法译,北京:商务印书馆,2009 年。

康德,判断力批判,邓晓芒译,北京:人民出版社,2002 年。

康德,道德形而上学基础,孙少伟译,北京:中国社会科学出版社,2009 年。

康德,历史理性批判文集,何兆武译,北京:商务印书馆,1996 年。

杨祖陶等,康德三大批判精粹,北京:人民出版社,2001 年。

邓晓芒,康德哲学演讲录,桂林:广西师范大学出版社,2005 年。

李秋零,康德著作全集,北京:中国人民大学出版社,2005 年。

黑格尔,逻辑学,梁志学译,北京:人民出版社,2002 年。

黑格尔,精神现象学,贺麟等译,北京:商务印书馆,1997 年。

黑格尔,哲学科学全书纲要,薛华译,上海:上海人民出版社,2002 年。

陈也奔,黑格尔与古希腊哲学家,哈尔滨:黑龙江人民出版社,2006 年。

章忠民,黑格尔理性观研究,上海:上海财经大学出版社,2004 年。

胡塞尔,生活世界现象学,倪梁康等译,上海:上海译文出版社,2005 年。

雅斯贝尔斯,生存哲学,王玖兴译,上海:上海译文出版社,2005 年。

雅斯贝尔斯,哲学与信仰,鲁路译,北京:人民出版社,2010 年。

维尔纳·叔斯勒,雅斯贝尔斯,鲁路译,北京:中国人民大学出版社,2008 年。

萨特,存在主义是一种人道主义,周熙良等译,上海:上海世纪出版集团,2008年。

张汝伦,二十世纪德国哲学,北京:人民出版社,2008年。

刘放桐等,现代西方哲学,北京:人民出版社,1981年。

赵敦华,现代西方哲学新编,北京:北京大学出版社,2001年。

高亮之,漫游西方哲学,北京:中国文化出版社,2007年。

中国哲学

章太炎,国学概论,曹聚仁整理,上海:上海古籍出版社,1997年。

章太炎,国学略说,上海:上海文艺出版社,2001年。

韩路,四书五经,沈阳:沈阳出版社,1996年。

夏廷章等,四书今译,南昌:江西人民出版社,1990年。

易经,梁海明译注,太原:山西古籍出版社,1999年

周易通义,李镜池,北京:中华书局,1981年

周易象说,钱世明,上海:上海书店出版社,1999年

吴兆基,诗经,北京:长城出版社,1999年。

梁海明,老子,沈阳:辽宁民族出版社,1996年。

沙文海等,老子全译,贵阳:贵州人民出版社,1989年。

老子、庄子、列子,张震点校,长沙:岳麓书院,1989年。

孔令河等,论语句解,济南:山东友谊书社,1988年。

墨子,毕沅校注,吴旭民标点,上海:上海古籍出版社,1995年。

白话墨子,梅季等译,长沙:岳麓书社,1991年。

庄子,韩维志译评,长春:吉林文史出版社,2004年。

白话庄子,李申译,长沙:岳麓书社,1990年。

白话荀子,杨任之译,长沙:岳麓书社,1991年。

韩非子,梁海明译注,呼和浩特:远方出版社,2004年。

淮南子,顾迁译注,北京:中华书局,2009 年。

淮南子,陈惟直译,重庆:重庆出版社,2007 年。

田昌五,论衡导读,北京:中国国际广播出版社,2008 年。

董仲舒,春秋繁露,北京:中国经济出版社,2002 年。

汪荣宝,法言义疏,北京:中华书局,1987 年。

王充,论衡全译,贵阳:贵州人民出版社,1993 年。

王弼,王弼集校释,北京:中华书局,1990 年。

竹林七贤诗文全集译注,韩格平注译,长春:吉林文史出版社,
1997 年。

郭象,庄子注,昆明:云南人民出版社,1980 年。

韩愈,韩昌黎全集,北京:中国书店,1991 年。

柳宗元,柳宗元全集,曹纲标点,上海:上海古籍出版社,1997 年。

刘禹锡,刘禹锡全集,太原:山西古籍出版社,2004 年。

周敦颐,周子通书,上海:上海古籍出版社,2000 年。

张载,张子正蒙,上海:上海古籍出版社,2000 年。

程颢、程颐,二程集,北京:中华书局,1981 年。

朱熹,四书集注,南京:凤凰出版社,2005 年。

陆九渊,陆九渊集,北京:中华书局,1980 年。

王阳明,传习录,南京:江苏古籍出版社,2001 年。

陈来,宋明理学,北京:三联书店,2011 年。

景海锋,熊十力选集,长春:吉林人民出版社,2010 年。

陈来,冯友兰选集,长春:吉林人民出版社,2010 年。

张学智,贺麟选集,长春:吉林人民出版社,2010 年。

冯友兰,中国哲学史新编,北京:人民出版社,1998 年。

刘文英,中国哲学史,天津:南开大学出版社,2002 年。

劳思光,新编中国哲学史,桂林:广西师范大学出版社,2005 年。

向世陵,中国哲学智慧,北京:中国人民大学出版社,2000 年。

任继愈,中国哲学史,北京:人民出版社,1963年。

张岱年,中华的智慧,上海:上海人民出版社,1999年。

张文儒等,中国现代哲学,北京:北京大学出版社,2001年。

李泽厚,中国近代思想史论,天津:天津社会科学院出版社,2003年。

颜炳罡,当代新儒学引论,北京:北京图书馆出版社,1998年。

顾准,顾准文选,贵阳:贵州人民出版社,1994年。

高望之,儒家孝道,高亮之、高翼之译,南京:江苏人民出版社,2010年。

高亮之,综合哲学随笔,北京:华龄出版社,2005年。

高亮之,浅谈中国哲学,北京:中国文化出版社,2007年。

高亮之,爱的哲学,杭州:浙江大学出版社,2011年。

宗教:

康德,单纯理性限度内的宗教,李秋灵译,北京:中国人民大学出版社,2009年。

罗素,宗教与科学,徐奕春等译,北京:商务印书馆,2010年。

蔡仲,宗教与科学,南京:译林出版社,2009年。

傅有德、梅尔·斯图尔特,科学与宗教:当前对话,黄福武等译,北京:北京大学出版社,2010年。

L.斯维德勒,全球对话的时代,刘利华译,北京:中国社会科学出版社,2006年。

安伦,理性信仰之道,上海:学林出版社,2009年。

单纯,启蒙时代的宗教哲学,北京:中国社会出版社,2010年。

圣经,中国基督教三自爱国运动委员会、中国基督教协会,2007年。

梁工等,圣经解读,北京:宗教文化出版社,2003年。

贾玉虎,圣经智慧书,呼和浩特:内蒙古人民出版社,2002年。

麦格拉斯,天堂简史,高民贵等译,北京:北京大学出版社,2006年。

古兰经,马坚译,北京:中国社会科学出版社,1981年。

圣训基础简明教程(试用本),北京:宗教文化出版社,2009年。

吴云贵,伊斯兰教义学,北京:中国社会科学出版社,1995年。

金刚经,鸠摩罗什译,南京:江苏古籍出版社,2001年。

费勇,空了——金刚经心读,上海:上海人民出版社,2009年。

僧肇,肇论,徐梵澄译注,北京:中国社会科学出版社,1985年。

慧能,坛经校译,北京:中华书局,1983年。

赖永海,坛经,北京:中华书局,2010年。

吴信如,大乘诸经述要,北京:中国藏学出版社,2008年。

蒋维乔,因是子佛学入门,北京:中国长安出版社,2010年。

葛洪,抱朴子内篇全译,顾久译注,贵阳:贵州人民出版社,1995年。

许地山,许地山讲道教,南京:凤凰出版社,2010年。

金正耀,中国的道教,北京:中国国际广播出版社,

聆听道教经典的智慧——2008年中国崂山论道暨首届玄门讲及经文集,北京:宗教文化出版社,2010年。

陈俊伟等,灵魂面面观,北京:中国社会科学出版社,2006年。

科学

哥白尼传,李兆荣,武汉:湖北辞书出版社,1998年。

杨建邺等,迦利略传,武汉:湖北辞书出版社,1998年。

龚时中,牛顿传,武汉:湖北辞书出版社,1998年。

艾芙·居里,居里夫人传,左明彻译,北京:商务印书馆,2003年。

张武等,爱因斯坦,沈阳:辽海出版社,1998年。

李尊玉等,达尔文,沈阳:辽海出版社,1998年。

达尔文,物种起源,舒德干等译,西安:陕西人民出版社,2001年。

达尔文,人类的由来,潘光旦等译,北京:商务印书馆,2003年。

里德雷,时间、空间和万物,李泳译,长沙:湖南科学技术出版社,2003年。

阿西莫夫,阿西莫夫最新科学指南,朱岚等译,南京:江苏人民出版社,1999年。

赵树智等,科学的突破,北京:科学出版社,1998年。

吴国盛,科学的历程,长沙:湖南科学技术出版社,1995年。

里德雷,时间、空间和万物,李泳译,长沙:湖南科学技术出版社,2003年。

方舟子,进化新篇章,长沙:湖南教育出版社,2002年。

方宗熙,古猿怎样变成人,长沙:湖南教育出版社,1999年。

图书在版编目(CIP)数据

人有灵魂吗:灵魂哲学与科学的理性信仰/高亮之
著.—杭州:浙江大学出版社,2015.1(2017.10重印)
ISBN 978-7-308-13340-1

Ⅰ.①人… Ⅱ.①高… Ⅲ.①灵魂－研究 Ⅳ.
①B921

中国版本图书馆 CIP 数据核字(2014)第 118628 号

人有灵魂吗:灵魂哲学与科学的理性信仰
高亮之 著

责任编辑	谢 焕	
封面设计	周 灵	
出版发行	浙江大学出版社	
	(杭州市天目山路 148 号 邮政编码 310007)	
	(网址:http://www.zjupress.com)	
排 版	浙江时代出版服务有限公司	
印 刷	浙江云广印业有限公司	
开 本	700mm×960mm 1/16	
印 张	17	
字 数	228 千	
版 印 次	2015 年 1 月第 1 版 2017 年 10 月第 2 次印刷	
书 号	ISBN 978-7-308-13340-1	
定 价	38.00 元	

版权所有 翻印必究 印装差错 负责调换
浙江大学出版社发行中心联系方式 (0571)88925591;http://zjdxcbs.tmall.com